계명교양총서 04

배움의 기쁨을 기록한

논어

김윤조 역주

배움의 기쁨을 기록한

논어

펴낸날	2018년 3월 30일 – 초판1쇄 발행 2020년 2월 11일 – 초판2쇄 발행
역주자	김윤조
펴낸이	신일희
펴낸곳	계명대학교출판부 42601 대구광역시 달서구 달구벌대로 1095 전화 053) 580-6233 팩스 053) 580-6235 http://www.kmupress.com
등 록	1970.9.1.[신고번호 제347-1998-1호] **ISBN 978-89-7585-816-1 03150** 값 11,000원

이 도서의 국립중앙도서관 출판예정도서목록(CIP)은 서지정보유통지원시스템 홈페이지(http://seoji.nl.go.kr)와 국가자료공동목록시스템(http://www.nl.go.kr/kolisnet)에서 이용하실 수 있습니다.(CIP제어번호: CIP2018007865)

계명교양총서 04

배움의 기쁨을 기록한

논어

김윤조 역주

역주자 서문

『논어』는 공자(서기전 551~479)와 그 제자들의 문답이다. 말을 기록한 것이므로, 중국 역사에서 최초로 이루어진 어록(語錄)이라고 할 수 있다. 인도의 불교나 고대 그리스 철학에서도 유사한 경험이 있다.

논(論)이란 '토론하다', 어(語)란 '일러주다, 대답해주다'는 의미다. 제자들은 공자께 질문하고 들은 대답을 기억하거나 기록하고 있었다. 공자 사후 대략 30년을 전후한 시기에 공자의 제자와 그 제자의 제자들이 그룹별로 전해오던 공자의 말을 토론을 통해서 일정한 체계를 가진 기록물로 만들었다. 기록은 한 차례에서 완성된 것이 아니고, 최초의 기록 이후 여러 사람들에 의해 여러 차례에 걸쳐 수정되고 첨가되었다. 그래서 여러 가지 경로로 다양하게 전하던『논어』는 한(漢)나라 때에 장우(張禹, ?~서기전 5년)라는 학자에 의해 하나로 정리되었다고 한다.

필자는 지난 20여년간『논어』강좌를 담당해왔다. 학생들의 한문 문장 독해 능력을 기르기 위한 교재로 읽은 것이다. 필자는『논어』수업에서, 새롭고 다양한 시각으로 읽으려고 노력했다. 요시카와 코지로

(吉川幸次郎)의 『논어』를 읽고 군데군데 번역해서 수업에 참고자료로 쓴 것도 그런 노력의 하나였다. 2000년 즈음부터였는데, 방대한 자료를 통관해서 설득력 있는 설명을 가하는 안목이 탁월한 저술이었다. 통설 곧 주자의 설을 주로 하고 새로운 설을 내는 것은 자기 의도가 아니라고 미리 말을 하고 있지만, 다양한 설을 충실하게 소개하는 것만으로 독자에게 새로운 시야를 열어주는 책이었다. 그러나 필자는 일본어에 능한 것도 아니고 이른바 경학을 전공으로 한다고 할 수도 없는 터여서, 강의에 소용되는 정도만 서툰 번역으로 듬성듬성 읽었다. 이제 엉성한 강의 노트를 부족한 대로 책으로 만들 기회를 얻었다.

『논어』를 어떻게 읽어야 할까. 근대적 학문 연구가 시작되고부터 따져도 『논어』에 대해서는 연구사 정리가 안 될 정도로 많은 성과가 쌓여있다. 한 번씩 헤아려서 1,326자로 이루어진 『논어』에서 단 한 개 글자라도 새롭게 읽을 가능성이 남아 있기나 할까? 공자의 자기 수양과 교육과 정치, 경제, 사회사상 등에 대해서는 이미 충분히 많이 들어 알고 있다. 이런 주제로 글을 쓴다면 남의 말 되풀이 아니면 쓸데없는 군더더기가 되고, 어줍잖게 남을 가르치려드는 쪽으로 흐르기 쉬울 터다. 이런 쪽에서 새롭게 더 보탤 것은 없다고 생각된다.

필자는 세 가지 측면에 유의하려고 하였다. 먼저 다양하게 여러 관점으로 읽기.

대개의 설명은 본문을 어느 정도 이해할만한 선에서 그치지만, 신주라고 불리는 주자(朱熹, 1130~1200) 주석과 주자 이전의 고주를 중심으로, 다양한 시각을 비교해 보이려고 노력하였다. 글자 하나, 구절

하나를 새롭게 읽는 데서 이해의 방향이 달라지는 지적 체험을 할 수 있다.

다음으로 『논어』라는 텍스트 성립의 경과에 관심을 갖기. 『논어』라는 텍스트는 많은 사람들의 손을 거쳐서 이루어진 편집의 결과물이다. 『논어』는 공자의 발언을 고스란히 그대로 담고 있는 책은 아니다. 내용을 비판적으로 읽을 필요가 있다.

마지막으로 등장인물을 보다 동태적으로 파악하기. 생몰연대를 빠짐없이 표기하고, 공자와의 관계나 개별 인물들의 활동 모습을 자세하게 서술하려고 노력했다.

지금 우리가 『논어』에서 무엇을 읽을 것인가? 무엇보다, 공자의 본디 면모를 마주할 수 있는 자료로서 읽어야 한다. 공자는 고아였다. 부모 없는 천애의 고아로 자라서 동양 정신사에 우뚝한 존재가 된 인물이다. 무엇이 그것을 가능하게 했던가? 일차적으로 공자 그 자신의 능력이라고 할 수밖에 없을 것이다. 어떤 능력이었는지, 『논어』에서 만날 수 있다.

공자 곧 유가는 태생적으로 인간을 긍정적으로 본다. 개인의 자발적이고 능동적인 학습 능력을 고무하고, 이를 바탕으로 이상적인 사회를 완성해갈 수 있다고 믿는다. 사람사람이 군자가 되고 누구나 거룩한 사람 곧 성인이 되기를 목표로 한다. 공자 자신, 일생 언제나 공부하는, 평생학습을 실천한 사람이었다. 그래서 논어의 첫 구절이 배움의 기쁨이다.

공자는 일흔이 넘은 극히 만년에, 대략 10년 단위로 자기 인생의 역정을 회고하였다. 그 회고의 말을 우리는 잘 알고 있다. 공자가 인생의 끝자락에서 궁극적으로 성취한 위대한 일은 예순과 일흔에 '남의 말이 순순히 잘 이해되고, 자신의 욕망이 인간의 법칙을 넘지 않는 자유를 얻기'였다. 거기에서 이순(耳順)이니 종심(從心)이니 하는 말이 생겨났다. 배움의 기쁨을 새삼 다시 인식하고 자기 행동에 참된 자유를 얻기, 『논어』를 접하면서 그런 근사한 목표를 생각해보자.

2020년 1월

김윤조

차례

일러두기

1. 이 책은 계명대학교 교양교재편찬위원회의 지침에 따라 계명대학교 재학생을 위해 엮은 교양도서이다. 대학생을 위한 교양도서이지만 일반 독자와 전공자에게도 도움이 될 부분이 있도록 노력하였다.

2. 현재의 『논어』에 쓰인 글자는 모두 15,854자이고, 중복을 제외하고 한 번씩만 헤아리면 1,326자이다. 20개의 편으로 나뉘어서 대략 490여개 장(章)으로 구분된다.

3. 이 책은 『논어』의 내용을 7개 항목으로 나누어서 160개 장을 수록하였다. 전체의 약 3분의 1 정도에 해당하는 분량이다. 실린 장과 싣지 못한 장을 구분해서 『논어』의 원문 전체를 부록에 붙여야 마땅하지만, 지면의 제한으로 그렇게 하지 못하였다.

4. 각 장 번역문의 처음에는 001부터 160까지, 이 책에 수록된 장의 순서를 숫자로 표시하였고, 번역문의 뒤쪽에는 0101 또는 0318식으로, 원문의 순서를 표시하였다.

5. 번역문의 뒤에 붙인 원문 순서를 표시한 4자리 숫자에서 앞쪽 두 자리는 『논어』의 편차, 뒤쪽 두 자리는 해당 편에서 장의 차례를 표시

한다. 예컨대 0101의 경우, 앞쪽의 01은『논어』제1편 학이편, 뒤쪽의 01은 학이편 제1장을 표시한다. 1318이라면,『논어』제13편 자로편의 제18장을 의미한다.

6. 번역, 원문, 자의(字義), 설명의 순서로 배열하였다. 원문과 字義는 한자를 노출하여 국문-한문 혼용으로, 번역과 설명은 가능하면 국문 전용으로 작성하였다.

7. 공자와 그 제자들은 모두 서력기원 이전의 인물인데, 여러 가지 용어 중에서 '서기전'으로 통일하였다. 나이를 계산할 때는 서양식이 아니라 한국식으로 헤아렸다.

8. 이 책에 언급되는 인명과 서명은 찾아보기를 붙였다. 색인을 작성해 주신 편집자에게 감사를 표해둔다.

배움과 지식

제 1

1. 배움과 지식

『논어』의 제일 첫 글자가 학(學), 곧 '배움'이다. 『논어』를 대표하는 글자다. 『논어』는 학이시습(學而時習), '학습'이라는 말로 시작된다. 학습, 학문과 지식의 문제는 유가에서, 나아가 동양의 역사에서 언제나 극히 중요한 일이었다. 이 단원에는 배움과 지식에 대한 경험과 그 본질적인 성격에 관련된 내용을 모았다.

모든 배움은 결국 나를 위해서다. 취업과 학업의 관계에 대한 공자와 제자의 문답을 접할 수 있거니와, 나의 공부는 어떤 방향이어야 하는가, 공부의 최종의 목표는 무엇이어야 하는가, 개인의 성장과 사회에 대한 기여는 어떠해야 하는가 등의 문제를 생각해볼 기회가 될 수 있겠다.

001 · **선생님께서 말씀하셨다.**
"배우고 때맞추어 익히면 기쁘지 아니한가?
벗이 먼 데서 오면 즐겁지 아니한가?
남이 알아주지 않아도 불만스럽지 않으면 군자가 아니겠는가?" (0101)

子曰, "學而時習之, 不亦說乎?
有朋自遠方來, 不亦樂乎?
人不知而不慍, 不亦君子乎?"

【字義】 1. **子(자)** : 1) 선생님. 학식이나 경륜이 높은 이에 대한 존칭.

공자(서기전 551~479) 제자들은 공자를 '夫子(부자)'라고 불렀다. 따라서 '子曰(자왈)'에서 '子'는 공자가 아니라 부자, 공부자라는 의미이다. 곧, 선생님이라는 말이다. 부자란 지금의 선생님이라는 정도의 말이기도 하지만, 한편 최고의 존칭으로, 동양에서 시대를 넘어 보편적으로 夫子라고 호칭된 이는 공자 - 孔夫子와 주자 - 朱夫子 두 사람 뿐이다. 2. **曰(왈)** : 말하다. 직접 인용을 나타낸다. 3. **學(학)** : 배우다. 『논어』 기록자의 소개의 말이라고 할 '자왈'이라는 두 글자, '선생님께서 말씀하셨다'는 첫머리를 제외하면 공자의 입에서 나온 말로서는 『논어』에서 제일 첫 글자이고, 『논어』를 대표하는 글자다. 말할 것도 없이 '학문(學問)'이라는 의미이지만, 구체적으로 그 내용은 공자 교단(敎團)의 중요한 교재였던 『시경(詩經)』과 『서경(書經)』을 읽고 예(禮)와 악(樂)을 공부하는 일이었을 것이다. 『시경』과 『서경』은 공자가 정리했다는 학설이 유력한데, 두 책 이름이 『논어』에 여러 차례 보이므로, 공자가 두 가지 텍스트를 제자들의 교육에 사용했다는 것은 분명하다. 4. **而(이)** : 접속사. 그리고, 그러나. 순접과 역접의 두 가지 기능을 모두 갖는다. 문맥에 따라서 순, 역을 판단해야 한다. 5. **時(시)** : 때, 시간, 시기. 6. **習(습)** : 익히다. 時習이란 하나의 단어로 쓰이는 말이지만, 時는 '적절한 때(at the right time)'의 의미이고, '때때로(occasional)'라는 말은 아니다. 공부한 것을 "때에 맞추어 익혀서", 적절한 때에 몇 번이고 반복해서 복습하여 그때마다 이해가 더 깊어지고 자기 것으로 체득한다는 말이다. 7. **之(지)** : 조사. 기능은 매우 다양한데, 여기서는 두 가지로 읽힌다. 1) 앞의 말을 도와 어조(語調)를 고르게 하는 조사. 2) '그것'으로 읽어서, 대명사로 볼 수 있다. "배우고, 때로 '그것'을 익히다." 그러나 일반적으로는 1)의 경우로 읽어서, 번역에서 제외한다. 8. **不(불)** : 아니다, 못하다. 부정문을 만든다.

9. **亦(역)** : 또, 또한. 여기서는 어조를 강하게 하는 조사로 쓰였다. 10. **說(열)** : 1) 기쁘다. 2) '설'로 읽으면 말, 말하다. 여기서는 1)의 경우다. 현재 '기쁘다'는 말은 희열(喜悅)이나 열락(悅樂), 법열(法悅) 같은 단어에서 보이듯이 '悅'로 표기되지만, 『논어』가 이루어진 시기에는 悅이라는 글자가 따로 없었고, 說 자가 두 가지 의미로 함께 쓰였다. 한자는 시대가 내려올수록 분화되어서 그 숫자가 증가한다. 11. **乎(호)** : 의문 또는 감탄종결사. 한문의 품사를 실사(實辭)와 허사(虛辭)로 양분하면, 『논어』의 첫 편인 『학이편』 제1장 제1절은 4개의 실사와 5개의 허사로 쓰였다. 而, 之, 不, 亦, 乎의 다섯 글자가 허사다. 제1장 전체로는 30자 가운데 허사가 16자이다. 구어에 가까운 서술에 유의했다는 점, 그래서 평이한 문장이라는 점을 시사한다. 12. **有(유)** : 1) 있다, 2) 조사(허사). 여기서는 2)의 경우로 읽는 것이 일반적이지만, 의미를 부여해서 "(벗이) 있어서"로 읽을 수도 있다. 13. **朋(붕)** : 벗. '붕우(朋友)'라는 말이 있거니와, '붕'은 같은 스승에게 배운 사이 곧 동문(同門), '우'는 뜻을 같이 하는 사이 곧 동지(同志)라는 설명이 있다. 14. **自(자)** : 1) 스스로, 저절로, 2) ~로부터. 여기서는 2)의 경우임. 예로, 자초지종(自初至終: 처음부터 끝까지), 자고(自古: 예로부터) 같은 말이 있음. 15. **遠(원)** : 멀다. 16. **方(방)** : 곳, 지방, 방향. 17. **來(래)** : 오다. 18. **樂(락)** : 즐겁다. 19. **人(인)** : 사람, 사람마다, 다른 사람(남, 타인). 여기서는 다른 사람. 20. **知(지)** : 알다, 알아주다. 21. **慍(온)** : 성내다, 불만스럽다. 참고로, 怒(노)는 화가 밖으로 드러난 것, 慍은 드러나지는 않고 내재(內在)되어 있는 것. 22. **君子(군자)** : 공자가 양성하고자 한, 본연의 덕성을 상실하지 않은, 도덕이 충만한 새로운 인간. 공자 가르침의 목표는 개인과 사회의 도덕적 각성을 통해서 도덕에 바탕을 둔 합리적인 세상을 만드는 것이었고, 군자는

그 목표를 실천해나갈 새로운 형태의 인간이었다. 305편의 시를 묶은 『시경』에 180여회나 쓰이고 있는 묵은 말이지만, 『논어』 제1장에서 그 의미는 새로워졌다고, 필자는 생각한다.

참고로 군자라는 말은 두 가지 의미가 있다. 하나는 덕의 유무에 따라서, 덕이 있는 사람을 군자, 이익만 좇는 사람을 소인(小人)이라고 한다. 다른 하나는 지위의 유무에 따라서, 높은 지위에 있는 사람을 군자, 평민을 소인이라고 한다. 소인은 세인(細人)이나 세민(細民) 등으로 표현되기도 한다. 『논어』에는 두 경우 모두 자주 보인다.

【설명】『논어』는 기본적으로 공자의 말을 제자들이 기록한 대화록이므로, 대부분 "자왈(子曰)", "선생님께서 말씀하셨다."로 시작한다. "나는 이렇게 들었다[如是我聞]"라고 시작하는 불경과도 유사한 방식이라고 하겠다.

『논어』 원문에서 공자의 발언을 이르는 '자왈(子曰)'이라는 말은 426회나 사용되었다. 『논어』에 쓰인 글자를 하나하나 헤아려보면 '자(子)'는 971자, '왈(曰)'은 758자가 쓰여서, 가장 많이 쓰인 글자로 첫 번째와 두 번째다. 이와 별도로 '공자왈(孔子曰)'이라는 표기는 34회가 보인다. 이 책에서는 제일 첫 장 이외에는 독자의 이해를 위해서, 모두 '선생님'이 아니라 '공자'로 통칭한다.

『논어』 제1장은 번역문으로 읽든 원문으로 읽든 그 내용이 몹시 평이하다. 공자의 말을 두고 능소능대(能小能大), 평이함과 심오함을 동시에 갖고 있는 것이 특징이라고 하지만, 제1장은 무엇을 말하고 있는 것일까? 필자는 다음과 같이 설명한다. 설명의 편의를 위해서 원문을 다시 보이기로 한다.

1. 學而時習之, 不亦說乎?　　　[修己]

2. 有朋自遠方來, 不亦樂乎?　　[治人]

3. 人不知而不慍, 不亦君子乎?　[　　]

1절은 학문을 통해 성취되는 도덕의 고양(高揚)에서 오는 기쁨이다. 이를 수기(修己)라고 표현할 수 있겠다. 나를 닦는다는 말은 내가 타고난 천부(天賦)의, 하늘에서 받은 덕성을 재발견하고 재인식한다는 것이다. 그런 사람을 우리는 선각자라고 한다.

공부를 중시하고 학문을 높이 여기는 것은 동양 사상의 중요한 특징이라고도 하겠다. 도덕적으로 결점이 전혀 없는 완벽한 인격체인 성인은 학문을 통해서, 배워서 이를 수 있다. 유가사상의 기본적인 전제다. 배움의 목적은 실천하기이고, 지식과 실천의 궁극적인 목표는 도덕적으로 완전한 사람 곧 성인이 되는 것이었다.

2절은 멀리서 또 가까이서 나를 찾아온 사람들과 나의 이상을 공유하는 즐거움이다. 이를 치인(治人)이라고 표현할 수 있겠다. 법률이나 제도로 사람을 다스리는 것은 그 효과가 제한적이다. 먼저 깨달은 자, 선각자의 고양된 도덕성, 그가 체득한 인간 본성에 대한 깊은 자각, 그것이야말로 진정으로 사람을 움직일 수 있는 강력한 힘이다. 사람을 다스리는 바르고 빠른 방법이다. 그런 점에서 공자의 가르침 곧 유가는 태생적으로 인간을, 인간의 이성과 능력을 긍정하고 신뢰하는 입장에 기초하고 있다. 인본주의다.

수기치인(修己治人) 네 글자는 유가의 중요한 슬로건이다. 『논어』 제1장의 첫 두 절은 바로 그 점을 천명하고 있다. 수기치인의 이상을 실현할 새로운 인간이 바로 3절 끝의 군자다. 도덕적으로 각성된 새로운 인간이다. 그런 군자가 만들어나갈 궁극적인 이상 사회를 가리키는 말이 [   ]를 채워야 할 것이다. 앞의 두 개 절과 마찬가지로 공자는 그것을 명언(明言)하지 않았지만, 필자는 대동(大同)이라는 말을 떠올린다. 크게 하나가 되는 사회. 오경(五經)의 하나인『예기(禮記)』에 나오는, 이상 사회를 가리키는 말이지만, 이 자리에 걸맞다고 생각된다. 군자는 국가와 사회의 리더다. 자기 학습을 통해서 부단히 자신을 혁신하는 도덕적 리더의 양성, 그것이야말로 공자 교육의 처음이자 끝이다. 근현대 대학교육의 목표 역시 사회의 리더를 양성하는 것이다. 필자는 20여 년 전에『논어』를 가르치기 시작할 때부터 이런 식으로 설명을 해왔다. 나중에 자료를 보다가, 조선 후기의 어떤 식자가 "『논어』 제1절은 바로『대학』에 이른바 명덕(明德)이고『중용』에 이른바 성기(成己)이며, 제2절은 곧『대학』에 이른바 신민(新民)이고『중용』에 이른바 성물(成物)이다.[1]"고 한 발언을 접했다. 자연스레 유추되는 개념이라고 하겠다.

이런 번다한 설명 외에,『논어』 제1장은 공자의 이력서라고, 간단하게 말하는 사람도 있다. 시간의 순서를 따라서 공자의 초년과 중년, 만년이 그대로 농축되어 있는 발언이라고도 볼 수 있기 때문이다. 또는 "책의 첫 머리에 놓인 공자의 말은 학문의 즐거움을 이야기한다. 학문의 즐거움이라는 것을 지금은 누구나 알지만, 고대에 있어서는 반드시 그렇지는 않았을 것이다. 공자는 그것을 최초로 분명하게 지적한 인물의 한 사람이다. 이 장(章)이 전체의 처음에 위치한 것은,『논어』 편찬자의 마음 씀씀이일 것이다."라고 설명하기도 한다.[2]

덧붙여, 필자는 번역에서, 제1장을 구성하고 있는 세 개 문장의 앞과 뒤쪽을 모두 '익히면, 오면, 않으면'으로 연결해서, 가정으로 읽었다.

1_ 김귀주(金龜柱),「논어차록(論語箚錄)」(『한국경학자료집성』 25, 성균관대 대동문화연구원).
2_ 요시카와 코지로(吉川幸次郎, 1904~1980),『논어』(朝日新聞社, 1965)에 있는 말이다.

한문 문장의 특징이지만, 당연히 다른 방식으로 읽을 수도 있다. '익히니, 오니, 않으니'로 읽으면, 공자 자신의 직접 체험이나 실천이라는 점이 보다 더 직접적으로 강조되는 쪽으로 읽힌다. 하지만 전자를 따르는 것이 일반적이다.

또 하나 덧붙이자면, 대부분의 유가 경전은 그 첫 머리가 세 개의 구절로 이루어져 있고, 그 세 개 구절에 해당 경전의 가장 핵심적인 내용이 담겨 있다. 『대학』의 첫 부분 세 구는 삼강령(三綱領)인데, 그것이 『대학』의 핵심이다. "하늘이 명한 것을 성(性)이라고 한다."로 시작하는 『중용』의 첫 부분 역시 세 구인데, 『중용』의 핵심이 담겨 있다. 『맹자』 제1장도 의미상 세 단락으로 나뉘고, 인의(仁義)와 대립되는 이(利)에 대한 논변이라는, 『맹자』 전체를 대표하는 내용을 담고 있다. 『예기』나 『서경』도 첫 세 구가 해당 경전의 핵심이다. 개권 제일의(開卷第一義)라는 말이 있다. 책의 첫 페이지에 제시된 가장 중요한 주장이라는 의미가 되겠는데, 대부분의 유가 경전은 그 첫줄이 각별히 중요하다. 18세기 후반, 조선의 어떤 이름 없는 학자가 이미 해둔 말이다.

『논어』라는 텍스트의 정수는 제1편 학이편이고, 그 학이편 중에 정수는 제1장이다. 수기치인이라는 유가의 슬로건이 성어로 보이는 텍스트는 『논어』가 아니고 그보다 훨씬 뒤에 이루어지는 『대학』, 그것도 주석에서 보이지만, 그 개념은 『논어』 첫머리에 이미 완전하게 구비되어 있다. 뿐만 아니라 『논어』에 보이는 "수기이안인(脩己以安人), 수기이안백성(脩己以安百姓)"이라는 말에서 수기-치인의 논리 구조는 이미 완전하게 갖추어져 있다.

학이편 제1장의 내용은 『논어』가 텍스트로 성립하기까지 상당히 긴 시일에 걸쳐서 공자 사후 많은 제자들이 토론을 한 결과다. 학이편 제

1장이 지금 우리가 보는 『논어』라는 책의 첫 줄에 쓰여 있다고 해서 제일 먼저 쓰였으리라고 생각하기는 어렵다. 오히려 시간적으로는 다른 내용들이 다 결정된 뒤, 아마도 상당히 뒤늦게, 책의 첫머리에 놓일 '말씀'으로 선발되었다고 생각하는 것이 자연스럽다. 불경스런, 무지하고 용감한 말이지만, 『논어』 첫 구절의 성격을 두고 이렇게 설명한 사람을 필자는 아직 알지 못한다.

학이편 제1장이 어느 날 같은 자리에서 공자가 단번에 한 발언이라고 생각하기도 어렵다. 서로 다른 자리에서 여러 제자들에게 한 발언을 제자들이 각자 기억의 조각조각을 잇대어 맞추어서 마치 조각보를 만들 듯이 편집한 결과물이라고 하는 쪽이 자연스럽다. 북송의 학자이자 혁신적인 정치인이었던 왕안석(王安石, 1021~1086)은 오경의 하나인 『춘추』를 두고 '너덜너덜한 조보(朝報)'라고 혹평해서 물의를 야기했거니와, 모든 경전은 수많은 사람들의 치열한 논쟁을 거쳐서, 역사 속에서 다듬어지고 만들어진 것이다.

안동 도산서원의 한 건물인 농운정사에는 퇴계 이황(1501~1570)의 친필로 된 '시습재(時習齋)'라는 현판이 걸려 있었다. 지금은 한국국학진흥원으로 옮겨 보존되고 있고, 농운정사에는 복사본이 걸려 있다. 조선 초기 생육신의 한 분인 김시습(1435~1493)의 이름이 『논어』 첫머리에서 왔다는 것은 금세 짐작할 수 있겠다.

002 · **공자 말씀하셨다.**

"나는 열다섯에 배움에 확고한 뜻을 두었고, 서른에 배움의 기초를 굳게

세웠고, 마흔에 의혹되지 않았고, 쉰에 하늘이 내게 부여한 사명을 알았고, 예순에 귀로 듣는 남의 말이 순순히 잘 이해되었고, 일흔에 내 마음이 하고자 하는 대로 따랐지만 법도를 넘지 않았다."(0204)

子曰, "吾十有五而志于學, 三十而立, 四十而不惑, 五十而知天命, 六十而耳順, 七十而從心所欲, 不踰矩."

【字義】 1. **吾(오)** : 나. 1인칭대명사. 2. **有(유)** : 여기서는 '또'라는 의미. 우(又)와 같다. 한문에서 숫자를 표기할 때 관용적으로 10단위와 1단위 사이에 '有'를 써서 구분한다. 17이라면 '十有七'이라고 쓴다. 3. **志(지)** : 뜻. 한문으로 설명하면 '심지소지(心之所之)', 곧 '마음이 가는 바.' 목표를 정하고 확고하게 그곳으로 달려가는 것. 의(意)라는 글자도 '뜻'이라고 풀이되지만, 한문으로 설명하면 '심지소발(心之所發)', 곧 마음이 드러나는 바. 아직 목표가 정해지지 않은 상태다. 의지(意志)라고 하나의 단어로 쓰지만, 意가 시작이라면 志는 결말이다. 4. **立(립)** : 서다. 5. **于(우)** : 어조사. ~에. '어(於)'와 그 기능이 같다. 장소, 방향, 유래, 비교 등을 표시하는 조사. 6. **惑(혹)** : 의혹, 미혹. 7. **天命(천명)** : 하늘의 명령. 하늘이 부여한 사명. 8. **耳(이)** : 귀. 9. **順(순)** : 따르다, 순순하다. 10. **所(소)** : 바, ~것, 장소. 11. **欲(욕)** : 바라다, 하고자 하다, 욕구, 욕심. 나중에는 慾이라는 글자가 따로 생겼지만 『논어』에서는 두 가지가 같이 쓰인다. 12. **踰(유)** : 넘다, 위반하다. 13. **矩(구)** : 자, 법도.

【설명】 일독하면 분명하듯, 공자의 자서전이다.

'열다섯 살에 배움에 확고한 뜻을 두었다'고 옮긴 데서 '확고한 뜻'이란 '지(志)'의 번역이다. 지향(志向)이라는 단어가 있지만, 막연하게 '뜻'이라는 말이 아니고, 목표를 정하고 마음이 가는 바를 이른다. 15세 때에 배움에 뜻을 두고, 학문을 하겠다는 결심을 하였다는 것이다. 『예기』「내칙(內則)」편에, "6세에는 숫자와 동서남북 방위의 이름을 가르친다. 9세에는 날짜 헤아리기를 가르친다. 10세에는 집을 떠나 밖의 스승에게 나아가 글씨와 산수(算數)를 배운다. 13세에는 음악을 배우고 시를 외운다."는 말이 있다. 날짜 헤아리기를 안다는 것은 간지(干支)를 안다는 의미인데 2019년을 기해년, 2020년을 경자년이라고 하는 것은 간지에서 비롯되는 것이다. 공자 이전 시기에 초등교육의 제도가 그렇게 완비되어 있었느냐, 또 공자가 그런 교육의 기회를 가질 수 있었느냐는 여기서 따질 문제가 아니겠다. 하지만 공자의 경우 15세 이전에 어느 정도의 학문적 축적이 있었다는 것은 미루어 짐작할 수 있겠다. 따라서 공자가 15세에 학문을 하겠다고 결심하였다는 것은 초급이 아니라 상당한 수준의 고급 학문을 향한 결심이었다고 볼 수 있겠다.

30세에는 그런 학문의 기초가 섰다. 마흔에는 자기 학문에 대해 자신을 얻어서, 자기가 향하는 방향이 타당한 것임을 확신하게 되었다. 쉰에는 자신의 이러한 노력이 천(天)으로부터 부여된 사명이라는 것, 내지는 이와 같이 노력하지 않을 수 없는 것이 하늘로부터 인간에게 부여된 운명이라는 것을 알게 되었다. 천명(天命)이라는 말로 공자가 무엇을 표현하려고 하였는가는 어려운 문제이고, 갖가지 해석의 가능성이 열려 있다.

이순(耳順) 두 글자를 '귀로 듣는 남의 말이 순순히 잘 이해되었고'라고 풀이하는 것은 난해한 일이지만, 자기와 의견이 다른 이의 말에 대해서도 반감을 느끼지 않게 되었다, 요컨대 입장이 다른 말에도 제각기 존재 이유가 있음을 알게 되었다는 말이다. 더 말을 바꾸면, 인간 생활의 다양성을 인정하는 마음의 여유를 얻었다는 것이다. 그리하여 마침내 공자가 작고하기 3년 전인 일흔에 도달한 경지는 자기 행동에 참된 자유를 얻은 것으로서, 욕망대로 행동해도 인간의 법칙을 넘지 않았다는 것이다.

이 장에서 공자는 대략 10년 단위로 자기 인생의 역정을 회고하였다. 송대 이후 성리학자들에게 공자는 성인이었으므로, 『논어』에서 공자 스스로 분명하게 자신은 생이지지(生而知之), 배우지 않아도 나면서부터 모든 이치를 스스로 안 존재는 아니라고 말했음에도 불구하고, 이 장에서와 같은 점진적, 순차적인 성장과 발전은 부인되었다. 단지 뒤에 따라오는 사람들을 위해서 그런 단계를 설정해주었을 뿐이라고 설명한다. 하지만 자신의 인생을 대략 10년 단위로 갈라서 그 향상의 자취를 설명할 수 있는 점, 그 점이 바로 공자의 위대함이라고, 필자는 생각한다.

공자가 인생의 끝자락에서 궁극적으로 성취한 위대한 일이 '남의 말이 순순히 잘 이해되고, 자신의 욕망이 인간의 법칙을 넘지 않는 자유를 얻기'였다. 우리는 그런 목표를 생각해본 적이 있기나 했던가?

공자는 73세에 작고했으므로, 이 장은 일흔이 넘은 극히 노년에 남긴 말이었을 터이다. 한데, 전체가 20편인 『논어』에서 두 번째 편의 앞쪽에 실렸다는 것은 『논어』라는 텍스트가 시간 순으로 편집되지 않았음을 잘 설명해준다.

003 **공자 말씀하셨다.**

"젊은이는 집에 들어가면 효도하고, 밖으로 나오면 공손하며, 행동은 삼

가고 말은 미덥게 하며, 널리 많은 사람을 사랑하되 어진 이를 친해야 한다. 이런 일들을 실천하고 여가가 있으면 글을 배워야 한다."(0106)

子曰, "弟子, 入則孝, 出則弟, 謹而信, 汎愛衆, 而親仁. 行有餘力, 則以學文."

【字義】 1. **弟(제)** : 아우. 여기서 弟子는 스승에게 배우는 학생이라는 말이 아니고 父兄(부형)과 상대가 되는 말이다. 2. **入(입)** : 들어가다. 다음 구절에 보이는 出의 반대말. 3. **則(즉)** : 곧, ~하면. 4. **孝(효)** : 효도. 5. **弟(제)** : 공손하다. 나중에 글자가 분화되어서, 지금은 '悌'로 쓰인다. 6. **謹(근)** : 삼가다. 행동을 삼가는 것. 7. **信(신)** : 믿다. 미덥다. 말을 미덥게 함. 8. **汎(범)** : 널리, 두루. 9. **愛(애)** : 사랑. 10. **衆(중)** : 무리, 많은 사람. 11. **親(친)** : 친하다. 12. **仁(인)** : 어질다, 사랑하다. 여기서는 인한 사람을 이른다. 13. **行(행)** : 가다, 행하다. 14. **餘(여)** : 남다. 여유. 15. **力(력)** : 힘. 餘力이란 餘暇(여가)와 같다. 16. **以(이)** : ~로써, ~로서.

【설명】 글을 배우기에 앞서 해야 할 일이 다섯 가지다. 가정에서 부모에 효도하기, 사회에서 어른에 공손하기, 말과 행동을 바르게 하기, 널리 많은 사람을 사랑하기, 그러면서도 훌륭한 덕성을 지닌 사람과 더 친한 관계를 유지하기.

글의 표현은 선후 관계로 되어 있지만, 앞쪽 다섯 가지와 마지막 하나, 글을 배우기가 꼭 선후 관계라는 말은 아니다. 자신이 충분히 효도를 하고 있다고 생각하는 효자란 있을 수 없는데, 효도 않는 사람은 글을 배우지 말아야 한다는 말은 성립되지 않을 것이다. 수신(修身)이란 누구나 언제나 추구해야 할 이상이지, 그것 완료한 다음에 제가(齊家)로, 또 치국(治國)으로, 계단을 밟듯이 하나하나 나아가야 하는 과정으로 볼 수 없는 것과 같은 방식의 말이다.

끝의 '글을 배워야 한다'는 말은 원문으로는 '학문(學文)'인데, 여기 글이란 공자가 교재로 삼은 『시경』이나 『서경』 같은 텍스트를 이른다. 그런 텍스트를 익힌다는 말이다. 어떤 분야에 대한 체계적인 지식은 학문(學問)이라고 표기되거니와, 학문(學文)과는 서로 다른 말이다.

004 · **자하가 말했다.**

"훌륭한 이를 훌륭하게 여기기를 이성을 좋아하듯이 하며, 부모를 섬기되 그 힘을 다하며, 군주를 섬기되 그 몸을 바치며, 벗과 사귀되 하는 말이 신의가 있으면, 배우지 않은 사람이더라도 나는 반드시 배운 사람이라고 할 것이다."(0107)

子夏曰, "賢賢易色, 事父母, 能竭其力, 事君能致其身, 與朋友交, 言而有信, 雖曰未學, 吾必謂之學矣."

【字義】 1. **子夏(자하** : 서기전 507~ ?)는 『논어』에 자주 나오는 뛰어난 제자이고, 『사기』「중니제자열전」에 따르면 공자보다 44세 어렸다. 성은 복(卜), 이름은 상(商)이고, 자가 자하다. 2. **賢賢(현현)** : 술어와 목적어로 이루어진 구절이다. 賢은 어진 이, 현명한 이, 훌륭한 이라고 옮길 수 있겠는데, 그런 사람을 어질다, 현명하다, 훌륭하다고 여긴다는 말. 3. **易色(역색)** : 일반적으로는 易은 '바꾸다', 色은 여색(女色) 즉 이성으로 읽어서, '이성을 좋아하는 마음과 바꾸어라'고 읽

는다. 이성에 대한 관심은 사람의 자연스러운 감정이므로, 나보다 나은 훌륭한 사람을 그렇게 자연스럽게 인정하고 존경하라는 의미가 되겠다. 또 色은 '얼굴'이라는 의미가 있으므로, '훌륭한 이를 훌륭한 이로 여겨서 얼굴색을 바꾸어라', 훌륭한 이를 만나는 경우 그를 현자로 존중하여 얼른 안색을 바꾸어서 존경의 마음을 드러내라고 읽을 수도 있다. 4. **事(사)** : 여기서는 '섬기다'. 5. **能(능)** : 능하다, 능력, ~할 수 있다. 6. **竭(갈)** : 다하다, 물이 마르다, 고갈되다. 7. **其(기)** : 그, 그것. 지시대명사. 8. **君(군)** : 군주, 임금. 상대를 높이는 2인칭 대명사로도 쓰인다. 9. **致(치)** : 바치다, 맡기다, 이르다, 이르게 하다. 10. **身(신)** : 몸. 11. **與(여)** : 더불어, 함께. 12. **言(언)** : 말. 내가 먼저 꺼내는 말. 語(어)는 상대에게 답하는 말이라고 한다. 13. **雖(수)** : 비록. 가정문을 만든다. 14. **未(미)** : 아니다. 아직 ~ 아니다. 부정사. 15. **必(필)** : 반드시. 틀림없이. 기필코. 16. **謂(위)** : 이르다, 말하다. 17. **矣(의)** : 조사. 평서문의 종결사.

【설명】『논어』의 원문은 간략한 말이므로, 갖가지 해석을 불러일으킨다. 이 장의 첫 구 '훌륭한 이를 훌륭하게 여기기를 이성을 좋아하듯이 하다[賢賢易色]'는 말은 그 좋은 예이다. 앞의 字義에서 여러 가지 풀이를 보였다. 하지만, 이렇게 여러 가지로 풀이가 된다는 것은 결국 그 의미가 선명하지 못하다는 말이기도 하다. 부모, 군주, 벗에 대한 자세를 말한 뒤쪽 세 개 구절은 각각 효(孝), 충(忠), 신(信)이라는 중요한 가르침을 담고 있다. 그런데 첫 구절이 평범하고 일반적인 내용일 리가 없다는 생각은 누구나 할 수 있겠다. 그래서 또 하나의 다른 설은, 첫 구절을 부부(夫婦)에 대한 일로 읽어야 한다고 한다. 혼인할 때는 배필의 훌륭한 덕성을 높여야 하지 외모에만 끌려서는 안된다는

것이다. 오륜의 순서는 부자-군신-부부-장유-붕우이고, 각각의 관계에서는 친(親), 의(義), 별(別), 서(序), 신(信)을 지켜야 할 덕목으로 하고 있지만, 남녀가 부부로 만나는 일이야말로 다른 네 가지 관계가 가능하도록 해주는 것이다. 인간 사회에서 혼인이란, 그러므로 실로 중대한 의의를 지닌다. 이렇게 읽으면 뒤쪽 세 개 구절이 갖는 무게와 균형을 맞출 수 있다는 설명이 있다.

앞 장에서 공자는 글을 배우기에 앞서 실천할 일 다섯 가지를 나열하였지만, 유사한 내용인 이 장에서 그의 제자 자하는 네 가지를 들고 있다. 현인을 존중하는 사람, 부모를 섬김에 그 능력의 한계를 다하는 사람, 그리고 군주를 섬기는 데는 그 몸을 바치는 사람, 또 벗과 사귐에서는 말에 믿음이 있는 사람, 그런 네 가지 조건을 갖춘 사람이라면 비록 책을 읽어서 정식으로 학문을 한 이가 아니더라도 이미 학문을 한 사람이라고 여기겠다고 한다. 학이편 제6장의 공자 발언에 이어지는 제7장의 자하의 말은 배움이라는 키워드를 공유하고 있다. 『논어』 제11편(「선진(先進)」)에 "문학에는 자유(子游)와 자하"라는 말이 있거니와, 자하는 실천보다는 학문에 뛰어난 사람이다. 한데, 그런 그가 여기서는 이렇게 실천을 높이고 있다고, 북송의 학자 유초(游酢, 1053~1123)는 말한다. 『논어』에서 문학이란 학문과 같은 말이다.

필자는 2016년 7월 하순에 자하가 살던 마을이라는 중국 하남성 온현(溫縣)의 복자고리(卜子故里)에 들러, 그 후손이라는 이의 집을 방문한 적이 있다. 성씨가 복씨니까 높여서 복자(卜子)라고 하는 것이다. 대문 앞에 자하가 살던 집터라는 안내판이 서 있는 길가 허름한 살림집이 자하기념관이었다. 벽의 한켠에, 자하의 위패가 놓인 위쪽으로 그의 제자를 두루 적어둔 인쇄물이 걸려 있었다. 이회(李悝), 오기(吳起)가 제일 위쪽에 있고, 그 아래쪽에 공양고(公羊高)와 곡량적(穀梁

赤), 또 그 아래에 전자방(田子方), 단간목(段干木)이 다 자하의 제자로 소개되어 있었다. 모두 역사에 찬란한, 시대를 넘어 빛나는 위인들이다.
상앙(商鞅)과 한비자(韓非子)에게 큰 영향을 준 법가 사상가 이회(서기전 455~395)와 병법서 『오자(吳子)』를 남긴 맹장 오기(서기전 440~381)가 자하의 제자인지는 단정할 수 없지만, 각각 십삼경의 하나로 꼽히는 『춘추공양전』과 『춘추곡량전』의 저자로 저명한 공양고, 곡량적과 전국시대 초기 위(魏)나라의 정치에 크게 기여한 전자방, 단간목(서기전 475?~396)의 4인은 자하의 제자라는 말들이 있다. 공자 제자 가운데 자하는 훌륭한 인재를 많이 배출한 학자로 꼽을 수 있겠다. 자하와 함께 전자방, 단간목, 이회, 오기는 모두 위문후(魏文侯, 서기전 472~396)가 등용하여 국정을 일신하는데 공헌하였다. 위문후는 서기전 445년에 즉위하여 50년간 재임하였다.

005 · **공자 말씀하셨다.**
"군자가 묵직하지 않으면 위엄이 없으니, 배우면 견고하지 못하다. 충신(忠信)을 주로 하며, 자기만 못한 이를 벗하지 말고, 잘못을 저질렀다면 고치기를 꺼리지 말아야 한다."(0108)

子曰, "君子不重則不威, 學則不固. 主忠信. 無友不如己者. 過則勿憚改."

【字義】1. **重(중)** : 무겁다. 사람 됨됨이나 언행이 신중하다. 2. **威(위)** : 위엄, 위세. 3. **固(고)** : 견고하다, 고루하다. 여기서는 두 가지 의미로

읽을 수 있다. 4. **無(무)** : 여기서는 '~하지 말라'는, 금지와 명령을 나타내는 부정사이다. 바로 다음 구절의 勿(물)과 같은 기능이다. 5. **不如(불여)~** : ~만 못하다. 6. **憚(탄)** : 꺼리다. 7. **改(개)** : 고치다.

【설명】 군자는 언행에 무게가 없으면 위엄이 없다. 그런 가벼운 사람은 배워도 견고하지 못하다. '견고하다'로 읽은 원문의 '고(固)'라는 글자는 '완고(頑固)하다, 고루하다'로도 읽히므로, '배우면 완고하지 않게 된다'로 읽을 수도 있다. 그러면 '군자가 묵직하지 않으면 위엄이 없으니, 그런 사람은 배우면 고루하지 않다.'로 되겠다. 배움을 통해서 자기 경험의 한계를 넓혀갈 수 있다는 말이다. 첫 두 구절을 이어서 공자가 제시하는 군자가 지켜야 할 덕목은 세 가지다. 충신(忠信)이라는 말은 앞에서 이미 나왔지만, 여기서는 그 두 개 글자가 붙어서 하나의 단어로 쓰였다. 그것을 우선 자신의 지침으로 하라는 말이다. 이어서, 자기보다 못한 자를 벗으로 하지 말고, 과실을 범했다면 주저 없이 고치라고 한다.

원문으로 이 장을 읽어보면 말이 토막토막 끊어져서 연결이 자연스럽지 않다는 점이 분명한데, 그것은 다른 시간에 다른 장소에서 공자가 한 말을 나중에 제자들이 하나로 엮어서 편집했기 때문이라고 보는 설이 있다. "충신을 주로 하며" 이후 이 장의 후반은 『논어』 제9편(「자한(子罕)」)에도 꼭 같은 모양으로 반복되어 나타난다. 한 자리에서 단번에 한 말이 아니라 조각조각을 이어 붙여서 편집했다는 추론을 뒷받침하는 근거가 될 수 있다. 화가건 문인이건 대상을 있는 대로 다 그리지는 않거니와, 편집과 교정은 그림이건 글이건 창작에서 빠질 수 없는 과정이다.

'자기만 못한 이를 벗하지 말라'는 말에 대해서, 그렇다면 아무도 벗이 있을 수가 없지 않으냐는 등의 의문이 제기되곤 하지만, 맹자의 명쾌한 설명이 있다.

"한 고을의 훌륭한 인재라야 한 고을의 훌륭한 인재를 벗할 수 있고, 한 나라의 훌륭한 인재라야 한 나라의 훌륭한 인재를 벗할 수 있고, 천하의 뛰어난 인재라야 천하의 뛰어난 인재를 벗으로 할 수가 있다. 나보다 나은 이는 내가 스승으로 섬겨야 하니, 어찌 그가 내 벗이 되기를 바라겠는가?"(『맹자』「만장(萬章)」하 · 8장)

006 · **공자 말씀하셨다.**

"군자가 먹되 배가 부르기를 구하지 않고 거처하되 안락하기를 구하지 않으며, 일에 민첩하고 말을 삼가고, 도덕이 뛰어난 이에게 나아가 자신을 바루면, 배우기를 좋아한다고 이를 수 있다."(0114)

子曰, "君子食無求飽, 居無求安, 敏於事而愼於言, 就有道而正焉, 可謂好學也已."

【字義】 1. **食(식)** : 먹다. 2. **求(구)** : 구하다, 요구하다, 찾다. 3. **飽(포)** : 배부르다. 4. **居(거)** : 살다, 거주. 5. **安(안)** : 편안하다, 안락하다. 6. **敏(민)** : 민첩하다, 재바르다. 7. **於(어)** : ~에. "敏於事"란 일에 민첩하다. 앞쪽, "十有五而志于學"에서 본 '于'와 완전히 같은 기능을 지닌 조사인데, 현재 중국에서는 '于'를 주로 쓴다. 8. **愼(신)** : 삼가다. 신중하다. 9. **就(취)** : 나아가다. 10. **有道(유도)** : 그대로 옮기면 '도가 있다'는 말이지만, 여기서는 도가 있는 사람을 이른다. 11. **正(정)** : 바르다, 자기를 바르게 하다, 바루다. 12. **可(가)** : 가하다, 가능하다, ~할

수 있다. 13. **謂(위)** : 말하다, 이르다. 14. **也(야)** : 평서문의 종결사. 15. **已**(이) : 마치다, ~뿐이다. 也已는 합해서 '~뿐이다'. 강조의 어감이다.

【설명】 배가 고프지 않고 주거가 불편하지 않으면 그것으로 만족한다는 말이다. 『논어』의 다른 곳에서 공자는, "군자는 말에는 어눌하고 행동에는 민첩하고자 한다."는 말을 하고 있거니와, 이런 취지의 말은 자주 볼 수 있다. 이런 여러 가지에 조심하더라도 혼자만의 판단으로 오류에 빠지는 것을 염려하여, 도덕 있는 사람에게 나아가서 그 비판을 구해야 한다. 이렇게 실천하고 행동하는 사람은 배우기를 좋아하는 군자라고 판단해도 좋을 것이다.

007 · **공자 말씀하셨다.**
"옛 것을 익히고 새 것을 알면 스승이 될 수가 있다."(0211)

子曰, "溫故而知新, 可以爲師矣."

【字義】 1. **溫(온)** : 따뜻하다, 온유하다, 다시 익히다. 2. **故(고)** : 옛, 예전, 오래. 3. **新(신)** : 새로움. 4. **可以爲師矣(가이위사의)** : 師는 스승. 그 앞부분은 '可以' 또는 '以爲'로 읽을 수 있다. 可以는 '~할 수 있다', 以爲는 '~가 되다', '~로 여기다'.

【설명】 온고지신(溫故知新)은 누구나 알고 있는 말이고, 또 『중용(中庸)』에도 꼭 같은 말이 있다(제27장 6절). 남의 스승이 될 전제 조건은

과거 역사에 익숙한 지식에서 얻는 지혜와 현실의 문제에 대한 새로운 인식의 조화라는 말이다. 이렇게 말을 하고 보니, 스승이란 참으로 쉽지 않은 직책이다. 그럼에도 불구하고, 위에 보인 것처럼 "옛 것을 익히고 새 것을 알면 스승이 될 수가 있다."로, 가정과 결과로 단정해서 읽는 것이 일반적인 독법이다.

하지만 공자가 제자들에게 남의 스승이 되라고 권유했을까? 설령 공자 교육의 목표가 그렇다고 하더라도, 남의 스승 되기를 권유한다는 것은 또 다른 문제일 듯하다. 그래서 본문을 다르게 읽는 사람도 있다. 즉, "옛 것을 익히고 새 것을 알기를 스승으로 삼을 수 있다", 온고지신하는 태도를 나 스스로의 스승으로, 나의 삶의 태도로 삼을 수 있겠다고 읽는 것이다.

이런 독법을 뒷받침하는 자료로 맹자의 유명한 발언을 들 수 있다. "사람의 근심거리가, 남의 스승 되기를 좋아하는 데 있다." 보통 사람들의 일반적인 결점, 병통, 부족한 점이, 저 자신은 그렇게 하지도 못하면서 남을 가르치려 드는 것이라는 지적이다. 온고지신의 교훈과 함께 읽을 말인데, 그렇다면 온고지신 뒤에 오는 가이위사(可以爲師)라는 말 역시 '남의 스승이 될 수 있다'로 읽기보다는 내가 스승으로 삼아야 할 태도나 다짐으로 읽는 것이 좋다는 발상이다. 두 가지 독법 중에서 어느 쪽으로 읽고 싶으신지?

008 · **공자 말씀하셨다.**

"배우기만 하고 사색을 하지 않으면 어둡고, 사색만 하고 배우지 않으면 위태롭다."(0215)

子曰, "學而不思則罔, 思而不學則殆."

【字義】 1. **思(사)** : 생각, 사색. 2. **罔(망)** : 미혹되다(=惘), 어둡다, 그물(=網). 3. **殆(태)** : 위태하다.

【설명】 이 장은 공자의 학문론으로서 매우 중요하다. 학문과 사색은 수레의 두 바퀴처럼 조화를 이루어야 하는 것인데, 그 본질에 대한 명쾌한 요점 정리다. '배운다'는 것은 주로 독서가 되겠지만, 남에게 배우는 것이다. 독서건 스터디건 수업이건, 남에게 배우는 것이다.

한데, 쫓아다니면서 남의 말에만 정신을 놓고 있으면 정작 자기 세계를 쌓을 틈이 없다. 남의 말, 기존의 주장이나 학설들을 듣고는 곰곰이 되새기고 충분히 따져봐야 한다. 그렇지 않으면 멍하니 깜깜 어두워서, 아무 것도 남는 것이 없다. 원문의 망(罔)이라는 글자는 망(亡)과 발음이나 뜻이 통한다.

그렇다고 자기 생각에만 매몰돼서는 안 된다. 혼자만의 세계에 갇히지 말고, 밖으로 나와야 한다. 딴에는 참신하고 중요한 사색의 주제를 찾았다고 생각되더라도, 이미 남이 다 말해둔 것은 아닌지, 찾아보고 물어봐야 한다. 혼자 골몰하다가는 헛일하기 십상이다. 배움을 통해 낢의 경험을 받아들이는 것은 올바른 사색을 위한 좋은 방법이다. 사색과 독서가 조화를 이룰 때 참된 배움의 세계가 열린다.

'의문이 해결되지 않는다'로 옮긴 태(殆)라는 글자는 일차적으로 '위태하다'는 의미다. 그래서 보통은 이 구절을, "사색만 하고 배우지 않으면 위태하다", 즉 '독단에 빠져서 위태롭다'로 읽는다. 하지만 필자는 청나라 학자 왕념손(王念孫, 1744~1832)의 가르침을 따르고 싶다. 그는 십삼경의 하나인 『공양전(公羊傳)』의 한 구절을 근거로 "태(殆)

는 의(疑)", '의심하다'는 뜻으로 읽고, 의문이 해결되지 않는다는 의미라고 풀이하였다. 아울러 『논어』 제2편 위정편 제18장의 말이지만, "많이 듣고서 의심나는 것은 제외해두고, 많이 보고서 의심나는 것은 제외해둔다[多聞闕疑, 多見闕殆]"는 말에서 태(殆) 역시 '위태롭다'가 아니라 '의심나다'로 읽어야 한다고 한다. 앞뒤 글자는 의(疑), 태(殆)로 다르지만, 의미는 같은 글자로 읽어야 한다는 것이다. 이런 예는 드물지 않다.

'사색만 하고 배우지 않으면 의문이 해결되지 않는다.'로 읽는 것과 '사색만 하고 배우지 않으면 독단에 빠져서 위태롭다'로 읽는 것은 차이가 크다. 후자는 주자의 읽기이고 앞쪽은 청나라 고증학자의 읽기이다. 후자는 관념성이 강한 데 비해 전자는 글의 의미 파악에 초점이 있다는 느낌, 필자만 그러할까?

009 **공자 말씀하셨다.**
"이단을 공부하면 해로울 뿐이다."(0216)

子曰, "攻乎異端, 斯害也已."

【字義】 1. **攻(공)** : 치다, 전공하다, 연구하다. 2. **乎(호)** : 여기서는 於나 于와 같은 용법이어서, '~을, ~에서'를 의미하는 조사. 3. **斯(사)** : 곧, 바로, ~하면. 4. **害(해)** : 해롭다.

【설명】 얼른 보아, 공자의 발언으로 생각하기 쉽지 않은 말이다. 이단(異端)이란 현재 국어사전에서 '자기가 믿는 이외의 도(道)' 또는 '전

통이나 권위에 반항하는 주장이나 이론'이라고 정의되고 있다. 지금 국어사전에 실려 있는 이단이라는 단어의 어원이 『논어』의 이 장이라는 것은 명백할 것이다. 이단 다음에 사설(邪說)이라는 말이 붙어서 '이단사설'이란 말이 있듯이, 애초부터 바르지 않은 것이 명백한 학설을 이르는 말이라고 대개는 이해되고 있다. 또한 '공부하면'이라고 옮긴 '공(攻)'이라는 글자를 주자는 '오로지 다스리다[專治]'라고 설명했지만, '전공하다', '연구하다'는 의미여서, 이단의 학설을 연구하는 일은 해로울 뿐이다, 백해무익하다는 것이 이 장의 보통 독법이다. 공자 자신의 가르침 이외의 '잡다한 가르침'을 공부하는 것은 해롭다고 말한 셈이다. 이 장에 대한 설명은 여기서, 이런 정도에서 그쳐도 괜찮겠다. 하나 덧붙이자면, 뒷 구절 '사해야이(斯害也已)' 네 글자에서 의미를 갖는 것은 '해롭다'는 해(害) 한 글자뿐이다. 사(斯)는 내(乃) 또는 즉(則)과 같아서, '곧', '~하면'의 의미이고, 야이(也已) 두 자는 합해서 조사. 야(也)는 평서문의 종결사인데, 이(已)가 붙어서 의미가 강조되었다.

한데, 이 장의 핵심어인 이단 두 글자는 매우 독특한 말이다. 『논어』의 이 조목에만 보일 뿐 그 확실한 의미를 추론할 만한 더 이상의 용례가 다른 책에 보이지 않는다. 검색 기능의 도움으로 금세 확인할 수 있거니와, 오경을 비롯해서 『맹자』나 『순자』, 『노자』나 『장자』 등 선진(先秦) 시기의 다른 문헌에서는 이단이라는 난어를 볼 수 없다. 일단(一端), 양단(兩端), 만단(萬端), 무단(無端) 등 지금도 흔히 쓰이는 말들은 선진 시기 고전에도 용례가 흔하지만, 이단은 찾을 수 없다. 서기 163년 무렵에 작고한 것으로 알려져 있는 후한 때의 정치가이자 학자인 왕부(王符)의 저서 『잠부론(潛夫論)』의 제일 끝부분에서 유일한 용례를 찾을 수 있다. "선악이 신뢰할 만하게 되고, 이단이 변화하게 된다[善惡相徵, 異端變化]"는 말이 있다. 곧, 이단이라는 말은 『논어』 이전에도 이후 상당 기간 뒤에까지도 용례를 찾을 수 없는 말이어서, 그 의미를 짐작하기 쉽지 않다. 오죽하면 일본 학자 이토 진사이(伊藤仁齋, 1627~1705)는 공자 당시의 방언이라고 하였고, 요시카와 코지로는 거기에 추론을 더해서 공자 시기의 속어(俗語)라고 하고, "신중한 태도를 취한다면 이 조목의 본래 의미는 알 수 없다"고까지 말하고 있다.

이단이라는 말은 『조선왕조실록』에 677회가 기록되어 있지만 대개 유교의 입장에서 배척해야 할 불교나 민속 신앙을 가리키는 경우들이다. 1600년을 경계로 한다면 그 이전 시기 곧 조선 전기에 압도적으로 많이 쓰였고, 17세기 이후 19세기 중반 철종 때까지는 140회 정도가 사용되었다. 정조 이후에는 서학(西學) 곧 천주교를 가리키는 경우가 많아지는 것이 변화라고 하겠다. 실록에 쓰인 이단이라는 말의 용례 중에서 가장 유명한 경우는 아마도 박세당(1629~1703)을 이단으로 낙인찍어서 유배 처분한 일일 것이다. 75세 노학자의 『사변록』이라는 훌륭한 저술을 이단이라고 판정하여, 지금 곡성군 지역인 전라도 옥과현으로 유배하였다. 숙종 29년(1703) 음력 4월의 일이었는데, 천신만고 끝에 옥과 유배는 면해서 현재 의정부 수락산(水落山) 자락에 있던 집으로 돌아간 박세당은 넉 달 뒤인 그해 8월 21일에 작고했다.

이단이라는 말의 애초 의미에 생각이 미친 우리나라 학자는 아마도 다산 정약용(1762~1836)이 처음이 아닐까 한다. 다산 이전에는 의미 있는 언급을 찾아보기 어렵다. 다산은 『논어』 연구서인 『논어고금주(論語古今註)』에서 농삿일을 배우려고 한 제자 번지(樊遲)를 소인이라고 한 공자의 말과 군대의 일을 질문해온 위나라 군주에게 배운 적이 없다고 하고 위나라를 떠나버린 공자의 대응을 인용하고, 군대의 일이나 농삿일은 군자가 알아야 할 중요한 일이기는 하지만 군자의 신심성명(身心性命)의 공부에 방해가 되므로, 전념해서 오로지 연구할 일은 아니라고 설명한다. 공자 당시에 있었던 유가 이외의 모종의 사상적 흐름 같은 것이 아니고, 이단이란 군자의 자기완성의 공부에 방해가 되는 일이라는 것이다. 다산은 『논어고금주』에서 생년으로 따져 135년 전의 일본 학자 이토 진사이의 저술인 『논어고의(論語古義)』를 인용하고 있는데, 진사이는 중국 고대 음운에 대한 지식을 『논어』 연구에 도입하여 『논어』 연구사에 한 획을 긋는 창견을 보였다.

첫머리의 '자왈(子曰)' 두 글자를 제외하면 여덟 자에 불과한 이 짤막한 장 역시, "이단을 공부하면 해로울 뿐이다."라는 풀이와는 아득하게 거리가 먼 독법이 있다. 앞에서 '공부하면'이라고 옮긴 '공(攻)'이라는 말은, 글자 그대로 '공격하다', '치다'로 읽기가 가능하다. 『논어』에는 공(攻) 자가 3개의 장에서 4회 사용되었다. 이 장을 제외하면 다른 예는 "북을 울려 공격한다(鳴鼓而攻之, 「선진」 17장)", "자기의 악을 공격하지, 남의 악을 공격하지는 않는다(攻其惡, 無攻人之惡, 「안연」 21장)"는 말이 더 있다. 다른 두 예는 모두 '공격하다', '성토하다'로 읽는 데 이론이 없다. 이 장만 유독 '공부하다'로 읽어야 할 이유가 없다는 것이다. "이단을 공격하면"이라고 풀이해야 한다는 것이다. 따라오는 구절도 "해로울 뿐이다"로 읽어서는 말이 안 되므로, 역시 다른 방식으로 읽어야 한다. 앞에서는 끝의 '야이(也已)' 두 자를 합해서 조사로 처리하여 의미를 부여하지 않았는데, '이(已)'에는 '그치다', '중지하다'라는 의미가 있다. 지(止)와 같은 뜻을 지닌 글자다. "이단을 공격하면 해가 그친다." 풀이를 더하자면, '이단을 공격해서 우리 학문 곧 유학이 밝아지도록 하면 사람들을 해치는 이단이 저절로 그친다.'는 의미가 된다. 두 가지 풀이는 기본적으로 같은 방향이다. 공(攻)이라는 글자가 『논어』에 사용된 분명한 용례에 근거를 둔 풀이라는 점은 돋보이지만, 이단이라는 말의 정확한 의미를 유추해볼 방법이 없는 상태에서 이런 읽기는 지나치다고 생각된다. 하지만 한문의 특성상, '이단을 공격하면 그로 인한 피해가 그친다'로 읽기가 불가능한 것은 아니다. 더 나아가서, 앞에서 말이 안 된다고 한 "이단을 공격하면 해로울 뿐이다" 역시, 한문 문장이 안 되는 것은 아니다. 논리를 세우면 가능한 풀이다. 이 장의 핵심어인 이단이라는 말이 정확하게 구명되지 못하는 데서 오는 혼란이라고 하겠다.

이전 사람들은 이단을 양주(楊朱)나 묵적(墨翟) 또는 노장(老莊:노자와 장자), 심지어 불교라고도 하였지만, 모두 공자보다 뒤에 나타난 사람이고 사상이다. 물론 석가모니는 공자보다 앞 시대 사람이지만 불교가 파미르고원[葱嶺]을 넘어서 중국에 들어온 것은 훨씬 나중이었다.

010 · **공자 말씀하셨다.**

"유(由)야! 너에게 안다는 것이 무엇인지를 일러주련다. 아는 것을 안다고 하고 모르는 것을 모른다고 하는 것, 이것이 아는 것이란다."(0217)

子曰, "由! 誨女知之乎! 知之爲知之, 不知爲不知, 是知也."

【字義】 1. **由(유)**: 공자의 뛰어난 제자 자로(子路)의 이름이다. 2. **誨(회)** : 가르치다. 教와 같은 의미여서, 教誨라는 단어가 있다. 3. **女(여)** : 2인칭 대명사. 너. 汝와 같다. 4. **知之(지지)** : 아는 것, 안다는 것. 之는 조사. 5. **是(시)** : 이, 이것. 지시대명사.

【설명】 '너에게 안다는 것이 무엇인지를 일러주련다' 또는 '일러주겠

노라'고 평서문이나 감탄문으로 읽을 수도 있고, '가르쳐 줄까?'로 의문문으로 읽을 수도 있다. 원문에서 첫 구절 끝의 호(乎)라는 조사가 다양한 쓰임새를 갖기 때문이다. 회(誨)는 가르치다. 아는 것을 안다고 하는 것이나 모르는 것을 모른다고 하는 것은 앞뒤로 같은 의미의 말을 반복한 것인데, 그것이야말로 제대로 아는 자의 태도라는 사실은 누구나 안다. 아는 것을 안다고 하거나 모르는 것을 모른다고 하거나 둘 다 용기가 필요할 경우가 많다. 자신의 한계를 분명하게 정돈하고 있는 사람이야말로 진정으로 아는 사람이다.

자로는 『사기(史記)』「중니제자열전」에 의하면 공자보다 아홉 살 아래였지만 본디 유협(遊俠)의 무리로, 제자 가운데 가장 다혈질적이고 강직하고 정열적인 인물이었다. 공자는 그가 나라의 군대를 책임질 만한 인물이라고 평가한 적이 있다. 정열적인 인물이 통상 그러하듯이, 보통 사람과는 다른 행동과 생각을 곧잘 해서, 『논어』에서 가장 생동감 있고 활발하고 다정다감한 인물이다. 『논어』로 소설을 쓰거나 영화를 만들거나 한다면 그 주인공은 공자보다는 자로가 되는 쪽이 더 좋을 듯하다는 생각이 든다.

덤벙대는 제자에게 좀 차분해지라는 권유로 볼 수도 있고, 지(知) 곧 지식의 문제를 일러준 말로 읽을 수도 있겠다. 이 장에서 공자의 명쾌한 가르침은 기억하기 좋아서, 이후에도 여러 책에 기록되고 있다. 『순자(荀子)』 제29편(「子道」)과 『한시외전(韓詩外傳)』 제3권에 꼭 같은 기록이 전한다. "유(由)야, 기억해두거라. 내가 너에게 일러주겠다. 군자는 아는 것을 안다고 하고 모르는 것을 모른다고 하니, 말을 하는 요령이다. 할 수 있는 것은 할 수 있다고 하고 할 수 없는 것은 할 수 없다고 하니, 행동을 하는 요령이다."[3] 『순자』와 『한시외전』은

3_『韓詩外傳』 권3 : "孔子曰, 由志之, 君子知之爲知之, 不知爲不知, 言之要也. 能之爲能之, 不能爲不能, 行之要也."

처음의 지(知)를 '지(志 : 기억하다)로 기록하고 있다. 그러면, "네가 기억해야 할, 명심해야 할 일을 가르쳐주겠다."는 말이 된다. 후한 때의 학자 정현(鄭玄)이 이미, 기억하다로 읽어야 한다고 주장하였다.

여담으로, 이 장의 원문을 우리말로 읽으면 '지'라는 발음이 반복되는데, 거기서 생겨난 우스개를 하나 들어둔다. 유몽인(1559~1623)의 『어우야담(於于野談)』에 있는 말이다.

"전해오는 속담에 이런 말이 있다. '제비는 『논어』를 읽는다. 그래서 제비는 지저귈 때 〈지지위지지 부지위부지 시지야(知之謂知之 不知謂不知 是知也)〉라고 한다.'"

자로는 그 성격대로, 실천에 과감하였다. 스승에게 무엇인가 가르침을 들으면 반드시 그것을 실행하려고 하였다. 그래서, 한 가지 가르침을 듣고 그것을 실행하지 못한 상태에서는 다음 가르침을 더 듣게 되는 것을 두려워하였다. 『논어』 제5편(공야장) 제4장에, "자로는 들은 것이 있고 아직 실천에 능하지 못하면서 다시 더 듣는 것이 있을까 염려하였다."[4] 는 말이, 다른 제자에 의해 기록으로 남았다.

011 · **자장이 녹을 구하기를 배우려고 했는데, 공자 말씀하셨다.**

"많이 듣고 의문이 드는 것은 제외해두고 삼가 그 나머지를 말을 하면 허물이 적을 것이며, 많이 보고 의문이 드는 것은 제외해두고 삼가 그 나머지를 말을 하면 후회가 적을 것이네. 말이 허물이 적고 행동이 후회가 적으면 녹은 그 속에 있을 테지."(0218)

4_ 子路有聞, 未之能行, 唯恐有聞.

子張學干祿. 子曰, "多聞闕疑, 愼言其餘, 則寡尤, 多見闕殆, 愼行其餘, 則寡悔. 言寡尤, 行寡悔, 祿在其中矣."

【字義】 1. **子張(자장)** : 공자 제자. 성은 전손(顓孫), 이름은 사(師), 자(字)는 자장이었고, 공자보다 48세 어렸다고 『사기』「중니제자열전」에 보인다. 자장이 공자보다 48세 어리다고 한 기록을 믿는다면, 이 문답을 주고받았을 때 공자는 벌써 70에 가깝고 자장은 20세 전후였다. 2. **干祿(간록)** : 干은 구하다, 祿은 녹봉. 관료로서의 지위를 얻어 봉급을 받는 것. 3. **多聞(다문)** : 많이 듣다. 多는 많다, 聞은 듣다. 4. **闕疑(궐의)** : 闕은 빼다, 제외하다. 疑는 의문, 의심. 5. **愼(신)** : 삼가다, 신중하다. 6. **寡(과)** : 적다. 7. **尤(우)** : 허물. 8. **殆(태)** : 위태하다. 9. **悔(회)** : 뉘우치다, 후회하다. 10. **在(재)** : 있다, 들어 있다.

【설명】 나라 일을 담당하는 공무원이 될 방법, 곧 취직하기를 물은 제자에 대한 답이다. '자네의 지성(知性)으로 먼저 힘닿는 데까지 많은 일을 섭취하거라. 귀로 듣는 것은 많이 들어라. 그러나 자네가 들은 말 가운데 자네로서는 납득되지 않는 일, 즉 의심되는 일이 있을 테지만, 그것은 장래의 일로 여겨서 일단 그대로 두어라. 그리고 들은 것 가운데 남는 일, 결국 의심되지 않는 일, 스스로 확고하게 자신할 수 있는 것만을 가려서 신중하게 자신의 말로 한다면, 곧 말을 하다면, 허물이 완전히 없지는 않을지라도 적을 수는 있을 것이다. 또한 눈으로 보는 것 역시 마찬가지로, 힘닿는 대로 많은 것을 보고 읽어서, 불확실한 것은 제외해두고 그 밖의 것, 즉 명백한 것만을 신중하게 실행하면 후회가 적을 것이다. 말에 실수가 적고 행동에 후회가 적으면 취직하고 봉급 받는 일은 저절로 그 가운데 들어 있다. 취직만을 위한

특별한 공부란 없다.' 대강 이런 의미로 이해할 수 있겠다.

이 장에 대한 풀이 역시 이론이 있다. 청나라 학자 조우(趙佑, 1727~1800)는 『온고록(溫故錄)』에서 첫 구절의 "학간록(學干祿)" 석 자는 『사기』「중니제자열전」을 따라 "문간록(問干祿)"으로 읽는 것이 옳다고 한다. 『시경』에 "간록개제(干祿豈弟)"라거나 "간록백복(干祿百福)"이라는 구절이 있는데, 자장은 그런 구절의 의미를 공자에게 질문한 것으로 읽어야 한다는 것이다.

이 장의 내용과 관련되는 『논어』의 기록으로, 제15편(「위령공」) 32장에 보이는 공자의 발언을 들 수 있다. "군자는 도(道)를 도모하지 먹고 사는 일을 도모하지는 않는다. 직접 농사를 지으면 굶주림이 그 속에 있고, 학문을 하면 녹이 그 속에 들어 있나니, 군자는 도를 걱정하지 가난을 걱정하지는 않는다."[5]

물론, 군자는 놀고 먹어야 한다는 말이 아니다. 군자는 리더다. 학문을 통해서 자신의 나라와 사회가 가야 할 바른 길을 치열하게 고민해야 한다. 자기 시대의 문제를 미리 내다보고 해결의 길을 찾아야 한다. 그런 역할을 포기하고 백성들과 함께 농사에 종사한다면, 그것으로 그 개인의 생활을 윤택하게 유지할 수 있다고 보장할 수는 없다. 리더란 자기 개인의 생활에 골몰할 것이 아니라 시대의 갈 길을 고민해야 하는 존재다. 어쨌든 '학문을 하면 녹이 그 속에 들어있다'는 구절은 곤궁한 세월을 견디면서 책상머리에 앉아 있었던 수많은 사람들을 고무해 왔다.

『논어』 제8편 제12장, "삼년을 공부하고 나서 취직에 뜻을 두지 않는 사람을 만나기란 쉽지 않다."[6]는 말 역시 이 장과 관련해서 읽으면 좋겠

5_ 子曰, "君子謀道不謀食. 耕也, 餒在其中矣, 學也, 祿在其中矣. 君子憂道不憂貧."
6_ 子曰, "三年學, 不至於穀, 不易得也."

다. 우선 번역은 이렇게 간명하게 되었지만, 이 간단한 문장도 단 한 개 글자에 대한 해석을 두고 달라지는 세 가지 독법이 있다.

취직이라고 옮겼지만 원문에 '곡(穀)' 곧 곡식이라는 글자는 흔히 '선(善)'의 의미로 읽힌다. 삼년간 학문을 하면 선에 도달하지 않는 자는 좀처럼 없다는 말이 되겠는데, 전한(前漢) 때의 저명한 학자인 공안국(孔安國)의 설이다. 그는 공자의 10세손으로, 서기전 100년을 전후한 시기의 인물이다.

'곡(穀)'을 녹봉 곧 봉급이라는 의미로 읽어서, 삼년간 공부하고 나서 봉급을 바라지 않는 사람, 요즈음으로 말하자면 대학을 졸업하고서도 취직을 희망하지 않고 학문을 계속하고 싶다고 하는 사람, 그런 사람은 좀처럼 없다고 읽는 것은 주자의 설이다.

세 번째로, '곡'을 역시 '봉급'의 의미로 읽지만, 삼년간 공부하고서 관리로서의 봉급을 얻을 만한 자격에 도달하지 않는 사람, 즉 관리가 되는 것은 아니더라도 그럴 자격은 갖는다는 말이지만, 그런 사람은 거의 없다고 읽는 설이 있다. 요컨대 삼년간의 공부는 사회인으로서의 자격을 저절로 보증한다는 것이다. 황간(皇侃, 488~545)의 저작인 『논어의소(論語義疏)』에 인용된 동진(東晋) 때 학자 손작(孫綽, 314~371)의 설이다.

필자의 번역이 이미 그러하지만, 요즈음 이 장의 해석은 주자 쪽을 따르는 데 거의 아무도 이의를 제기하지 않을 듯하다.

012 · **자공이 여쭈었다.**

"공문자(孔文子) 같은 사람에게 어째서 문(文)이라는 시호를 주었습니까?"

공자 대답하셨다.

"민첩해서 배우기를 좋아하고 아랫사람에게 묻기를 부끄러워하지 않았다네. 그래서 문이라는 시호를 주었다네."(0515)

子貢問曰, "孔文子何以謂之文也?" 子曰, "敏而好學, 不恥下問, 是以謂之文也."

【字義】 1. **子貢(자공,** 서기전 520~456) : 성은 단목(端木), 이름은 사(賜), 자공은 자(字). 춘추시대 위(衛)나라, 지금 하남성 준현(浚縣) 사람. 공자의 뛰어난 제자. 공자보다 31세 어렸고, 공자가 작고했을 때 마흔한 살이었다. 공자 작고 후에 여러 제자들과 같이 삼년상을 지내고 나서 자공은 혼자 남아 삼년을 더 지냈다고 한다. 상인 집안에서 태어났다고 하고, 학문의 바탕을 지닌 상인 이른바 유상(儒商)의 비조로 꼽힌다. 그의 경제력은 공자의 활동을 뒷받침했다고 한다. 65세에 제나라에서 작고하였다. 작고한 시기에 대해서는 이설이 있다. 2. **何以(하이)** : 어째서, 무엇 때문에, 무엇으로써. 3. **敏(민)** : 민첩하다, 재빠르다. 4. **恥(치)** : 부끄럽다.

【설명】 '민첩해서 배우기를 좋아하고 아랫사람에게 묻기를 부끄러워하지 않다.' 마치 표어처럼, 지금도 들을 수 있는 말이다. 원문으로 보이면 '민이호학(敏而好學), 불치하문(不恥下問)'인데, 뒤쪽의 불치하문이라는 말은 성어로 쓰이거니와 그와 짝이 되는 앞쪽 말이 민이호학이다. 두 가지는 진실한 배움의 태도로서 누구나 지녀야 할 자세일 터다. 사람의 행적에 대한 일이므로, 사연이 길다. 공문자(公文子)는 위(衛)나라 군주 영공(靈公)의 사위이고 또한 그의 중신(重臣)이었던 인물로, 성은 공(孔), 이름은 어(圉), 문자(文子)란 죽은 뒤에 추증된 시호

다. 『논어』 제14편(「헌문」) 제19장에 "중숙어(仲叔圉)는 빈객(賓客)에 대한 일을 잘 처리한다"는 말이 있거니와, 국가간의 외교에 뛰어난 능력을 보인 사람이었다.

시호란 그 사람의 생전의 업적에 대한 평가를 바탕으로 추증되는 것으로, 훌륭한 인물에게는 좋은 시호, 좋지 못한 인물에게는 나쁜 시호가 추증된다. 『일주서(逸周書)』의 「시법해(諡法解)」는 어떤 인물에는 어떤 시호를 준다는 기준을 설명하고 있는데, 그 가운데 '문(文)'이라는 것은 제일 좋은 시호의 하나이다. 경천위지(經天緯地) 곧 자신의 도를 이룬 사람, 도덕박문(道德博聞) 곧 도덕적이고 학식에 뛰어난 사람, 근학호문(勤學好問) 곧 부지런히 배우고 아랫사람에게 묻기를 부끄러워하지 않은 사람, 자혜애민(慈惠愛民) 곧 은혜로 백성에 대한 정사를 잘 이룬 사람, 민민혜례(愍民惠禮) 곧 백성을 잘 보듬어서 예를 이룬 사람, 석민작위(錫民爵位) 곧 유능한 인재를 등용한 사람에게는 문이라는 시호를 준다는 기준이 나열되어 있다. 즉, 문이라는 시호도 차례대로 여섯 가지 등급이 있어서, 같은 문이라는 시호라도 여섯 중에서 어느 경우인지는 시호를 추증할 때 따로 설명이 되는 것이다.

위 자공과 공자의 문답에서 공문자는 근학호문이라는 등급에 해당되고, 그 점을 평가해서 문이라는 시호가 하사되었다는 것을 알 수 있겠다. 당나라 현종은 재위 시기이던 서력 739년에 공자를 문선왕(文宣王)으로 추존하는데, 그 경우 문이란 경천위지라는 의미인 것이다. 한데, 여기서 문이라는 시호를 받은 공어(孔圉)라는 인물은 공자와 동시대 사람이지만, 그의 전기(傳記)에는 그다지 훌륭한 인물이라고 할 수 없는 요소가 있고, 더욱이 그 요소라는 것은 공자의 전기와 교착(交錯)되고 있다.

즉, 『좌전』에 따르면 노나라 애공(哀公) 11년(서기전 484), 69세이던 공자는 위(衛)나라에 있었는데, 그 무렵 이 공어가 주역의 한 사람으로 참여한 고약한 사건이 일어났다. 즉 태숙질(太叔疾)이라는 젊은이에게 강제로 그 아내와 헤어지게 하고 공어 자신의 딸을 그의 후처로 만들었는데, 태숙질은 본처를 잊지 못해서 그녀를 몰래 숨겨두었다. 공어는 화가 나서 태숙질을 '토벌'하는 사람을 보내려고 하면서 그 일을 공자에게 의논해 왔는데, 공자는 그 계획을 말렸다고, 『좌전』에 보인다. 기가 찰 일이다.

역시 또한 『좌전』에 따르면 공자는 그 해, 고국인 노나라에서 거듭 초빙을 받았으므로 위(衛)를 떠났고 공어는 곧 죽게 되는데, 그의 부인이 위나라의 더욱 큰 소동과 관계된다. 즉 공어의 부인은 위나라 군주인 영공(靈公)의 딸이고, 당시 망명 중이었던 태자 괴외(蒯聵)의 누나인데, 남편이 죽은 뒤 미모의 시동인 혼량부(渾良夫)를 정인(情人)으로 삼고 있었다. 괴외는 영공의 후처이자 자신의 계모인 남자(南子)를 죽이려다가 실패하고 다른 나라로 망명해 있다가 영공이 죽자 본국으로 돌아가서, 할아버지 영공과 할머니 남자의 뜻으로 군주 지위에 올라 있던 자기 아들 첩(輒)을 몰아내는 쿠데타를 일으켜서 군주의 지위를 차지하였다. 그 쿠데타에 공자의 제자 자로가 휩쓸려 들어 죽었다. 더욱 기가 찰 일이다.

영공이 죽은 뒤 그 아들과 손자가 부자간에 권력 쟁탈전을 벌이는 데에는 공어도 원인의 일단을 제공하였다. 요컨대 공어라는 인물이 문이라는 훌륭한 시호를 받은 것은 의문을 가질 만한 일이었다. 자공은 그래서 "공문자 같은 사람에게 어째서 문이라는 시호를 주었습니까?" 라고 질문한 것이다.

후세에도 문이라는 시호를 받는 것은 고급 명예였다. 당나라 문학의 대표자의 한 사람인 한유(韓愈, 768~824)가 문이라는 한 글자 시호를 받아서 한문공으로 불리는 것이 그 예이다. 또 송나라에서는 주자(1130~1200)의 시호가 문이라는 한 글자여서, 역시 주문공으로 불린다. 당송을 대표하는 문인과 학자의 시호가 같은 것은 의미가 있다고 생각된다. 송나라 이후로는 두 자로 된 시호가 보통이었지만, 두 자 가운데 문이라는 글자를 포함하는 경우는 대개 일류 인물이다. 『자치통감』의 저자인 사마광(司馬光, 1019~1086)의 시호가 문정(文正)이고, 구양수(歐陽修, 1007~1072)와 소동파(蘇東坡, 1037~1101)가 모두 문충(文忠)이라는 시호를 받은 것은 그 예인데, 그 가운데서도 문정이 최고이고 문충이 그 다음이다.

조선의 경우 조광조(趙光祖, 1482~1519)와 송시열(1607~1689)이 문정(文正), 퇴계 이황은 문순(文純), 율곡 이이는 문성(文成)이다. 박지원과 정약용은 같이 문도(文度)이고, 청나라 시인 왕어양(王漁洋, 1634~1711)의 저작에 깊은 영향을 받은 이서구(李書九, 1754~1825)는 시호도 그와 같은 문간(文簡)이다.

013 · **공자 말씀하셨다.**

"아는 자는 좋아하는 자만 못하고, 좋아하는 자는 즐거워하는 자만 못하다."(0620)

子曰, "知之者不如好之者, 好之者不如樂之者."

【字義】 1. **不如(불여)**~ : ~만 못하다. *如 : 같다.

【설명】 이 장은 요즈음 들어 사람들 입에 많이 오르내리는 유명한 말이

되었다. '안다'란 그 대상 혹은 그 일의 존재를 아는 것이고, 이 단계에서 대상은 아직 나와는 거리가 있다. 밖에 있다. '좋아한다'란, 대상에 대해 특별한 감정을 갖는 것이다. 대상은 아직 나와 일체가 아니다. '즐긴다'란, 대상이 나와 일체가 되어 완전히 융합되는 것이다.

마치 아무 맛도 없는 심심하고 담담한 물처럼, 이렇게 순순한 말이야말로 공자 가르침의 한 특징이다. 저 몇 마디에 담긴 통찰력을 어디에 비길 수가 있을까.

014 · **공자 말씀하셨다.**
" '어떻게 할까, 어떻게 할까' 고심하지 않는 자는 나도 어떻게 할 도리가 없다."(1516)

子曰, "不曰如之何, 如之何者, 吾末如之何也已矣."

【字義】 1. **如之何(여지하)** : 어찌할까, 어떻게 할까. 如何, 何如가 다 같은 표현이다. 2. **末(말)** : 보통 '끝'이라는 의미이지만, 여기서는 '없다'는 의미여서 無(무)와 같다. 3. **也已矣(야이의)** : ~뿐이다.

【설명】 학습자에게 가장 중요한 것은 자발성, 능동성이다. 말을 물가에 데리고 갈 수는 있지만 물을 마시게 할 수는 없다. "훈장 똥은 개도 안 먹는다."는 예전 속담이 있지만, 교사로서 공자의 고민이 가득 묻어 있는 말이다.

015 · **공자 말씀하셨다.**

"나는 왼종일 먹지 않고 밤새도록 잠을 자지 않고 생각에 빠져본 적이 있었는데, 유익함이 없었다. 배우느니만 못하였다."(1531)

子曰, "吾嘗終日不食, 終夜不寢, 以思, 無益, 不如學也."

【字義】 1. **嘗(상)** : 일찍이. 2. **終日(종일)** : 하루. 해가 떠 있는 동안. 3. **終夜(종야)** : 밤이 끝나도록. 밤새도록. 4. **寢(침)** : 잠을 자다. 5. **思(사)** : 생각하다. 6. **無益(무익)** : 이로움이, 이익이 없다.

【설명】 공자 자신의 공부의 경험을 진솔하게 토로한 장이다. 앞뒤 없이 간단하게, 정리된 결론만 남은 말이지만, 무수한 밤을 지새면서 고심에 빠진 모습을 떠올리기 어렵지 않다. 공부의 방법으로서 결론은 '사(思)' 즉 막연한 사색, 그것은 침식(寢食)을 잊을 정도로 깊다고 하더라도 '학(學)' 즉 독서에 의한 경험의 축적에 미치지 못한다는 것을 가장 확실하게 말한 장이다. 사색에만 빠져서 남에게 배우지는 않는 외곬은 발전이 있을 수가 없다. 그런 사람을 위해서 해준 말이라고, 주자는 말한다. 공자의 말 중에서는 드물게, 대단히 단정적이라는 느낌을 갖게 한다.

순자(荀子)는 "나는 종일 사색을 해보았는데, 잠시 배우는 것만 못했다[吾嘗終日而思矣, 不如須臾之所學也]"고 말하고 있고(『순자』, 「勸學」), 꼭 같은 말이 『대대례(大戴禮)』에는 공자의 말로 인용되어 있다(「勸學」). 표현이 한층 더 강한 말이다.

016 · **공자 말씀하셨다.**

"열 가구 정도의 작은 마을에도 틀림없이 나처럼 충신(忠信)한 자는 있을 것이다. 그러나 나처럼 배움을 좋아하지는 못할 것이다."(0528)

子曰, "十室之邑, 必有忠信如丘者焉, 不如丘之好學也."

【字義】 1. **室(실)** : 집, 방, 가구. 2. **邑(읍)** : 고을. 3. **丘(구)** : 공자의 이름.

【설명】 열 가구 정도의 작은 마을이라고 옮겼지만, 수십 명 정도가 사는 작은 마을이겠다. 그런 마을에도 타고난 마음가짐, 천성이라는 점에서는 공자와 마찬가지로 참되고 신실한 사람이 분명히 있을 것이다. 다만 학문을 좋아한다는 점에서는 공자에게 미치지 못할 것이라는 말이다. 같은 천성을 타고 나서 다른 사람이 되는 이유는 오로지 배움 때문이다. 소박하고 순진무구하며 참되고 신실한 바탕, 그것만으로는 완전한 인간이 될 수 없다. 배움에 의해서 인간은 비로소 인간이 된다.

『논어』 제5편(「공야장」)은 인물에 대한 평가가 주제를 이루고 있는데, 이 장은 제5편의 마지막 장이다. 태어날 때 차이가 없던 인간이 배움에 의해서 달라진다는 말을 끝에다 둔 것이다. 명나라 말의 학자 고염무(顧炎武, 1613~1682)는 이 장의 내용에 대해서, "정말로 배움을 좋아하는 사람이라야 자신의 잘못을 발견할 수 있음을 암시한다."고 한다(『亭林文集』 권4, 「與人書」 14).

017 · **공자 말씀하셨다.**

"군자가 문(文)을 널리 배우고 예로써 요약한다면 도에 어긋나지 않으리라."(0627)

子曰, "君子博學於文, 約之以禮, 亦可以弗畔矣夫!"

【字義】 1. **博學(박학)** : 널리 배우다. 2. **約(약)** : 요약하다. 3. **畔(반)** : 어긋나다, 저버리다. 4. **夫(부)** : 감탄 종결사.

【설명】 군자는 우선 넓은 교양을 갖지 않으면 안 된다. 그래서 "문(文)을 널리 배운다." '문' 자의 의미를 많은 학자들은 "옛 훌륭한 왕들이 남긴 문헌으로서 도가 담겨 있는 것"이라고 한다. 널리 문화적인 사상(事象)을 가리킨다고 해도 좋을 것이다. 하지만 넓은 교양, 곧 지식의 세계로만 내달려 가는 것은 바람직하지 않다. 중심으로 집약되는 것이 없으면 안 된다. 공자의 경우, 집약의 방법으로 삼은 것은 예(禮) 즉 올바른 생활 방식의 실천이었다. "예로써 요약한다."는 것이다. 온갖 분야에서 거룩한 지식은 얼마든지 있다. 우리는 때로 그 지식의 더미에서 빠져나와야 한다는 것을 안다.

'도에 어긋나지 않을 것이다'고 옮겼지만 원문은 '어긋나지 않다[弗畔]'두 글자뿐이다. 무엇에 어긋나지 않느냐? 도에 어긋나지 않는 것이다. 문(文) 곧 지식과 예(禮) 곧 실천은 도를 실현하기 위한 수단이다. 참고로, 『논어』 제12편(「안연」) 제15장은 이 장과 꼭 같은 내용이다. 앞쪽에 '군자' 두 자만 빠졌다.[7] 또, 『논어』 제9편(「자한」) 제11장은 안연(顔淵)의 말을 기록하고 있는데, 이 장의 핵심적인 내용이 그대로 들어 있다. "선생님께서는 차근차근 사람을 잘 이끌어주셔서 문(文)

7_ 1215 子曰, "博學於文, 約之以禮, 亦可以弗畔矣夫!"

으로써 나의 지식을 넓혀주시고 예(禮)로써 나의 행동을 요약하게 해주셨다."[8] '나'라는 말이 더 들어가 있다.

이 장의 핵심어를 들면 '박문약례(博文約禮)' 넉 자가 되고, 지금도 우리 국어사전에 올라 있는 성어다. 이등박문(伊藤博文, 1841~1909)은 한일 관계사에서 아마도 영원히 잊히지 않을 인물의 하나일 텐데, 그의 이름 '박문'은 여기서 왔으리라고 생각된다.

018 · **공자 말씀하셨다.**

"배움은 따라 가지 못할 듯 열심히 하고서도 오히려 잃어버릴까 두려워해야 한다."(0817)

子曰, "學如不及, 猶恐失之."

【字義】 1. **及(급)** : 이르다, 미치다. 2. **猶(유)** : 오히려. 3. **恐(공)** : 두렵다, 염려하다.

【설명】 따로 설명이 필요 없는 말이다. 학문뿐일까. 모든 일이 다 그러하다. 배를 저어서 물을 거슬러 가기와 같다. 잠시라도 멈추면 이전의 노력이 모두 헛것으로 되고 만다. 무엇을 잃어버리느냐에 대해서 시기나 시간이라고 읽는 것이 일반적인 독법이지만, 앞뒤를 연속해서 하나로 읽는 방식이 좋다고 생각된다.

8_ 夫子循循然善誘人, 博我以文, 約我以禮.

019 · 공자께서 냇가에 계시면서 말씀하셨다.
"흘러가는 것은 이와 같구나! 밤낮으로 그치지 않는구나."(0917)

子在川上曰, "逝者如斯夫! 不舍晝夜."

【字義】 1. **川上(천상)** : 냇가. 참고로 해상(海上)은 바닷가, 강상(江上)은 강가, 정상(井上)은 우물가로 읽히는 경우가 많다. 2. **逝(서)** : 가다. 3. **舍(사)** : 버리다, 놓다. 捨와 같다.

【설명】 천상지탄(川上之歎) 또는 천상탄, '냇가에서의 탄식'이라는 성어가 생긴, 대단히 유명한 장이다. 흐르는 냇물을 보고 공자가 탄식한 것은 무엇이었을까? 이 장의 의미를 파악하는 방식은 비관과 낙관의 두 가지 관점이 있다. 원문으로 말하자면 '서자(逝者)', '흘러가는 것'을 "지나가다, 시간이 경과하다"로, 한자로 표현하면 '과(過)'의 의미로 보는 것은 고주(古注) 계통의 비관의 말로 보는 설이고, "나아가다", 한자로 표현하면 '진(進)'으로 보는 것은 신주(新注) 쪽의 희망의 말로 보는 설이다.
송나라 유학 곧 성리학은 후한(後漢) 이래의 비관적인 인간관을 개혁해서, 인간은 언제나 진보의 방향에 있다고 한다. '불사주야(不舍晝夜)', '밤낮으로 그치지 않는다'는 말은, 밤낮으로 한 순간도 정지하지 않는 생생한 우주의 활동을 이 냇물이야말로 보여주고 있다는 의미로 읽는다. 무한한 지속이고 발전이다. 인간 역시 그러한 지속, 발전의 과정에 있다는 것이다. 요컨대 시간이 냇물처럼 덧없이 흘러가버린다는 아쉬움이 아니라 인간의 무한한 진보에 대한 희망의 말로 읽는 것이다. 이상은 요시카와 코지로의 설명이지만, 천상지탄의 내용에 대한 해석은 시대에 따라서 달라졌다.

선진 시기에는 일반적으로 희망적, 낙관적인 쪽으로 읽었고, 그것을 뒷받침하는 자료는『맹자』에 보인다.

“중니(仲尼)는 자주 물을 두고, ‘물이여, 물이여!’ 찬탄의 말씀을 하셨다는데, 물에서 대체 어떤 점을 취하신 것이었습니까?”라는 서자(徐子)의 물음에 대해 맹자는 “근원이 있는 샘물은 졸졸 끊임없이 흘러나와 밤낮으로 그치지 않아서, 구덩이를 채운 뒤에 더 나아가 사해(四海)에 이르나니, 근본이 있는 자란 이와 같다네. 이 점을 취하신 것이었네.”라고 하고, 덧붙여 “근원이 없는 물은 어떠할까? 7~8월 여름철에 장맛비가 쏟아지면 도랑마다 다 가득 차지만 그 물이 말라버리기는 그 자리에 서서 기다릴 수가 있을 테지. 그래서 실상을 벗어나는 헛된 명성을 군자는 부끄러워한다네.” 하였다. 영과이후진(盈科而後進)이라거나 성문과정(聲聞過情)이라는 유명한 말이 들어 있는 부분이다.

샘에서 졸졸 흘러나오는 작은 물줄기가, 만나는 구덩이라는 구덩이는 모두 가득 채운 뒤에 그 구덩이를 넘어서 바다에 이른다는 것, 학문이건 사람이건 근본이 서 있으면 성취를 기대할 수 있다는 것, 그것 없이 일시적으로 명성만 요란한 것은 부끄러워할 일이라는 것, 대체로 이런 정도의 취지가 되겠다. 공자의 발언에 대한 주석으로서 읽힐 말이다.

020 · **공자 말씀하셨다.**

“비유하자면 산을 만들면서 마지막 흙 한 삼태기가 모자란 채 산을 이루지 못하고 중지하는 것도 내가 중지하는 것이며, 비유하자면 산을 만들면서 평지에 흙 한 삼태기를 처음 붓더라도 그만큼 나아감은 내가 나아

가는 것이다."(0919)

子曰, "譬如爲山, 未成一簣, 止, 吾止也. 譬如平地, 雖覆一簣, 進, 吾往也."

【字義】 1. **譬(비)** : 비유(譬喩)하다. 2. **簣(궤)** : 삼태기. 3. **止(지)** : 그치다, 중지하다. 4. **覆(복)** : 덮다. 5. **往(왕)** : 가다.

【설명】 제일 앞에 '학문을 하는 것은' 등의 말이 들어갈 법하지만, 지금 모습으로도 이해에 지장은 없다. 어떤 행동이든, 어디까지나 자기의 노력에서 출발해서 자기의 책임으로 귀착된다는 것을 말하고 있다. 『논어』에 진(進)이라는 글자는 모두 14자가 보이는데, 이 장의 핵심어가 되겠다. 앞 조목에 이어서, 멈추지 말고 부단한 노력으로 늘 앞으로 나아가야 한다는 가르침이다.

021 · **공자 말씀하셨다.**
"싹이 나고도 꽃이 피지 못하는 것이 있고, 꽃이 피고도 열매를 맺지 못하는 것이 있다."(0922)

子曰, "苗而不秀者, 有矣夫! 秀而不實者, 有矣夫!"

【字義】 1. **苗(묘)** : 싹. 2. **秀(수)** : 빼어나다. 여기서는 꽃. 이삭을 뜻하는 수(穗)와 음이 같다는 점에서 이삭으로 읽기도 한다.

【설명】 공부하는 사람에 대한 적극적인 고무와 격려로서 이처럼 적절

한 말이 또 있을까. 배움에 뜻을 두고도 결실을 보지 못하는 사람들은 이런 말에서 힘을 얻어 스스로 일어서야 한다. 꽃을 피우고 열매를 맺어야 한다.

022 · **공자 말씀하셨다.**
"후배는 두려울 만하니, 자라나는 자들이 지금 사람만 못할 줄을 어찌 알겠는가? 마흔이나 쉰이 되어도 이름이 들리지 않는다면 그런 사람은 족히 두려울 것 없다."(0923)

子曰, "後生可畏, 焉知來者之不如今也? 四十五十而無聞焉, 斯亦不足畏也已."

【字義】 1. **後生(후생)** : 후배와 같은 말. 2. **畏(외)** : 두렵다, 두려워하다. 3. **焉(언)** : 어찌. 4. **來者(래자)** : 오는 사람, 성장해 오는 사람, 젊은이. 5. **已(이)** : ~뿐. 亦~也已는 '또한 ~뿐이다'라는, 강조의 어감을 띠는 표현.

【설명】 후생가외(後生可畏)라는 성어가 생겨난 장인데, '후생'과 '가외'는 각각 국어 단어로 쓰이기도 한다. 후생이란 선생과 반대로 나보다 뒤에 태어난 사람인데, 연부역강(年富力强), 젊고 기력이 왕성한 사람들이다. '지금 사람'보다 훨씬 많은 가능성을 갖고 있다. 이 장의 앞부분은 그런 젊은이에 대한 기대와 존경의 마음을 드러내고 있다.
이어지는 후반을 문면 그대로 받아들인다면, 지금 대학생이라고 하더라도 마흔까지는 그다지 시간이 많지 않다. 하지만 마흔 이전 젊은 나이에 이름을 떨친 예는 얼마든지 있으니, 공연한 말도 아니겠다. 누구를 들어볼까?

항우(項羽, 서기전 232~202)가 스물네 살에 천하를 차지하겠다고 처음 기병을 했다거나 곽거병(霍去病, 서기전 140~117)이 스물한 살에 흉노를 물리쳐서 큰 공을 세웠다거나 왕필(王弼, 226~249)이 16세에 쓴 『노자』 주석이 지금까지 『노자』 주석의 표준이라는 따위는 너무 옛날 얘기다. 27세에 중간자(中間子)의 존재를 예언해서 1949년, 42세에 노벨 물리학상을 받은 일본 학자 유카와 히데키(湯川秀樹, 1907~1981)는 어떨까? 모두 남의 나라 경우라서 역시 너무 먼 얘기다. 안중근 의사는 마흔에 거사를 했지만, 가까운 시기 우리 젊은이로는 누구를 꼽을 수 있을까? 토론의 재료로 삼을 만한 우리나라 인물을 찾아보는 것도 좋을 듯하다.

'이름이 들리지 않는다면'이라고 옮긴 '무문(無聞)'이라는 말을 명나라 학자 왕양명(王陽明)은 도를 듣지 못한 것이지 이름이 들리지 않는다는 말이 아니라고 읽었다. '듣다'는 뜻을 지닌 문(聞)이라는 글자에는 성문(聲聞) 곧 명성이라는 의미가 있으므로 주자는 명성이 들리지 않는다는 의미로 읽었는데, 거기에 대한 왕양명의 반박이다. '마흔이나 쉰이 되어도 도를 듣지 못한다면'이라고 읽고 보면, 다소 위안이 되기도 한다. 하지만 더 큰 부담이 되는 것은 아닐까?

공자에게 마흔이라는 나이는 특별한 의미를 가졌던 듯하다. 마흔에 불혹(不惑), 어딘가에 끌려서 마음이 의혹되는 일은 없었다고 말했거니와, 『논어』 제17편(「양화」) 제24장에서 공자는, "나이 마흔이 되어서도 남에게 미움을 받으면 그대로 끝날 뿐이다."[9]고 하고 있다. 주자의 설명에 따르면 마흔은 덕을 완성할 시기라고 한다. 그 나이가 되어서

9_ 子曰, "年四十而見惡焉, 其終也已."

도 남에게 미움을 받아서는 더 이상 기대해 볼 것이 없다는 말이 되겠다. 맹자 역시 마흔 즈음에는 부동심(不動心), 흔들리지 않는 마음을 얻었다고 하였다.

023 · **공자 말씀하셨다.**
"사람이 도를 넓히지, 도가 사람을 넓히지는 않는다."(1529)

子曰, "人能弘道, 非道弘人."

【字義】 1. **弘(홍)** : 넓다, 넓히다.

【설명】 인간은 도덕적 존재이고 도덕은 인간이 추구할 일이다. 그러나 도덕이란 고정불변의 선험적, 초월적 존재가 아니다. 인간의 노력으로 부단히 확충함에 따라 확충될 수 있다. 능(能)이라는 글자는 보통 '가능하다, 할 수 있다'로 읽힌다. 인간이 도덕을 확충할 수 있는 것이지 도덕이 인간을 넓혀주는 아니다. 자발적이고 능동적이고 실천적인 사람이 되어야 한다.
원문으로 이 장을 읽으면 조선 후기의 저명한 화가 김홍도는 여기서 그 이름을 얻었다는 점이 저절로 드러난다.

024 · **공자 말씀하셨다.**
"옛날의 배우는 자들은 자신을 위한 학문을 하였는데, 지금 배우는 자들은 남을 위한 학문을 한다."(1424)

子曰, "古之學者爲己, 今之學者爲人."

【설명】 지금 우리의 언어 습관을 따라 자신을 위한 학문은 이기적이고 남을 위한 학문은 이타적이라고 읽어서, 자칫 옛날 학자들에 대한 비판이자 지금 학자들에 대한 지지로 오해할 지도 모르겠다.
유가에서는 이 장의 말을 따라서 학문을 두 가지로 나눈다. 위기지학(爲己之學)과 위인지학(爲人之學). 위기지학 곧 자기를 위한 학문이란 자기의 도덕적 각성을 구하는 것이고, 위인지학 곧 남을 위한 학문이란 남에게 인정받기를 구하는 것이다. 전자는 실천을 동반하는 것이고 후자는 말로만 떠드는 것이다.
순자는 다음과 같이 말한다.
"군자의 학문은 귀에 들어가서 마음에 붙고 사지에 펼쳐져서 행동에 드러난다. 단정하게 말을 하고 유연하게 움직여서 한결같이 법칙이 될 수가 있다. 소인의 학문은 귀에 들어가서 입으로 나오니, 입에서 귀까지는 네 치에 불과한데 어찌 칠 척 몸뚱아리를 아름답게 꾸밀 수가 있겠는가. 옛날의 배우는 자들은 자신을 위한 학문을 하였는데, 지금 배우는 자들은 남을 위한 학문을 한다. 군자의 학문은 그 자신을 아름답게 하고, 소인의 학문은 봉급을 구하는 선물로나 쓰인다."(『순자』「勸學篇」)
조선 중기 학자 주세붕(周世鵬, 1495~1554)은 '위학(爲學)'이라는 제목 아래 학문하는데 유용한 격언들을 두루 모아두었는데, 그 제일 첫 줄이 이 장이다. 조선조 지식인들에게 있어서 위기지학에 대한 열정과 위인지학에 대한 멸시는 지금 우리가 상상하기 어려울 정도로 강렬한 것이었다.

025 · **진항(陳亢)이 백어(伯魚)에게 물었다.**

"그대는 역시 특별하게 배운 것이 있을 테지요?"

백어가 대답하였다.

"없었습니다. 일찍이 홀로 서 계시기에 제가 조심스레 재빨리 걸어서 뜰을 지나는데, '시(詩)를 배웠느냐?' 하셨습니다. '못 배웠습니다.' 대답하였더니, '시를 배우지 않으면 말을 할 수가 없다.' 하셔서, 저는 물러나 시를 공부했습니다.

다른 날에 또 홀로 서 계실 때 제가 조심스레 재빨리 걸어서 뜰을 지나는데, '예(禮)를 배웠느냐?' 하셨습니다. '못 배웠습니다.' 대답하였더니, '예를 배우지 않으면 바로 설 수가 없다.' 하셔서, 저는 물러나 예를 공부했습니다. 이 두 가지를 들었답니다."

진항이 물러 나와 기뻐 말하였다.

"하나를 물어서 셋을 들었으니, 시를 듣고 예를 들었으며, 게다가 군자가 자기 아들을 멀리하시는 것을 들었다."(1613)

陳亢問於伯魚曰, "子亦有異聞乎?" 對曰, "未也. 嘗獨立, 鯉趨而過庭. 曰, '學詩乎?' 對曰, '未也.' '不學詩, 無以言.' 鯉退而學詩. 他日, 又獨立, 鯉趨而過庭. 曰, '學禮乎?' 對曰, '未也.' '不學禮, 無以立.' 鯉退而學禮. 聞斯二者." 陳亢退而喜曰, "問一得三, 聞詩聞禮, 又聞君子之遠其子也."

【字義】 1. **陳亢(진항)** : 자는 자금(子禽). 공자 또는 자공의 제자. 2. **伯魚(백어)** : 공자 아들 이(鯉)의 자. 3. **趨(추)** : 달리다, 어른 앞에서 조심하는 태도로 종종걸음으로 건다. 4. **庭(정)** : 뜰.

【설명】 진항은 『논어』 제1편(「학이」)에 보이지만, 춘추시기 진(陳)나라 사람으로, 진나라 군주인 진호공(陳胡公)의 20세손. 서기전 511년 또는 508년에 태어나 430년에 작고해서, 공자보다 40세 내지 43세 연하였다. 공자가 작고할 때 20대 후반이었다. 아마도 20대의, 배움을 향한 의욕이 생동할 시기의 젊은이인 진항이, 스승인 공자의 아들이자 스물 이상 연상인 선배 공리(孔鯉, 서기전 532~483)에게 신중하고 재치 있게 질문을 한다. '아무래도 다른 제자들과는 달리 무언가 특별히 배운 것이 있을 테지요?'

백어는 집에서 마당을 지나다가 마침 뜰에 서 계시던 그 부친 공자를 만나 시와 예를 공부해야 한다는 말을 듣고는 물러 나가서 혼자 공부했다고 대답한다. 공자가 제자들 교육에 사용한 텍스트로서 시는 지금의 『시경』과 크게 다르지 않을 것으로 짐작된다. 하지만 예에 관한 텍스트는 어떤 모습이었을지 짐작하기 어렵다. 이 장의 대화에서 아버지가 아들에게 주는 교훈이라는 의미로 시례지훈(詩禮之訓)이라는 말이 생겼고, 시와 예, 곧 학문이 대대로 전해오는 집을 이르는 말로 시례지가(詩禮之家)라는 말이 생겼고, 가정의 교훈 또는 부친의 가르침이라는 의미로 정훈(庭訓)과 과정(過庭)이라는 말이 생겼다. 중국이나 조선에서 과정록(過庭錄)이라고 이름 붙은 책이 여럿 전하는데, 모두 아들이 그 부친의 언행과 업적을 기록한 것이다.

진항이 군자 곧 공자가 자기 아들을 멀리하는 것을 기쁘게 여긴 것은 어째서일까? 오륜에 부자유친, 부모와 자식은 친밀해야 한다는 말이 있지만, 그런 조목을 두어야 할 만큼 부모와 자식 특히 아버지와 아들이란 혹시 친밀하기 어려운 관계라는 말은 아닐까? 『예기』에 "군자는 손자를 안지, 아들은 안지 않는다."고 한다. 종묘나 사당에서 신주를 모시는 차례를 이르는 용어로 소목(昭穆)이라는 말이 있다. 시조의 위패를 중간에 놓고 그 왼쪽 줄을 소라고 하고 오른쪽 줄을 목이라고 하는데, 2세, 4세, 6세는 소에, 3세, 5세, 7세는 목에 모신다. 아버지와 아들은 시조를 중간에 두고 뚝 떨어져서, 조부-손자, 조부-손자 식으로, 부자간이 아니라 조손간이 나란히 놓인다. 조손간은 저절로 격의가 없는 사이이지만, 우리 시대의 조부들은 손자 얼굴 보기 쉽지 않다.

026 · **공자 말씀하셨다.**
"배부르게 먹고 하루해를 마치면서 마음을 쓰는 곳이 없다면 곤란하다. 장기와 바둑이라도 있지 않은가? 그것이라도 하는 것이 아무 일도 않느니보다는 낫다."(1720)

子曰, "飽食終日, 無所用心, 難矣哉! 不有博奕者乎? 爲之猶賢乎已."

【字義】 1. **飽食(포식)** : 배불리 먹다. 2. **難(난)** : 어렵다. 3. **博奕(박혁)** : 장기와 바둑. 4. **賢(현)** : 낫다, 훌륭하다.

【설명】 누가 기록했을까? 엄숙한 공자의 준엄한 가르침과는 좀 색깔이 다르다. 장기와 바둑이라니. 그것이라도 하는 것이 아무 일도 않느니보다는 낫다는 공자의 권유는, 다소 비약이지만, 역시 공자가 큰 인물이라는 생각이 들게 한다.
바둑은 태곳적 요임금 때 만들어졌다는 전설이 있지만, 『논어』의 이 구절로 미루어서, 역사가 오래라는 점을 분명히 알겠다. 『맹자』에도 "혁추(奕秋)는 온나라에서 바둑을 제일 잘 두는 사람"이라는 말이 있다. 혁(奕)은 바둑. 오죽 바둑으로 이름이 났으면 '바둑 잘 두는 추

(秋)'라고, 본디 성은 사라지고 바둑이 성으로 되고 추라는 이름만 남아서 '혁추, 혁추' 하고 불렀을까. 맹자는 다섯 가지 불효를 들고 있는데, 그 중에 두 번째가 "장기와 바둑을 두고 술을 좋아해서 부모 봉양을 돌보지 않는 것"이라고 한다. 도박이라는 요소가 있으니까 맹자 때, 전국시대에 벌써 패가망신하는 사례가 드물지 않았던 모양이다. 서기전 145년에 태어난 사마천은 『사기』「화식열전(貨殖列傳)」에서 "박희(博戲)는 나쁜 일이지만 환발(桓發)은 그것으로 치부를 했다."고 기록하고 있는데, 그때 벌써 장기나 육박(六博) 같은 놀이로 부를 이룩한 예가 있었던 것이다.

비슷한 말이 있다. 역시 공자의 가르침이다. "여럿이 모여 지내며 하루해를 마치면서도 말이 의리에 미치지 않고 얄팍한 잔꾀를 행하기 좋아한다면 곤란하다."[10] '곤란하다'를 '싹수가 노랗다.'로 번역하는 이도 있지만, 위에서 '곤란하다'로 옮긴 말과 원문의 표현은 같아도 의미는 달리 생각해야할 듯하다. 무료하고 무기력하게, 무언가 해보겠다는 열정 없이 마냥 시간을 보내는 쪽과, 떼로 모여서 소혜(小慧), 얄팍한 잔꾀로 일을 벌이는 쪽은 다르다. 뒤쪽 부류는 장기나 바둑과는 비교할 수 없이 큰 해악을 만들어낸다는 것을 우리는 경험으로 알고 있다.

027 · **자하가 말했다.**

"날마다 모르는 것을 알며, 달마다 능한 것을 잊지 않으면 배우기를 좋아한다고 이를 만하다."(1905)

10_ 子曰, "羣居終日, 言不及義, 好行小慧, 難矣哉!" (1517)

子夏曰, "日知其所亡, 月無忘其所能, 可謂好學也已矣."

【字義】 1. **日(일)** : 날마다, 날로. 2. **忘(망)** : 잊다.

【설명】 첫 구는 새로이 아는 것, 곧 학(學)을, 두 번째 구는 배운 내용을 반복하는 것, 곧 습(習)을 이른다. '배우기를 좋아한다고 이를 만하다'는 말은 『논어』에 자주 보이는 표현이다. 고증학의 개척자인 고염무(顧炎武)는 그 일생을 쏟은 명저를 『일지록(日知錄)』이라고 이름 붙였는데, 이 장에서 얻은 것이다. '모르는 것'은 원문에 '무(亡)'인데, 보통 쓰이는 무(無)와 완전히 같다. 주자 주석에 '무'란 "자신이 가지고 있지 못한 것을 이른다."고 하였다. 자신이 갖고 있지 못한 것을 날마다 알아서 나날이 새로워지고, 이미 능하게 할 수 있는 일을 반복해서 점검하는 것, 그것이 배움의 태도다.

028 · **자하가 말했다.**

"배우기를 널리 하고 뜻을 독실하게 지니며, 절실하게 묻고 가까운 데에서부터 생각을 해나가면 인(仁)은 그 가운데 있다."(1906)

子夏曰, "博學而篤志, 切問而近思, 仁在其中矣."

【字義】 1. **篤(독)** : 독실하다, 돈독하다. 2. **切(절)** : 절실하다, 간절하다.

【설명】 배운다면 널리 배워야 한다. 좁은 범위에 안주해서는 안 된다. 배움에 대한 뜻은 독실해야 한다. 그렇지 않으면 오래 갈 수가 없다.

질문은 문제의 핵심을 찔러야 한다. 질문은 토론이다. 사색의 순서는 나로부터, 가까운 데서부터 차츰 먼 데로 나아가는 것이다. 이런 학문의 방법이야말로 최종의 목표인 '인'에 도달하는 지름길이다. 인은 그러한 태도 안에 자재하다. 공안국(孔安國)은 뜻을 독실하게 지닌다고 할 때의 뜻(志)을 '기억하다'로 읽었다. 그러면 원문의 번역은 '널리 배우고 독실하게 기억하며'가 되겠다.

소동파는 이 장의 취지에 대해서, "널리 배우기만 하고 뜻이 독실하지 않으면 크기만 클 뿐 성과가 없고, 범범하게 묻고 멀리 생각하면 수고롭기만 하고 이루는 일이 없다."고 부연했다.

남송의 학자 주자와 그의 벗 여조겸(呂祖謙, 1137~1181)이 함께 편찬한 명저(名著) 『근사록(近思錄)』은 이 장에서 이름을 얻었다. 주자가 46세 되던 해인 1175년 음력 4월에 여조겸이 한천정사(寒泉精舍)로 주자를 방문하여 10여일을 함께 머물면서 편집했다고 한다. 청나라 학자 왕무횡(王懋竑, 1668~1741)이 지은 『주자연보(朱子年譜)』 제3권에 보인다. 왕무횡은 『주자연보』 저술에 평생을 바쳤는데, 연보의 교과서적인 저작으로 인정된다.

029 · **자하가 말했다.**

"온갖 공인(工人)들은 공장에 있으면서 그 일을 이루고, 군자는 배워서 그 도를 지극히 한다."(1907)

子夏曰, "百工居肆以成其事, 君子學以致其道."

【字義】 1. **工(공)** : 공인, 장인. 2. **肆(사)** : 가게.

【설명】 '공장'이라고 번역한 '사(肆)'는 뒷날 가게라는 의미로 많이 쓰이지만, 여기서는 관청에 소용되는 물건을 만드는 곳이다. 물건 만드는 공인들은 거사(居肆), 공장에 머물면서 맡은 일을 해낸다. 공장이라는 장소에 머무는 것이 일을 하는데 필수적이다. 군자는 학문을 통해서 도를 지극하게, 궁극에까지 미루어가야 한다. 보통은 이렇게 읽는다.

한데, 앞뒤가 의미상 짝이 되는 말인데, 원문으로 보아 앞쪽은 여덟 글자고 뒤쪽은 한 자가 적은 일곱 자다. 뒤쪽에는 거(居) 자를 생략한 것으로, '학(學)'이란 학문이 아니고 학교라는 장소로 읽어야 한다는 설이 있다. 공인들이 공장에서 물건을 만들 듯이, 군자도 학교에 다니며 다른 사람들과의 관계 속에서 자기 세계를 연마할 수 있다는 것이다. 공장에서나 학교에서나 나를 비춰주는 다른 거울이 있다. 그 거울에 비친 나를 통해서, 나에 대한 객관적 인식을 갖게 된다.

030 · **공자 말씀하셨다.**

"명(命)을 알지 못하면 군자가 될 수 없으며, 예를 알지 못하면 설 수 없고, 말을 알지 못하면 사람을 알 수가 없다."(2003)

孔子曰, "不知命, 無以爲君子也, 不知禮, 無以立也, 不知言, 無以知人也."

【설명】 이 장은 『논어』 전체의 제일 마지막에 놓여 있지만, 정말로 공자의 말일지 어떤지에 대해서는 의문이 많다. 그러나 그럼에도 불구하고 이 장은 『논어』라는 경전의 결말로서 대단히 적절하다는 평가를 받고 있다.

"명을 알지 못하면 군자가 될 수 없다."

'명'이란 사명으로도 해석되고 운명으로도 해석된다. 앞쪽이라면 인간의 활동의 원리로서, 뒤쪽이라면 인간의 활동을 제약하는 것으로서 동시에 하늘에서 부여받은 것이다. 두 가지는 둘이면서 하나이고 하나이면서 둘이다. 그것을 알지 못한다면 군자가 될 자격은 없다. 대개의 주석은 명을 운명 쪽으로 해석하지만, 사명이라고 해도 좋을 듯하다.

"예를 알지 못하면 설 수가 없다."

『논어』 제8편(「泰伯」)에서 공자가 "시에서 홍기되며, 예에 서며, 음악에서 완성된다(興於詩, 立於禮, 成於樂)"라고 한 말이 있지만, 예란 인간 문명을 대표하는 행위다. 자기 인격을 예라는 바탕에다 단단히 세우는 것, 사회적 존재로서 자리매김하는 것이다. 공자는 그 아들에게 "예를 배우지 않으면 설 수가 없다"(1613)고 가르치고 있다.

"말을 알지 못하면 사람을 알 수가 없다."

언어야말로 인격의 표현이다. 언어의 인식에 따라서 개인도 인간의 운명도 인식된다. 앞에서도 언급이 있었지만, 이 장은 제1편(「學而」) 첫 장과 수미 호응하는 것으로,『논어』를 편집한 자의 의도라고 볼 수가 있겠다.

군자와 수양

제2

2. 군자와 수양

유가의 이상을 잘 나타내는 말이 수기치인(修己治人)이다. 자기를 도덕적으로 높은 수준에 이르도록 해서, 거기에 멈추지 않고, 이를 바탕으로 남을 이끌어준다는 말이겠다. 군자란 바로 그런 역할을 할, 공자 가르침에서 대단히 중요한 인간형이다. 공자 교육의 목표는 개인의 도덕적 각성을 통해서 조화로운 사회를 이룩하는 것이지만, 군자는 바로 그 각성된 개인을 이르는 말이다.

충신(忠信)과 충서(忠恕) 곧 참되고 신실한 자질, 자기와 마찬가지로 남의 입장을 배려할 수 있는 태도, 이를 바탕으로 가족과 이웃에 대한 효도와 공경 같은 덕목이 군자의 태도로 강조된다. 군자라는 인간형의 이해를 위해서 공자는 그와 반대되는 소인을 들어서 선명하고 대조적으로 설명하는 경우가 많다.

효도

031 · **유자가 말했다.**

"사람 됨됨이가 효성스럽고 공손하면서 윗사람에게 곧잘 대드는 자는 드무니, 윗사람에게 곧잘 대들지 않으면서 혼란을 짓기 좋아하는 자는 아직 없었다.

군자는 근본에 힘을 쓰나니, 근본이 서고서야 도리가 생긴다. 효성과 공손이란 인을 행하는 근본일 테지." (0102)

有子曰, "其爲人也, 孝弟, 而好犯上者, 鮮矣, 不好犯上, 而好作亂者, 未之有也. 君子務本, 本立而道生, 孝弟也者, 其爲仁之本與."

【字義】1. **有子(유자)** : 공자 제자. 2. **孝弟(효제)** : 부모에 대한 효도와 형제에 대한 우애. 제(弟)는 '제(悌)', 곧 공경하다는 의미이다. 3. **犯(범)** : 범하다, 해치다. 4. **鮮(선)** : 드물다. 5. **務(무)** : 힘쓰다. 6. **與(여)** : 문장의 끝에서 의문이나 감탄을 나타내는 조사. 여(歟)와 같다.

【설명】『논어』 학이편의 두 번째 장이다. 공자 제자인 유자(有子) 즉 유약(有若, 서기전 508~458)의 말이다. 『사기』「중니제자열전(仲尼弟子列傳)」에 따르면 유자는 공자보다 43세 어렸다고 하므로, 공자가 서기전 479년에 73세로 작고할 때 유자는 29세였다.

여기서 필자는 두 가지에 주목하고 싶다. 하나는 이 장이 유자 제자들의 기록이라는 점. 공자 제자의 제자들이 기록한 것이다. 널리 알려진 독법이지만, '유자'라는 호칭이 그 사실을 일러주고 있다. 『논어』에 공자 제자들은 대부분 이름이나 자(字)로 기록되었다. 선생을 의미하는 자(子)로 일컬어진 경우는 드문데, 그런 경우는 그의 제자들에 의한 기록이다. 한데, 이 장의 내용이, 스물 남짓한 청년의 말이라고 생각하기는 어려울 듯하다. 다시 말해서 유자의 이 발언은 공자가 살아 있을 때의 것으로 보이지는 않는다. 유자는 쉰 살에 작고했지만, 적어도 마흔은 지난 어느 시기에 제자들에게 이른 말이었을 테다. 이는 『논어』라는 텍스트의 형성 시기를 짐작하는 단초가 된다. 공자의 제자와 그 제자의 제자들이 기록한 것으로 볼 수가 있는 것이다.

다른 하나는 이 장의 키워드. 필자는 두 번째 단락 처음의 군자라는 말을 이 장의 키워드로 읽고 싶다. 앞 장, 학이편 제1장의 마지막 단락이 군자라는 말로 마무리되었는데, 그것을 이어받아서 군자의 자세를 설명한 것이다.

말의 의미는 이러하다. 원문으로는 효제(孝弟)이지만, 가정에서 부모에게 효도하고 형제를 공경하는 마음이 체화(體化)되어 있는 사람은 이웃과 사회에서 윗사람과도 조화로운 관계를 갖는다. 지위든 나이든 자기보다 윗사람을 인정하지 않고 대드는 일이 없다는 말이다. '대든다'로 옮긴 '범(犯)'이라는 글자는 지금도 우리말에서 '범하다'로 그대로 쓰이지만, 시쳇말로 치받는다는 의미다. 윗사람에게 터무니없이 대들지 않는 사람은 가정뿐만 아니라 사회나 국가에서 혼란을 일으키지 않을 것이다. '혼란을 짓는다'는 말은 원문으로 작란(作亂)인데, 질서가 깨져서 어지러운 상대, 무질서한 상태를 야기하는 것이다. 난(亂)의 번역어로 '혼란'은 다소 부족하다. '난리, 전쟁'이라는 말과 가까운 의미다. 다른 말이지만, 우리말 '장난'은 여기 '작란'에서 유래하지 않았을까?

군자는 근본이 되는 일에 노력한다. 근본이 확립되고서야 도리가 생긴다. 효제, 즉 가정에 있어서 부모 형제에 대한 선의는 인(仁), 즉 널리 인간에 대한 선의의 근본이라고 해도 좋지 않을까. 유자는 '근본이다'라고 못박지 않고, '아마도 근본일 테지', '근본이겠지'라고, 말을 겸손하게 하고 있다. 효제를 실천함으로써 인에 이를 수 있다는 것이다. 맹자는 "자기 어버이를 사랑으로 대하고 나서 다른 사람을 사랑한다."고 말하고 있지만, 유가 사상에서는 혈연에 대한 본능적인 선의야말로 널리 인간에 대한 선의의 출발점이라고 한다. 이 장은 그것을 말한 것이라고 생각된다.

유자에 관한 흥미로운 얘기가 『맹자』에 전한다. 공자가 작고한 뒤 자하(子夏)·자장(子張)·자유(子游) 등 주요 제자들은 공자와 외모나 말투가 비슷하다는 이유로 유약을 공자 대신으로 섬기려고 했지만 증자(曾子), 즉 증삼(曾參)만이 그런 일을 인정할 수 없다고 했기 때문에 실현되지 않았다고 한다. 증자는 공자의 주요 제자 가운데 나이가 가장 어렸는데, 가장 어린 제자의 반대로 일이 좌절되었다는 것은 흥미롭다. 공자 사후에 제자들의 분열을 보여주는 일이지만, 증자가 공자 교단의 중심을 장악해간 흔적이 드러나는 자료다.

『좌전』에, 유자에 대한 또 다른 기록이 있다. 서기전 487년, 노나라 애공 8년의 일이다. 유자는 스물두 살, 공자는 예순다섯 되던 해다. 당시 군사력이 가장 강력한 나라인 남쪽의 오나라가 노나라를 침략해서 수도인 곡부 바깥까지 들이닥쳤다. 노나라 대부인 미호(微虎)가 결사대 300인을 조직해서 오나라 군대를 습격하려고 했는데, 유약 곧 유자가 그 결사대에 들어 있다. 어떤 이가 당시 노나라 실권자인 계손(季孫)에게 "오나라에 해를 입히지도 못하고 나라 인재만 죽인다."고 만류해서 결사대의 작전은 중지되었고 노나라는 굴복하였다.

유자는 나라의 위기에 결사대 300인에 선발될 정도의 지위가 있는, 당시 노나라에서 주목받는 젊은 인재였다. 『좌전』 의 기록자는 300인 결사대 중에서 유약 한 사람만을 특별히 드러내어 이름을 기록하였다. 전국시대와 달리 아직 철기가 아닌 청동제 무기로 싸운 춘추시대의 전쟁은 상대적으로 양상이 달랐다. 평민이나 노예는 전사가 될 수 없고 지배계급만 참전하는 형태였다는 말이 있다. 공자 사후에 유약을 추대하려고 한 제자들의 움직임이 조금 짐작이 될 듯도 한데, 학이편 제2장은 그런 배경이 있는 제자의 발언이라는 점을 참고할 필요가 있겠다.

『논어』는 공자 사후에 대략 한두 세대 정도에 걸쳐서 이루어졌다고 짐작되는데, 유자의 말이 공자 발언에 이어 두 번째 순서를 차지한 것은

『논어』 편찬 초기 유자와 그 제자들의 위상이 높았음을 보여주는 일이라고 생각된다. 아마도 유자의 제자들이 그 스승의 가르침 중에서 이 조목을 뽑아 『논어』의 두 번째 장으로 만들었을 터이다. 당나라 문인인 유종원(柳宗元, 773~819)이 『논어』가 유자와 증자 문인들의 손에 이루어졌다고 한 것은 이런 점에 대한 지적이겠다.

효에 대해서 언급을 해두기로 한다.

유가에서 효의 중요성은 말할 필요가 없다. 따로 『효경』이라는 경전이 있어서 십삼경의 하나로 꼽힌다. 하지만 효라는 개념은 유가나 공자보다 먼저 성립되었다. 생각해보면 굳이 따로 증명이 필요 없는, 당연한 일이 아닐까? 부모와 자식의 관계에서 저절로 생겨나는 감정이니까.

해서, 효에 대한 최초의 기록은 『효경』이 아니라 『춘추좌전』이다. 『춘추좌전』이라는 책을 펴면 그 제일 첫 조목이 부자간의 효와 국가 정치의 이념적 결합을 말하고 있다. 곧, 공자가 손을 대서 정리했다는 오경의 하나인 『춘추』라는 경전과 그 경전에 대한 주석서인 『좌전』이라는 책이 말하고 있는 제일 중요한 메시지는 효와 정치의 합일이다. 『춘추좌전』은 엄연한 편년체 역사서이지만 동시에 윤리적 지침서를 지향한다. 춘추시대 이후 동양 역사의 전개에서 효라는 것이 가정 내에 국한되는 개인이나 가정 윤리가 아니라 사회 국가 윤리라는 것, 익히 알고 있는 점이다.

032 · **공자 말씀하셨다.**

"아버지가 계실 때 그 뜻을 보고, 아버지가 작고하고는 그 언행을 볼 것이지만, 삼년 동안 아버지의 방식을 고치는 일이 없어야 효라고 이를 수

있다."(0111)

子曰, "父在觀其志, 父沒觀其行, 三年無改於父之道, 可謂孝矣."

【字義】 1. **觀(관)** : 보다, 관찰하다. 2. **沒(몰)** : 죽다(=歿). 3. **改(개)** : 고치다, 바꾸다.

【설명】 어떤 인물을 평가하려는 경우, 그의 아버지가 살아 있을 때는 그가 무엇을 생각하고 있는가를 관찰해라. 왜냐하면 아버지가 살아 있을 때는 자식인 그로서는 무슨 일이든 자기 생각만으로는 실행할 수 없기 때문이다. 아버지가 없어지고 나서는 그의 행동을 관찰해라. 3년간이라는 것은 곧 타계한 아버지의 상(喪)을 입는 기간인데, 그 기간 동안에 아버지의 시대에 하던 방식을 바꾸지 않으면 효라고 판단해도 된다.

이런 설명은 이 장에 대한 일반적인 해석이다. '그'라고 번역된, 원문으로 '기(其)'라는 대명사는 아들을 가리킨다. 즉 제3자가 아들의 뜻을 관찰하고, 아들의 언행을 살펴본다는 말이다. 요컨대 자식의 그 부친에 대한 태도를 기준으로 사람을 판단하고 평가하는 방법을 말한 것으로 읽는다.

하지만 일설로는, '그'를 아들이 아니라 아버지로 읽는다. 자식된 자는 아버지가 계실 때는 아버지가 무엇을 생각하는지를 잘 관찰하지 않으면 안 된다. 또 아버지가 타계한 뒤에는 아버지 일생의 일을 잘 관찰하지 않으면 안 된다. 그렇게 해서 3년간 아버지의 방법을 고치지 않는 자야말로 효자라고 판단해도 좋다.

"삼년 동안 아버지의 방식을 고치는 일이 없어야 효라고 이를 수 있다."라는 말은, 『논어』의 제4편(「이인(里仁)」)에도 꼭 같이 반복된다(0420). '삼년'이란 아버지 상을 입는 기간이지만, 햇수로 3년이어서, 실은 만 2년이었다. 또 『논어』 제19편(「자장(子張」)에 증자(曾子)의 말로, "나는 선생님께 들었다. '맹장자(孟莊子)가 행한 효가, 다른 것은 능히 할 수 있는 일이지만, 그가 아버지의 신하와 아버지의 하던 정치를 바꾸지 않은 것, 이것은 능히 하기가 어렵다'고 하셨다."(1918)고 한 것 역시 이 장과 같은 취지의 어록이다.[1]

한데, 삼년무개(三年無改), 아버지 사후 이십 수개월을 아버지의 방법을 바꾸지 않는다면 군주 교체 경우 등에는 여러 가지 차질이 생길 수가 있다. 그 때문에 아버지의 방식을 3년간 고치지 않는다는 가르침은 어떤 경우든 무조건 따라야 한다는 것은 아니다. 올바른 방식이라면 언제까지든 고칠 일이 없고, 그릇되었다면 3년을 기다릴 일이 없는 것이다. 이 장에서 공자 가르침의 요점은 사람 관찰하기와 효를 강조하기 중에서 후자 쪽에 있다고 읽는 것이다. "효라고 이를 수 있다."로 끝나므로.

033 · **증자가 말했다.**
"부모의 상을 삼가 예에 맞게 치르고 조상의 제사에 정성을 다해 추모하면, 백성의 덕이 도탑게 될 것이나."(0109)

曾子曰, "愼終追遠, 民德歸厚矣."

【설명】 공자의 제자 증자(曾子) 즉 증삼(曾參, 서기전 505~435)의 말

1_ 曾子曰, "吾聞諸夫子, 孟莊子之孝也, 其他可能也, 其不改父之臣與父之政, 是難能也."

이다. 『사기』「중니제자열전」에 따르면 증자는 공자보다 46세 어렸다. 공자가 작고할 때 증자는 26세였다. 이름은 삼(參), 자는 자여(子輿).[2]

"부모의 상을 삼가 예에 맞게 치르고"는 원문으로 신종(愼終) 두 글자의 번역이다. 글자 그대로 하면 종(終), 인생의 끝인 죽음, 특히 부모의 죽음을 신(愼), 삼가서, 즉 장례의 예를 신중하게 해서, 예에 맞게 치르는 것이다. 예에 맞게 한다는 말은 예에 지나치지도, 그렇다고 모자라지도 않게 한다는 의미일 텐데, 예전이나 지금이나 대개는 너무 지나친 쪽이 문제가 된다.

"조상의 제사에 정성을 다해 추모하면"은 원문으로 추원(追遠) 두 글자의 번역이다. 몇 세대 이전, 자기로부터 멀리 떨어진 선조를 추모해서 그들에 대한 제사에 정성을 다하는 것이다. 증자의 이 말은 도덕적인 권위, 위엄이 있어야 할 위정자에 대한 훈계로 보이는데, 위정자가 자기 부모와 조상에게 그렇게 솔선을 한다면 일반 백성들도 따라가서, 위 아래로 나라의 풍조가 야박하지 않고 독실하게, 순후하게 되리라는 것이다.

계급의 존재를 사회에 필수적인 질서라고 하는 유가에서는 상례와 제례 모두 계급에 따른 구별이 있어서, 서민은 위정자인 제후 계급, 대부 계급, 사(士) 계급에 비해 부모를 장사지내는 데도 조상을 제사하는 데도 보다 간소한 의식만 행할 수밖에 없었다. 그러나 위정자가 부

2_ 이름은 삼(參), 자는 자여(子輿) : 자는 이름을 따라 짓는데, 자여(子輿)의 여(輿)는 수레라는 의미다. 서너 필의 말이 끄는 수레에서 가운데가 아니라 양쪽 바깥쪽으로 서는 말을 우리말로는 곁마, 한자어로는 참마(驂馬)라고 한다. 참(驂)과 참(參)은 같은 글자다. 그러므로 증자의 이름을 참마의 '참'으로 읽어야 한다는 말이 있다. 하지만 우리 선인들은 모두 '삼'으로 읽었다. 이유는 '참마(驂馬)'와 '삼마(驂馬)'는 서로 다른 단어이기 때문이다. 네 필의 말이 끄는 수레 또는 수레를 끄는 네 필의 말을 사마(駟馬)라고 한다. 『논어』에 말을 조심해야 한다는 가르침으로 '사불급설(駟不及舌)', '네 필의 말이 끄는 빠른 수레도 혀, 곧 말을 따르지는 못한다.'는 격언이 있다. 그러면 세 필의 경우는 '삼마'라고 발음하는 것이 마땅하고, 증자의 이름은 그쪽을 따랐다고 여긴 것이다.

모와 조상에 대한 의식을 제대로 된 격식에 따라 신중하게 치르면 일반인의 풍속도 그것을 따라 가서 간소한 대로 아름답게 될 것이라는 말이다.
『예기』에 "형벌은 대부에까지 올라가지 않고, 예는 서민에까지 내려가지 않는다."는 말이 있다. 대부 이상은 법의 적용 대상을 벗어난 신분이고, 경제적 능력이 안 되는 서민들에게 굳이 예를 따질 것 없다는 말이다. '민(民)의 덕'이라고 한 것으로 보아, 이 장에서 증자의 발언은 서민들도 부모와 조상에 대한 예를 행할 수 있는 나라를 염두에 둔 말인 듯하다. 증자는 『효경』의 저자라고 전하는데, 공자 제자 가운데서도 혈족간의 선의(善意)를 특히 중시한 학자였다. 약 200년의 차이가 있지만, 순자(荀子, 서기전 313~238)가 예(禮) 중심의 법치 사상을 개척한 데 비하여 증자는 효 중심의 인의(仁義) 사상을 발전시켰다.

034 · **증자가 말했다.**
"내가 선생님께 들으니, '사람이 자기 힘만으로 궁극에까지 이르는 일은 없지만, 있다면 분명코 친상(親喪)에 있어서이다.' 하셨다."(1917)

曾子曰, "吾聞諸夫子, 人未有自致者也, 必也親喪乎!"

【字義】 1. **致(치)** : 이르다, 이루다, 지극하다. 2. **親喪(친상)** : 부모상.

【설명】 증자가 부자(夫子) 즉 공자에게 들었다는 말을 전한다. 인간의 행위 가운데 자기 능력만으로 궁극의 경지까지 이르는 일은 없다. 어떤 면에서든 남의 도움을 빌어서 비로소 궁극의 경지에 이른다. 원문

의 '치(致)'란 여기서는 '궁극'이라는 뜻. 국어사전에서 '자치(自致)'라는 단어는 '스스로 있는 힘을 다하다.'고 풀이되어 있다.

그러나 이 원칙에는 예외가 있다. 친상 곧 부모의 상을 당한 자식의 태도이다. 자기 마음에서 솟아나는 슬픔, 그것만으로 궁극의 완전한 태도에 도달할 수 있다. 부모상을 당한 자식의 궁극의 완전한 태도란 다른 것이 아니고, 지극히 슬퍼하는 것이다. 강요나 억지 없이, 저도 모르게 온전히 자신의 의지만으로 궁극의 슬픔에 이르고, 그대로 표출된다는 것이다.

증자의 이 말은 공자 발언은 하나도 없이 제자들의 말만 수록되어 있는 『논어』 제19편(「子張」)에 보인다. 한데 증자의 말보다 3개 장 앞에 역시 공자의 제자인 자유의 발언으로, "상은 슬픔을 극진히 하고서 그만이다",[3] 곧 오로지 지극히 슬퍼하는 일이야말로 부모상을 당한 자식이 할 행동의 전부라는 말이 있다. 당시 풍조에 대한 깊은 반성과 신랄한 비판으로 읽을 수 있겠다.

035 **맹의자(孟懿子)가 효를 여쭈었는데, 공자 대답하셨다.**

"어김이 없어야지요."

번지(樊遲)가 공자의 수레를 몰았는데, 공자는 그에게 말씀해주셨다.

"맹손(孟孫)이 나에게 효를 물었는데, 나는 '어김이 없어야 한다.'고 일러주었다네."

번지는 여쭈었다.

"무엇을 이르신 것인지요?"

3_ 子游曰, "喪致乎哀而止." (1914)

공자 말씀하셨다.
"살아 계시면 예로 섬기고, 돌아가시면 예로 장사지내고, 예로 제사지내는 것이라네." (0205)

孟懿子問孝. 子曰, "無違." 樊遲御, 子告之曰, "孟孫問孝於我, 我對曰, 無違." 樊遲曰, "何謂也?" 子曰, "生事之以禮, 死葬之以禮, 祭之以禮."

【字義】 1. **違(위)** : 어기다, 어긋나다. 2. **御(어)** : 수레를 몰다. 3. **告(고)** : 고하다, 일러주다. 4. **葬(장)** : 장례, 장사지내다.

【설명】 맹의자(? ~서기전 487)는 노나라의 대부다. 노나라에는 맹손(孟孫) · 숙손(叔孫) · 계손(季孫)이라는 세 대부 집안이 있었고, 노나라 군주와 동족으로, 모두 대부를 세습하였다. 맹의자는 노나라 맹손씨 집안의 제9대 종주로 이름은 하기(何忌), 시호는 의(懿)이다. 맹의자라는 호칭은 그가 죽은 뒤 받은 시호로 이른 것이다. 그는 아버지의 유언에 따라 공자에게 예를 배운 적이 있다고, 『좌전』 소공(昭公) 7년(서기전 535) 9월 기사에 보인다. 이 때 공자는 35세였다고 하지만, 뒤에 공자가 50대 중반에 노나라 대부가 되었을 때는 맹의자도 동료 대신이었다.
번지(서기전 505~454)는 『사기』 「제자열전」에 "공자보다 36세 어렸다."고 보이고, 『논어』에 모두 11회나 기록되어 있다. 이름은 수(須), 자(字)가 자지(子遲). 그래서 번지 또는 번수로 기록되고 있다. 『맹자』 「등문공」 상편에는 여기 번지의 질문에 대한 공자의 대답이, 공자의 말이 아니라 증자의 발언이라고 인용되어 있다. 글자의 차이 없이 꼭 같은 말인데, 맹자는 증자의 가르침을 이었으므로, 같은 가르침이 전

달된 기록으로 볼 수 있겠다.[4]

'어김이 없어야 한다.'는 가르침에 대해서 맹의자는 무엇에 어김이 없어야 하느냐 되묻지 않았다. 공자가 제자를 가르친 원칙 가운데 하나이지만, 스스로 문제를 인식하고 질문하지 않는 학생에게 먼저 일러주는 법은 없다. 맹의자를 만난 뒤 돌아오는 길에 자신의 수레를 몰고 있는 번지에게 공자는 '어김이 없어야 한다.'는 말을 해서 번지의 질문을 유도했다. 앞서 자기 말의 내용을 분명하게 하고 싶었다. 공자의 예상대로 번지는 '무엇을 말씀하신 것입니까, 무엇에 어김이 없어야 하는 것입니까'고 되물었다. 공자는 번지의 질문을 예상하고 있었던 것이다.

공자는 생사장제(生死葬祭), 부모가 살아 계실 때 섬기는 모든 일과 작고한 뒤 장사 지내는 절차와 제사 지낼 때의 의식이 모두 예에 어김이 없어야 한다고 하였다. 백면서생이 그저 해보는 공연한 말이 아니다. 맹의자 등 당시 노나라 국정을 찬탈하고 있던 세 대부 집안은 대부라는 신분을 넘어서 제후는 물론이고 천자도 우습게 보는 판이었다. 그들이 그 조상 제사를 천자처럼 지냈다는 기록이 『논어』에 있다. 『논어』 제3편(「팔일」) 첫머리 두 개 장에 있는 공자의 말이 바로 그것이다. 모자라는 경우와 지나친 경우가 다 '어김'이지만, 맹의자 등 당시 노나라 대부들은 지나쳐도 너무 지나친 것이 문제였다. 공자는 그 점을 따끔하게 지적하였고, 맹의자는 그 아픈 지적에 대해서 침묵으로 대응한 것이다.

한데 주자는 너무나도 분명한 공자의 그 말을 두고, 예가 아니라 이(理)에 어김이 없는 것이라고, 멀어도 한참이나 먼 말을 가져다 에둘

4_ "孟子曰, "不亦善乎! 親喪, 固所自盡也. 曾子曰, '生, 事之以禮, 死, 葬之以禮, 祭之以禮, 可謂孝矣.' 諸侯之禮, 吾未之學也, 雖然, 吾嘗聞之矣."

러 설명을 하였다. 주자가 문면을 이해 못해서 예가 아니라 이라고 말을 했을 리는 없다. 예를 포함해서, 더 큰 범위로 승화해서 이해한 것이리라. 유가철학에 형이상학적 관념성을 부여하고자 한 주자의 방향이다.

기실 주자는『논어』15,854자 중에서 한 차례도 보이지 않는 '이치 리'라는 글자를 재해석하여 생명을 불어넣어서, 그 한 개 글자로『논어』를 다시 읽었다. 공자가 활동하던 시기에 '이(理)'는 자주 쓰이는 글자가 아니었다. 오직『시경』에 4회의 용례가 보이지만, 모두 '다스리다'는 동사로 쓰였다. 그 시기에 '이(理)'라는 글자는 아직 '이치'라는 형이상의 의미는 갖지 않았으리라고 생각된다.『서경』의 경우는「주관(周官)」에 단 한 차례 보이지만「주관」편 자체가 한참 후대에 위조로 만들어진 이른바 위고문(僞古文)이고,『주역』에는 곤괘에 1회, 계사와 설괘에 7회 보이지만,『주역』자체가『논어』이전의 문헌인지는 회의적이다. 단 하나의 사전만 근거로 해서 다소 미심쩍은 점이 있지만, 갑골문에도 이(理)라는 글자는 보이지 않는다(趙誠,『甲骨文簡明詞典』, 중화서국, 1988, 北京).

공자가 말한 적이 없는 '이(理)'라는 글자를, 주자는『논어집주』에 153자나 썼다. 주자학을 달리 성리학이라고도 하지만, 성(性)과 이(理) 두 글자는 주자학의 뼈대다.『논어』에 쓰이지 않은 단 하나의 글자를 현미경이자 망원경으로 삼아서『논어』라는 물건을 총체적으로 다시 들여다보기. 필자는 언제나, 주자의 그 점을 아주 높이 여긴다.

주자 이후 그와 유사한 사례로는 고대 언어학에 대한 지식을 도구로 삼아서 주자 해석을 비판한 청나라 학자들이나, 공산주의 이론으로『논어』를 들여다본 조기빈(趙紀彬, 1905~1982)의『논어신탐(論語新探)』(1959, 人民出版社) 같은 경우가 있을 듯하다.

036 · 맹무백이 효를 여쭈자 공자 말씀하셨다. "부모는 오직 질병을 근심하신다네."(0206)

孟武伯問孝. 子曰, "父母唯其疾之憂."

【설명】 맹무백(孟武伯)은 바로 앞 장에 보인 맹의자의 아들이다. 『좌전』 애공 11년(서기전 484, 공자 69세), 노나라와 제나라의 전쟁 즈음에, "맹유자 설(孟孺子洩)이 우사(右師)를 거느리다."고 보인다. 유자란 아이라는 말이므로 『좌전』에서는 맹유자 즉 '맹씨 집안의 도련님'이라고 불리고 있지만, 3년 후 애공 14년 가을 8월에 아버지 맹의자가 죽자 아이는 아버지 뒤를 이어 대부로 되었다. 맹자의 4대조 곧 고조부라고 한다. 부자가 다 집권 대신인데, 두 사람이 꼭 같이 공자에게 효가 무엇이냐 질문을 하였다.

한데, 한문의 특징이지만, 원문으로는 겨우 일곱 글자에 불과한 이 장의 내용은 세 가지 의미로 읽을 수 있다. 자네 부모는 오직 자네가 앓을까, 그것이 걱정이라네. 그러니 자네 몸을 튼튼히 해서 병으로 부모께 심려를 끼치는 일이 없도록 노력하게. 주자의 설이지만, 이런 취지로 읽는 것이 일반적이다.

주자 이전에는 "부모가 오직 질병만을 걱정하시는 것"이라고 읽었다. 질병 이외의 일로 부모께 걱정을 끼치지 않는 것, '우리 자식은 어디를 가도 사람이 하지 말아야 할 일을 하지는 않을 것'이라는 믿음을 드리는 것이 효라는 말이다. 후한 때 학자 마융(馬融, 79~166)의 설이다.

세 번째는 다소 독특하지만, 자식은 부모에 대해서, 무엇보다도 부모의 건강을 걱정해야 한다는 의미로 읽는다. 그러면 본문을 '부모는'이 아니라 '부모를'로 읽어야 한다. "부모를 대해서 자식은, 오직 그 앓으실까 근심해야 한다." 후한 때 학자인 왕충(王充, 27~97?)이나 일본의 이토 진사이(伊藤仁齋, 1627~1705) 같은 사람의 설이다. 그렇게 읽는 근거로 『회남자(淮南子)』「세림(說林)」 편에, "부모의 질병을 근심하는 것은 자식의 몫이고, 치료하는 것은 의사가 할 일이다[憂父母之疾者子, 治之者醫]."는 말이 있다.

037 · **자유(子游)가 효를 여쭈자 공자 말씀하셨다.**
"지금의 효라는 것은 봉양을 잘하는 것만을 이른다. 개나 말에 대해서도 모두 길러주기는 하니, 공경하지 않으면 무엇으로 구별하겠느냐?"
(0207)

子游問孝. 子曰, "今之孝者, 是謂能養. 至於犬馬, 皆能有養, 不敬, 何以別乎?"

【字義】 1. **養(양)** : 기르다, 봉양하다. 2. **敬(경)** : 공경하다, 존경하다. 3. **別(별)** : 나누다, 구별하다.

【설명】 자유는 『논어』 제11편(「선진」)에 "문학(文學)에는 자유와 자하(子夏)"라고 보이듯, 저명한 제자의 한 사람이다. 성은 언(言), 이름은 언(偃), 자유는 자이다. 『사기』에서는 공자보다 45세 연하라고 하므로, 공자가 타계했을 때 자유는 스물일곱 살이었다.
자유는 지금 상해에서 그리 멀지 않은 강소성 상숙(常熟) 사람이고, 묘소도 상숙시 우산(虞山)에 있다. 춘추시대에 상숙에서 산동성 곡부까지 가서 공자 문하에 나아가기는 결코 쉽지 않은 일이었을 것이다. 상숙시박물관은 상숙을 떠나 여러 지역을 거쳐서 다시 상숙으로 돌아오기까지 자유의 행로를 표기한 지도, 「언자유학전도도(言子游學傳道圖)」를 마련해두고 있었다. 상숙이 강남 지역이므로, 자유는 강남 지역에 공자의 가르침, 넓게 말하자면 중원의 문명을 전파한 선구자로 인식되었고, 뒤에 '강남부자(江南夫子)'로 불렸다.

'개나 말에 대해서도 모두 길러주기는 하니'라는 부분에 대한 해석을 달리하는 데서, 이 장도 세 가지 독법이 있다.

먼저, 사람은 개나 말도 먹이를 주어서 기른다. 먹여준다는 측면만 두고 말한다면 '양'이다. 어버이에 대해서도 영어로 말하자면 'to feed'할 뿐 존경, 경건을 수반하지 않는다면 개나 말에 대한 애정과 하등 구별이 없다. 이런 정도로 이해할 수 있겠다. 효란 정신적인 면과 물질적인 면이 조화를 이루어야 비로소 충분해지는데, 공자의 진단으로는 당시 세상에서 이르는 효란 물질적인 측면의 봉양에 지나지 않는다는 것이다. 사람이 개와 말을 기르는 경우로 읽는 것이다.

다음으로, 개나 말도 인간을 봉양한다. 개는 집을 지키고 말은 노동을 제공한다. 그것도 봉양이 아닐까? 존경의 마음을 갖지 않는다면 자식의 어버이에 대한 봉사와 개나 말의 인간에 대한 봉사를 어떻게 구별하겠는가. 존경의 마음을 수반한 봉양이야말로 효라고 할 수 있다. 앞의 설명과는 반대가 되지만, 개와 말이 사람을 봉양하는 경우로 읽은 것이다.

청나라 초기의 대표적인 주자학자인 이광지(李光地, 1642~1718)는 『논어차기(論語箚記)』에서 또 다른 독법을 제안한다. 짐승도 서로 봉양할 수가 있지만 다만 예가 없을 뿐이다. 사람이 어버이를 봉양하면서 존경하지 않는다면 무엇으로 짐승과 차이가 있겠느냐. 개와 말 곧 짐승이 자기네끼리 서로 봉양을 하는 경우로 읽는 것이다. 첫 번째 독법이 고주와 신주의 읽기이고 보통의 설이지만, 어버이를 짐승에다 바로 비유한다는 점에서, 공자의 본디 의도가 그러했을지, 의문이 제기되고 있다. 그래서 나온 것이 두 번째 읽기이다. 독자의 판단에 맡긴다.

038 · **자하(子夏)가 효를 여쭈자 공자 말씀하셨다.**
"얼굴빛을 온화하게 하기가 어려우니, 부형에게 일이 있으면 젊은이가 그 수고로움을 대신하고, 술과 밥이 있으면 부형께 드리는 것만을 효라고 할 수 있겠는가?" (0208)

子夏問孝. 子曰, "色難. 有事, 弟子服其勞, 有酒食, 先生饌, 曾是以爲孝乎?"

【字義】 1. **服(복)** : 입다, 대신하다. 2. **勞(로)** : 수고, 노고. 3. **先生(선생)** : 여기서는 먼저 태어난 이 곧 부형. 4. **饌(찬)** : 음식, 음식을 먹다, 대접하다. 5. **曾(증)** : 흔히 '일찍이'라는 뜻으로 쓰이지만, 여기서는 '곧' 또는 '바로.' 한자로 말하자면 '내(乃)'나 '즉(則)'의 의미다.

【설명】 역시 물질적 봉양으로는 충분하지 않고, 정신적 봉양이 더 중요하다는 취지이다. '얼굴빛을 온화하게 하기가', 얼굴을 온화하게 갖는 일이 어렵다고 옮긴 것은 색난(色難) 두 글자의 번역이다. 직역을 하면 '색(色) 곧 얼굴빛이 난(難), 어렵다'는 말인데, 부모를 언제나 한결같이 기쁜 얼굴로 화기애애하게 대하기란 2,500년 전 봉건 사회인 공자 당시나 지금이나 마찬가지로 쉽지 않은 과제다.

원문으로는 '일이 있으면' 뿐이어서 부형이라는 말은 없지만, 다음 구절로 미루어 부모와 형의 일을 이른다는 것을 짐작할 수 있다. 대가족 제도에서 맏이가 부모 역할을 대신하는 경우는 흔했으므로, 형은 종종 아버지와 같은 비중을 지녔다. 그 다음에 이어지는 '젊은이가 그 수고로움을 대신하고'에서 젊은이란 역시 원문으로는 '제자(弟子)' 곧 아우와 자식이어서, 앞쪽의 일이 부형의 일이라는 점을 암시해준다. 이 장에서는 '제자'와 '선생'이라는 단어가 그대로 쓰였지만, 제자는 교사의 상대어가 아니라 글자 그대로 '아우와 아들'이고, 선생 역시 '먼저 태어난 사람' 곧 부형이라는 의미로 사용되었다. 이런 경우 선생의 상대어는 역시 『논어』에서 용례를 볼 수 있는 말이지만 후생(後生), 뒤에 태어난 사람이다. 시대가 내려올수록 한자는 결합되어서 단어로 되는 경향을 보이지만, 시대가 올라갈수록, 곧 『논어』 같은 책에서는 글자 하나하나가 애초의 의미로만 쓰이는 사례가 많다.

039 **공자 말씀하셨다.**

"부모를 섬기되 부드럽게 간해야 하니, 부모의 뜻이 내 말을 따르지 않음을 보고서도 더욱 공경하고 어기지 않으며, 수고로와도 원망하지 않아야 한다." (0418)

子曰, "事父母幾諫, 見志不從, 又敬不違, 勞而不怨."

【字義】 1. **幾諫(기간)** : 幾는 부드럽다, 조심스럽다. 諫은 간하다. 국어사전에서의 풀이는 "부드러운 안색과 목소리로 간함." 2. **怨(원)** : 원망하다.

【설명】 주자는 이 장을 다음과 같이 설명했다.

이 장은 『예기』 「내칙(內則)」 편의 내용과 서로 표리가 된다. 기(幾)는 은미(隱微)하다는 의미이니, 기간이라는 것은 「내칙」에서 이른바 "부모가 과실이 있거든 기운을 내리고 얼굴빛을 온화하게 하여 부드러운 말로 간한다."는 것이다. "부모의 뜻이 내 말을 따르지 않음을 보고서도 더욱 공경하고 어기지 말라"는 것은 「내칙」에 이른바 "간하는 말이 만일 받아들여지지 않더라도 더욱 공경하고 더욱 효를 하여 기뻐하시거든 다시 간한다."는 것이다. "수고롭되 원망하지 않는다"는 것은 「내칙」에 이른바 '부모가 향당 · 주려 곧 살고 있는 고장에서 죄를 얻기보다는 차라리 지나치게 간해야 할 것이니, 부모가 노하여 기뻐하지 않아서 종아리를 쳐 피가 흐르더라도 감히 부모를 미워하고 원망하지 말 것이고, 더욱 공경하고 효를 하라'는 것이다.

책에 있는 가르침이 때로 두렵고 무서운 것은, 현실로 나타날 때가 있기 때문이다. 지행합일이라는 말을 항다반으로 쓰지만, 배움은 실천을 지향한다. 조선조에 또는 많은 경우 최근까지도, 동양 역사상 최대 최고의 선생 가운데 한 사람인 주자의 이런 가르침을 따라서, 자식의 '종아리를 쳐서 피가 흐르는' 일은 드물지 않았다. 부자유친, 부모와 자식은 친해야 한다는 선언적인 가르침은 역시 실천하기 지극히 어려운 과제였다.

040 · **공자 말씀하셨다.**

"부모가 계시거든 멀리 나가서 놀지 말아야 하며, 놀더라도 반드시 일정한 장소가 있어야 한다." (0419)

子曰, “父母在, 不遠遊, 遊必有方.”

【설명】 부모가 계실 때는 멀리 여행을 하지 않는다. 여행을 하더라도 반드시 미리 말씀드린 곳에만 가고, 다른 장소로 가지는 않는다. 이상이 신주 곧 주자의 설이다. ‘일정한 장소’는 원문에서 방(方)이라는 글자인데, 그것은 ‘상(常)’과 같아서, ‘상도(常道)가 있는, 규율 있는 여행을 해야 한다.’는 것이 주자 이전의 고주이다.

어쨌든『예기』「곡례」편에 “무릇 남의 자식된 자는 나갈 때 반드시 부모께 아뢰고 돌아와서는 반드시 얼굴을 뵈인다. 나가서 놀 때는 반드시 일정한 장소가 있어야 하고, 익히는 것은 반드시 일정한 일이 있어서 이랬다저랬다 하지 않아야 한다.”라고 하고, 같은『예기』「옥조」편에는 “어버이가 연로하거든 자식은 외출을 해서는 장소를 바꾸지 않아야 하고 돌아올 시간을 넘기지 말아야 한다.”라고 한 것과 비슷한 가르침이다. 참고로「옥조」편에 이어지는 말은 “아버지가 작고하시고는 아버지 읽으시던 책을 차마 읽지 못하니 아버지 손때가 남아 있기 때문이고, 어머니가 작고하시고는 어머니 쓰시던 그릇에다 차마 물을 마시지 못하니 어머니 입 기운이 남아 있기 때문이다.”는 아름다운 격언이 있다.

이 장의 주자 집주에 “자식이 부모의 마음을 자기 마음으로 삼는다면 효가 될 것이다.”는 말이 있다.

041 · **공자 말씀하셨다.**

“부모 연세는 몰라서는 안 되니, 한편으로는 기쁘고 한편으로는 두렵다.” (0421)

子曰, "父母之年, 不可不知也. 一則以喜, 一則以懼."

【字義】 1. **年(년)** : 나이. 2. **懼(구)** : 두렵다.

【설명】 애일지성(愛日之誠), 줄여서 애일(愛日)이라는 말이 있다. 여기서 '애'는 '아끼다'는 의미인데, 국어사전에 "시일을 아낀다는 뜻으로, 부모를 섬길 수 있는 날이 적음을 안타까워하여 하루라도 더 정성껏 봉양하려고 노력하는 효성을 이르는 말."이라고 풀이되어 있다.
조선조에서는 부모를 모시고 사는 집을 애일당(愛日堂)이라고 이름하거나 자신의 호를 애일당으로 하는 예가 많았는데, 그 중에서도 농암(聾岩) 이현보(李賢輔, 1467~1555)가 그 양친을 위해 지은 정자인 애일당이 유명하다. 안동시 도산면 부내마을[汾川里]에 있었는데, 안동댐으로 인하여 동네가 수몰되어 지금은 부근에 옮겨져 있다.

042 · **공자 말씀하셨다.**
"효성스럽구나, 민자건이여! 사람들이 그 부모와 형제의 말에 트집을 잡지 못하는구나!" (1105)

子曰, "孝哉閔子騫! 人不間於其父母昆弟之言."

【字義】 1. **騫(건)** : 손상하다, 훼손하다. 2. **間(간)** : 사이, 틈. 3. **昆弟(곤제)** : 형제.

【설명】 민자건(閔子騫, 서기전 536~487)은 이름은 손(損), 자는 자건

이고, 민자(閔子)라는 존칭으로 불린다. 이름의 의미를 고려해서 자를 짓는데, 민자건은 이름이 손해, 손실, 훼손이라는 의미이므로 자에서 건(騫)이라는 글자도 훼손, 손해라는 뜻을 갖고 있다. 이름 글자는 무조건 좋은 의미만 따라 짓는 우리 관념과는 다르다는 것을 알겠다. 『시경』에 "훼손되지 않고 무너지지 않으리[不騫不崩]"(「천보(天保)」)라는 구절이 있거니와, 의미를 역으로 새겨서 삶의 지침으로 삼는다는 자세인 듯하다.

민자건은 안회와 더불어 공자에게 덕행으로 인정을 받은 저명한 제자다. 공자보다 15세 어렸는데, 공자가 65세 되던 해, 향년 쉰에 작고하였다. 하지만 안회나 증자와 달리, 『논어』에 그의 죽음에 대한 기록은 없다.

『논어』에서 공자가 누구를 가리켜 칭찬을 하는 경우는 흔치 않고, 더구나 효자라고 칭찬한 이는 민자건이 유일하다. "효성스럽구나, 민자건이여!"라는 말은 그래서 대단한 파격이다. 그 다음 구절에서 '트집을 잡다'로 옮긴 말, 원문으로는 '간(間)' 한 글자의 번역인데, 주자는 '결점을 지적해서 비난하다'고 풀이했다. '사이'라는 말에서 '끼어들다', '이간질하다' 등으로 확장되어 갔는데, 요즈음 항간의 말로 '지적질'을 하다는 뜻을 금세 떠올릴 수 있겠다. 민자건이 효자라는 그 부모와 형제의 말에 대해서 사람들이 아무도 이의를 제기하지 않고 모두 동의했다는 것이다. 민자건의 도덕적 행위가 객관적으로 널리 인식된 정황을 보여준다.

민자건은 무엇보다 효에 뛰어난 사람으로 기억되어 왔고, 지금 중국에서도 효의 표본으로 기억되고 '소비되고' 있다. 민자건에게 효는 관념이 아니었다. 어머니를 일찍 여의고 새로 맞은 계모가 두 아들을 두었는데, 계모는 겨울에 자기가 낳은 두 아들에게는 솜옷을 입히고 전처의 아들인 민자건에게는 갈꽃을 넣은 옷을 입혔다. 그 사실을 안 아버지가 후처를 내치려고 하자 민자건은 저 유명한 말, "어머니 계시면 한 아들이 춥지만 어머니 떠나시면 세 아들이 고아가 됩니다."는 말로 만류하였다고 한다. 이복동생과 계모가, 전처가 낳은 아들과 배다른 형을 칭찬하기는 쉬운 일이 아니다. 인지상정일 것이다. 두 이복동생들과 계모가 효자라고 칭찬을 하는데, 그 말에 대해서 누가 이의를 제기하겠는가.

이 장은 『소학』에도 그대로 들어 있다. 또, 원나라 학자 곽거경(郭居敬, ? ~1354)이 효자 스물넷을 뽑아 오언절구로 찬양한 시집(『전상이십사효시(全相二十四孝詩)』)을 간행하였고, 명나라 때 거기에다 그림을 더해서 만들어진 『이십사효도(二十四孝圖)』가 지금까지 유행하고 있는데, 민자건은 역시 공자의 제자인 자로와 함께 스물넷 중에 하나로 들어 있다.

그래서 민자건은 중국에서 언제나 인기 있는 인물이다. 여러 지역에 그의 사당과 묘지가 남아 있다. 1074년에 제남(濟南)에 있던 민자건의 묘소와 사당을 중수했을 때 소동파의 아우인 소철(蘇轍)이 글을 짓고 그 글을 동파가 손수 써서 비석을 세웠다(「濟州閔子祠記」). 안휘성(安徽省) 소현(蕭縣), 안휘성 숙주시(宿州市), 산동성 비현(費縣), 산동성 제남(濟南), 하남성 범현(範縣) 등에 민자건의 유적과 사당 및 묘소가 있다. 묘소는 제남과 범현 두 곳에 있는데, 제남시 백화공원(百花公園) 옆에 자리한 민자건 묘에는 제남 효문화박물관(孝文化博物館)이 함께 있다.

중국에서 두 개 이상의 묘소가 있는 인물은 드물지 않다. 민자건뿐만 아니라 상황을 고려하면 묘소가 있을 수 없는 자로 같은 경우도 묘소가 여러 곳에 있고, 시대를 내려가서 당나라 때의 시인인 두보 같은 경우도 묘소가 두 곳에 있다.

충신(忠信)과 충서(忠恕)

043 **증자가 말했다.**
"나는 매일 세 가지로 나 자신을 반성한다. 남을 위해 도모하면서 충(忠)이 아니었던가? 친구와 사귀면서 신(信)이 아니었던가? 선생님께 배운 것을 익히지 않았던가?" (0104)

曾子曰, "吾日三省吾身, 爲人謀而不忠乎? 與朋友交而不信乎? 傳不習乎?"

【字義】 1. **省(성)** : 살피다, 반성하다. 2. **謀(모)** : 꾀하다, 도모하다. 3. **傳(전)** : 전하다.

【설명】 증자는 이렇게 말한다. 나는 매일 세 가지 항목으로 나 자신을 반성한다. 남을 위해 무엇인가 도움을 주려고 하면서 충실(忠實)함, 진심으로 나의 최선을 다하는 자세를 결여하고 있지는 않았던가? 그것이 첫 번째다. 친구와의 교제에서 신의(信義)를 결여하고 있지는 않았던가? 그것이 두 번째다. 마지막 한 가지는, '선생님께 전해 받은, 배운 것을 익히지 않았던가?'이다. 공자는 증자를 두고 "노둔하다"고 평가한 적이 있다. 이런 자기반성으로 하루하루 새로워진 결과, 주요 제자 중에서 가장 어린 데다 자질이 노둔하기까지 했던 증자가 공자를 이어가는 제자로 되었을 것이다.

충과 신, 곧 충신(忠信)은 공자 가르침에서 중요한 덕목이다. 충은 글자 모양대로 중(中)과 심(心)의 복합자이다. 속내, 진실, 진심이라는 의미이고, 자기의 진심을 다한다는 뜻이다. 신은 '충'을 실천해서 행동으로 드러나는 것.

한문의 특성에서 기인하지만, "선생님께 배운 것을 익히지 않았던가?"라는 말의 원문인 "전불습(傳不習)" 석 자는 두 가지로 읽을 수 있다. 일반적인 독법으로는 전(傳), 곧 '스승에게 전해 받은 것'을 불습(不習), '익히지 않다'로 읽는다. 하지만 '불습', 곧 내가 미처 익히지 못한 것, 나도 모르는 것을 남에게 전하다로 읽을 수도 있다. 주자 이전의 고주(古注)는 후자 쪽으로 읽었다. 한문의 일반적인 독법으로는 '불습을 전하다'로 읽는 쪽이 더 자연스럽다.

전(傳)이라는 글자의 의미를 스승에게 전해 받은 것, 스승에게 배운 것이 아니라 고전(古典)으로 보는 설도 있다. 성경현전(聖經賢傳)이라는 말이 있지만, 전(傳)에는 책이나 주석이라는 의미도 있기 때문이다. 왕양명(王陽明, 1472~1529)의 저술로 양명학의 중요한 텍스트인 『전습록(傳習錄)』은 그 이름을 이 구절에서 얻었다.

이 장은 『논어』의 첫 편인 학이편의 제4장이거니와, 학이편은 제1장-공자, 제2장-유자 / 제3장-공자, 제4장-증자의 발언으로 편집되어 있다. 곧, 학이편은 공자의 발언에 제자의 말이 이어지는 방식으로 편집되어 있다. 학이편 제3장에서 공자는 교인영색을 비판했는데, 4장은 공자의 그 가르침을 충실하게 실천하고 있는 증자의 모습을 기록하고 있다. 『논어』에 증자의 죽음이 기록되어 있거니와, 증자의 제자들은 그들의 스승인 증자의 수많은 가르침 중에서 바로 이 말을 뽑아서 공자 발언에 이어둔 것이다.

공자 제자 중에서 가장 뛰어난 사람으로는 안회와 자로가 우선 꼽힐 텐데, 두 사람 모두 공자보다 한두 해 앞에 죽었다. 안회(서기전 481), 자로(서기전 480), 공자(서기전 479)의 순으로, 한 해 차이로 작고했다. 증자는 공자의 학문을 다음으로 이어준 제자다. 즉, 증자의 제자가 공자의 손자인 자사(子思, 서기전 483~402)이고, 자사가 작고하고 한 세대, 30년 뒤에 태어난 맹자(서기전 372~289)는 자사의 학문을 이었다고 한다. 공자-증자-자사-맹자로 이어진다고 한다.

사서(四書)는 송나라 이후로 중시되어온 유가의 기본 경전이지만, 『대학』은 증자의 손에 이루어졌고 『중용』은 자사가 엮었다고 한다. 시기적으로 『논어』가 제일 먼저, 『대학』과 『중용』이 중간에, 『맹자』가 제일 나중에 이루어졌다고 한다. 주자의 설명이다. 하지만, 『대학』과 『중용』은 둘 다 『예기』의 한 개 편이므로, 『예기』라는 문헌의 성립과 관련해서, 사서의 성립 시기를 위와는 다르게 설명하는 학설이 있다.

044 · 유자가 말했다.

"약속이 의(義)에 가까우면 약속한 말을 실천할 수 있으며, 공손이 예에 가까우면 치욕을 멀리할 수 있으며, 사람을 친할 때 친할 만한 이를 잃지 않으면 또한 존경할 만하다." (0113)

有子曰, "信近於義, 言可復也. 恭近於禮, 遠恥辱也. 因不失其親, 亦可宗也."

【字義】 1. **復(복)** : 실천하다. 2. **恥辱(치욕)** : 부끄럽고 욕됨.

【설명】 난해한 내용이다. 먼저 앞부분의 의미는 이러하다. 약속을 어

기지 않는다는 것, 그것이 무조건적인 도덕은 아니다. 의로움에 가까운 약속이라야 비로소 지킬 수 있다. 마찬가지로 공손이란 무조건 칭찬받을 일은 아니다. 과공비례(過恭非禮)라고, 지나친 공손은 예가 아니라는 말이 있지만, 예에 어긋나지 않은 공손이라야 비로소 치욕에서 멀어질 수 있다.

하지만 달리 읽는 방법도 있다. '약속'으로 옮긴 말은 원문으로 '신(信)'이거니와, 신이란 그 속성이 의(義)에 가까워서, 신의에 기초한 말은 실천할 수 있다. 공손은 예에 가까워서, 치욕을 멀리 할 수 있다. 요컨대 신(信)과 공손은 의(義) 그 자체 예(禮) 그 자체는 아니다. 그러나 그것들에 가까운 속성이 있다. 왜냐하면 신(信)이 있으면 말은 미덥게 되고, 공손이 있으면 치욕을 받을 위험이 적어지니까. 이렇게도 읽을 수 있다.

원문에다 우리가 한문을 읽어온 전통적인 방식으로 토를 달아보면, 앞쪽 곧 번역문의 경우는 "신근어의(信近於義)면"이 되고, 달리 읽는 방법으로 제시된 경우는 "신근어의(信近於義)하여"가 된다. 그래서 두 경우로 각각 번역을 하면 "약속이 의에 가까우면", "신이란 의에 가까워서"가 된다. 다음 이어지는 구절도 마찬가지다.

마지막 구절의 "사람을 친할 때"는 원문으로 '인(因)'인데, '내가 남에게 의지할 때'로 풀이하는 것이 보통의 설, 곧 주자의 설이다. 하지만 필자는 '친하다(親)'로 풀이한 공안국(孔安國, 서기전156~74)의 설을 따랐다. 의지할 사람이건 친할 사람이건, 때로는 나의 운명을 좌우할 수 있는 존재다. 친할 만한 사람을 제대로 선택하기는 누구에게든 쉬운 일이 아닐 테다. 그러므로 사람을 미리 알아보는 명석함이 있다면 존경할 만하다는 말이다. 원문의 종(宗)을 '존경하다'로 풀이한 것 역시 공안국의 설이다. 주자는 종주(宗主)라고 풀이하고 '주인으로 삼다' 로 설명하고 있지만, 『논어』와 『시경』 등에 보이는 종(宗) 자의 용례를 두루 찾아본 결과 존경, 존숭의 의미로 읽는 쪽이 좋을 듯하다. 마지막 한 구절은 인(因)과 종(宗) 두 글자의 의미를 둘러싸고 온갖 가지 기발한 설이 제시되어 있다. 인(因)의 경우는 발음이 같은 글자인 인(姻)으로 읽어서, '혼인에서 그 친할 만한 이를 잃지 않으면'으로 읽는 설도 당연히 있다. 무슨 의미인지 알 수 없다는 쪽이 차라리 옳을지도 모르겠다.

045 · **공자 말씀하셨다.**
"남이 자기를 알아주지 않음을 걱정 말고, 남을 알지 못함을 걱정해라."
(0116)

子曰, "不患人之不己知, 患不知人也."

【字義】 1. **患(환)** : 근심.

【설명】 남에게 인정받지 못하는 것은 고민할 일이 아니다. 알아주고 않고는 남의 결정이다. 내 일이 아니다. 남과 상관없이 내가 할 일을 하는 태도가 중요한데, 내가 먼저 제대로 알아야 한다. 『논어』의 이본에 따라서는 아래쪽 구절, 원문으로 말하면 '환부지인야(患不知人也)'에서 인(人) 자가 없는 텍스트가 있다. 남한테서 인정받을 만한 점, 인정받을 만한 실상이 없는 것이야말로 진정한 고민거리라고 읽힌다. 『논어』 제4편 (「이인(里仁)」)에 있는 "자기를 알아주는 이가 없음을 걱

정 말고, 알려질 수 있기를 구해야 한다."[5]와 같은 뜻으로, 결국 학이편 첫 머리의 '남이 알아주지 않아도 불만스러워 않다.'와 같은 의미라고 생각된다. 또한 비슷한 말로서 「헌문(憲問)」 편에 "남이 자기를 알아주지 않음을 걱정 말고, 자기가 능력이 없음을 걱정해라.",[6] 「위령공(衛靈公)」 편에 "군자는 자신이 무능한 것을 걱정하지, 남이 자기를 알아주지 않음을 걱정하지 않는다."[7]가 있다.

오늘 나의 모습은 어제 내가 지은 것이다. 다른 누구 탓이 아니다. "생각을 조심해라, 말이 된다. 말을 조심해라, 행동이 된다. 행동을 조심해라, 습관이 된다. 습관을 조심해라, 성격이 된다. 성격을 조심해라, 운명이 된다. 우리는 생각하는 대로 된다." 30여 년 전에 영국 총리를 지낸 대처(Margaret Thatcher, 1925~2013) 여사를 다룬 영화 「철의 여인」에서 늙고 병든 대처가 의사에게 하는 말이다. 어릴 때 그녀 아버지에게 들은 말이었다고 덧붙이는데, 『탈무드』에 있는 격언이라고 한다.

『논어』나 『맹자』 같은 책에서 놀랍도록 같은 말을 자주 볼 수 있지만, 다른 문화권이라도 이런 식견은 서로 통하게 마련이다. 아무도 모르는 머릿속 자기 혼자만의 생각이 결국 자신의 운명이 되는 것이다. 맹자는 '반구저기(反求諸己)' 곧 잘못된 일의 원인을 다른 데서 찾지 말고 '돌이켜 자기 자신에게서 구해야 한다.'고 말했거니와, 우리는 남을 탓할 겨를이 없다. 오로지 내 딋이다.

『논어』 제1편 학이편은 16개의 장으로 이루어져 있다. 마지막 장인 제16장은 제1장 제3절과 비슷한 말이다. 곧, 학이편 전체는 수미(首尾)

5_ 不患莫己知, 求爲可知也.
6_ 不患人之不己知, 患其不能也.
7_ 君子病無能焉, 不病人之不己知也.

맥락이 하나로 연결되어 있다.

046 · **공자 말씀하셨다.**
"삼(參)아! 나의 도(道)는 하나로 일관되어 있단다."
"예!" 하고 증자는 대답하였다.
공자가 나가시자, 문인들이 물었다.
"무엇을 말씀하신 것입니까?"
증자는 대답했다.
"선생님의 도는 충(忠)과 서(恕)일 뿐입니다." (0415)

子曰, "參乎! 吾道一以貫之." 曾子曰, "唯." 子出, 門人問曰, "何謂也?" 曾子曰, "夫子之道, 忠恕而已矣."

【字義】 1. **參(삼)** : 증자의 이름. 2. **貫(관)** : 꿰다. 3. **唯(유)** : 오직. 여기서는 '예'라고, 신속하게 하는 대답.

【설명】 일이관지(一以貫之) 곧 '하나로 꿰뚫다'는 말이지만, 공자는 여러 제자가 모여 있는 자리에서 특별히 증자를 불러서 따로 지적해 일러주었다. 충(忠)이란 자기 양심에 충실하고 진실한 것, 서(恕)란 다른 사람의 처지를 마치 자기의 일처럼 여기는 것이다. 이 두 가지 덕목에 의해서 "선생님의 도는 일관되어 있다." 요컨대 공자의 행동이나 사상은, 현상으로서는 각양각색의 방식으로 나타나지만, 그 근저에는 통일된 하나가 관류(貫流)하고 있다. '통일된 하나'의 내용은 충서(忠恕)라는 사실을 증자는 금세 알아들었으므로, 메아리가 되울리듯이

"예!"라고 대답한다. 듣자마자 바로 깨달았다는 말이다.

일이관지라는 말은 『논어』에 한 차례 더 보인다. 공자가 사(賜), 곧 자공에게 일러준 말이다. "사(賜)야! 너는 내가 많이 배워서 잘 기억한다고 여기느냐?" 자공은 대답한다. "그렇습니다. 아니십니까?" '그렇습니다.' 한 마디 대답을 하면서, 자공은 순간적으로 알아차렸다. '아, 그런 게 아니셨습니까?' 공자는 다시 말한다. "아니란다. 나는 하나로 일관되어 있다."[8] 증자에게 일러줄 때와는 달리 '도'라는 글자가 없다. 하지만 같은 취지의 말이다.

하나의 일관된 원리를 증자는 충서라고 설명했지만, 충서라는 일관된 원리로 자신을 통일하고 있다는 공자의 말은 중요하다. 곧, 충서란 유가 사상에서 매우 중요한 개념이다. 일반적으로 충은 진기(盡己), 자기를 다하는 것, 곧 자신의 도덕성을 고도로 계발하고 각성하는 것, 서는 추기(推己) 곧 각성된 자기를 널리 다른 이에게로 미루어가는 것이라고 하고, 글자를 따라서 충(忠)은 중심(中心) 곧 내적인 성실성, 서(恕)는 여심(如心) 곧 내 마음과 같이 남을 이해한다는 의미로 설명하기도 한다. 충서라는 말은 따라서, 도덕적으로 각성된 자기의 참된 마음을 미루어서 남을 생각하고 배려하는 덕이라고 할 수 있다. 충서가 둘이 아니고 하나라고 했으므로, 결국 공자 가르침의 이상인 인(仁)의 두 측면으로 이해할 수 있다.

이와 관련해서 자공과 공자의 다음 대화도 같이 읽어볼 만하다.

자공이 여쭈었다. "단 한 마디 말로서 종신토록 행할 만한 것이 있습니까?" 평생 마음에 간직해두고 실천해야 할 단 한마디의 말이 있다면 어떤 말입니까? 어려운 질문이다. 공자는 서슴없이 대답한다. "서(恕)일 테지. 자기가 하고자 하지 않는 것을 남에게 베풀지 말아야 한

8_ 子曰, "賜也, 女以予爲多學而識之者與?" 對曰, "然, 非與?" 曰, "非也, 予一以貫之." (1503)

다."[9]

자기 자신이라면 어떻게 할까, 내 입장이라면 어떨까 생각할 수 있다면 세상은 훨씬 아름다워질 것이다. 조화로운 인간 세상을 넘어서 인간과 자연의 관계에도 미루어 적용할 만한 가르침이다.

한데, 이 조목에 대해서 필자는 다소 엉뚱한 상상을 하나 더해두고 싶다. 이 책의 뒤쪽인 145번 조목, 곧 『논어』 전체에서 하나의 장으로서는 제일 분량이 많은 「선진편」 24장(1124)의 대화에 대해서 필자는 증자의 아버지 증점이 주인공이라는 말을 해두었다. 한데 이 장, 『논어』 제4편(「里人」) 15장은, 좀 과한 말이지만, 『논어』라는 책의 주인공이 증자라는 점을 보여주고 있다. 증자는 공자보다 46세나 어린데다, 공자가 73세로 작고하던 해에 스물여섯 살에 불과하였다. 이 장의 대화가 이루어진 시기를 알 수 없지만, 스물 남짓한 증자만 공자의 일이관지를 이해할 수준에 이르고 그보다 적어도 열여섯 일곱 연장이었던 안회나 자공 같은 제자는 그렇지 못하였다는 것, 어떻게 이해해야 할까?

047 · 공자 말씀하셨다.
"모난 술잔인 고(觚)가 모가 없다면, 고이겠느냐, 고이겠느냐." (0625)

子曰, "觚不觚, 觚哉! 觚哉!"

【설명】 고(觚)란 술잔의 일종이다. 고주에는 마융(馬融)의 설을 인용하여, "고는 예에 쓰이는 그릇으로, 한 되 들이를 작(爵)이라 하고 두 되

9_ 子貢問曰, "有一言而可以終身行之者乎?" 子曰, "其恕乎! 己所不欲, 勿施於人." (1524)

들이를 고라 한다."고 한다. 두 되 들이 술잔이라면 아주 큰 듯하지만, 고대의 두 되는 지금과 달라서 그렇게 큰 것은 아니었다고 하는 설이 있다.

한(漢)나라 때의 저작인『오경이의(五經異義)』에, "한 되 들이를 작(爵)이라고 하고 두 되 들이를 고라고 하고 석 되 들이를 치(卮)라고 하고 넉 되 들이를 각(角)이라고 하고 다섯 되 들이를 산(散)이라고 한다."고, 다섯 종의 술잔을 열거한 가운데서는 작은 쪽에서 두 번째이고, 게다가 그 뜻을 설명하여, "고는 과(寡)이니, 술을 적게 마셔야 할 때 쓴다."고 풀이하고 있다.

한데, 이 장의 의미는 술잔의 크기나 종류에 있지 않다. 고(觚)라는 글자에 '모, 모나다'는 의미가 있거니와, 고라는 술잔은 애초 모가 있는 형태였다. 둥글고 길쭉한데 중간 부분은 사각으로 되어서 네 모서리가 있는 형태가 공자 이전 고의 모양이었던 듯하다. 모가 있으므로 고라고 불리는 술잔인데, 모가 없이 완전히 둥근 모양이라면 고라고 부를 이유가 없어지는 것이다. 아마도 공자 당시에 모가 없는 형태의 새로운 디자인이 등장했으리라고 짐작할 수 있겠다.

[청동으로 된 觚. 중국 산동성박물관 소장]

사람이라면 누구나 지녀야 할 그 무엇, 그것을 지적한 말이겠다.『논어』제6편 옹야(雍也) 제25장의 말이지만, 바로 다음 장은 재아(宰我)의 질문으로 인(仁)에 대한 토론이 편집되어 있다. 어쩌면 인을 염두에 둔 편집일 지도 모르겠다. 하지만 사람이 갖추어야 할 덕목을 두루 지적한 것으로, 폭넓게 읽어도 좋다. 무슨 말이든 넣어서 비슷한 의미의 격언을 만들어볼 수 있겠다. 짠맛을 잃는다면 소금이겠느냐, 밝음을 잃는다면 빛이겠느냐.

군자와 소인

048 · **공자 말씀하셨다. "군자는 그릇이 아니다."** (0212)

子曰, "君子不器."

【설명】 요시카와 코지로[吉川幸次郎]는 "신사(紳士)는 기술적(技術的)이지 않다."고 옮겼다. 그는 『논어』에 나오는 군자를 시종일관 신사로 옮기고 있다. 지금 일본어에서는 어떤지 알지 못하지만, 일본어에서 신사라는 말은 애초 군자와 치환될 정도의 품격을 지닌 말이었던 듯하다. 한국어에서 신사는 그런 정도의 의미를 지닌 것 같지는 않다. 해서, 필자는 군자라는 말을 다른 용어로 바꾸지 않는 것이 좋다고 생각한다.

자왈(子曰) 두 자를 빼면 겨우 군자불기(君子不器) 넉 자뿐이다. 짤막하므로 호소력이 있어서, 널리 많은 사람들의 뇌리에 기억되어 있는 말이다. 한데 기(器)라는 말은 의미가 다양하다.

그릇이란 애초 용도를 상정하고 만드는 것이다. 곡식이나 물 따위를 저장하는 그릇은 크고 개인용 식기는 작다. 밥공기는 둥글고 접시는 평평하다. 군자는 특정한 한두 가지 능력을 익혀서 그 그릇 속에 갇히지 않는다는 것이다. 보통은 이런 정도로 이해한다. 그것으로 충분하다.

한데, '그릇'이라는 우리말이 갖는 의미와 마찬가지로 중국에서 기(器)라는 말 역시 '그릇'과 함께 '그릇됨', '재능'의 의미를 지닌다. 『주역』「계사(繫辭)」에, 역시 공자의 말이지만, "형상이 있는 것을 기라고 한다."라고 하고, 또 "형이상(形而上)을 도(道)라고 하고, 형이하(形而下)를 기라고 한다."[10]는 말이 있다. 기란 눈에 보이지 않는 도리의 구현으로서, 눈에 보이는 형상을 가진 것이다. 도(道)와 상대적으로 쓰이는 말이다.

해서, '군자는 그릇이 아니다.'는 말은, 눈에 보이는 세계 곧 형이하의 세계에만 관심을 가질 것이 아니라, 그런 세계를 움직이는 이면의 그 무엇, 곧 형이상의 세계를 언제나 의식해야 한다는 의미로 읽을 수도 있겠다.

049 · **자공이 군자를 여쭈자 공자 말씀하셨다.**
"먼저 그 말하려는 일을 행하고, 이후에 말을 해야 한다." (0213)

子貢問君子. 子曰, "先行其言, 而後從之."

【설명】 말을 앞세우고 행동은 나중에 하라는 가르침은 세상에 없다. 동서양 누구든, 언제나 실천이 더 중요하다고 한다. 원문을 보면 공자의 말은 "선행기언, 이후종지(先行其言, 而後從之)" 여덟 글자다. 앞

10_ 形而上者謂之道, 形而下者謂之器.

뒤를 넉 자씩으로 읽는 것이 보통의 설이다. 중국어의 특성에 기인하겠지만, 한문은 넉 자로 한 구를 이루는 경우가 많다. 그렇게 읽을 때, 선행기언(先行其言) 넉 자는 "먼저 그 말을 행하라", 곧 말을 먼저 하라는 쪽으로 오해되기 쉽다. "말하려고 하는 일을 행동으로 먼저 실천하라."는 의미라고 짐작을 할 수 있지만, 아무래도 한 번 더 생각한 뒤의 일이다.

해서 구두를 "선행, 기언이후종지(先行, 其言而後從之)"로 달리 해서, "행동을 먼저하고" 두 자를 먼저 읽고 "그 말이 뒤에 따라야 한다."로 읽는 독법이 있다. 현재는 대개 이렇게 읽는다. 그러나 이 방식은 중간의 '이(而)'라는 조사의 처리가 자연스럽지 못한 문제를 안고 있다.

『논어』에서 이 장과 관련되는 발언은 많지만, 우선 "옛적에 말을 쉽게 내지 않았던 것은 몸이 따르지 못함을 부끄러워해서였다."는 말이 있다.[11] 쉽게 내뱉는 말에 몸 곧 실천이 따르지 못할 것은 당연하다. "고자(古者)", "옛적에"라고, 어느 특정 개인의 일이 아니라 시대의 일로 말을 해서, 공자보다 더 오랜 예전에는 그런 훌륭한 풍조가 있었다고 한다. 언제였을까?

또, "군자는 말을 부끄럽게 내고, 행동을 말보다 앞서게 한다."는 가르침도 있다. 원문으로 보면 주어인 군자 두 글자 다음에 접속사 '이(而)' 자를 가운데 두고 7자인데, '치기언(恥其言)', '과기행(過其行)'을 대구로 읽는 것이다. 같은 말을, "군자는 말을 하고서 그 말이 행동을 넘는 것을 부끄러워한다."로 읽을 수도 있다.[12] 기언이과기행(其言而過其行) 6자를 부끄러울 치(恥) 자의 목적으로 읽는 것이다.

11_ 子曰, "古者言之不出, 恥躬之不逮也." (0422)
12_ 子曰, "君子恥其言而過其行." (1427)

050 · **공자 말씀하셨다.**

"군자는 보편적이어서 패거리를 짓지 않으며, 소인은 패거리만 짓고 보편적이지 못하다." (0214)

子曰, "君子周而不比, 小人比而不周."

【字義】 1. **周(주)** : 두루, 골고루. 2. **比(비)** : 따르다, 좇다.

【설명】 고주에는 주(周)는 충신(忠信), 비(比)는 아당(阿黨)이라고 하고, 주자는 각각 보편과 편당(偏黨)이라고 한다. 군자는 사람을 사귈 때 진실한 마음으로 두루 포용해서, 한계를 설정해두고 패거리를 짓지 않는다. 자기 이익을 앞세우지 않으므로 그럴 수 있다. 반대로 자기 이익만 좇아 패거리를 짓는 소인에게 진정한 우정이란 있을 수가 없다.

북송의 학자이자 정치가인 구양수는 「붕당론(朋黨論)」에서 "군자와 군자는 도를 같이 하는 사람끼리 벗이 되고, 소인과 소인은 이익을 같이 하는 사람끼리 벗이 되니, 이것은 자연스런 이치다. 하지만 나는 소인은 벗이 없고, 오직 군자만 벗이 있다고 생각한다."고 말한다.

051 · **공자 말씀하셨다.**

"군자는 조화로워서 부화뇌동하지 않으며, 소인은 부화뇌동하기만 하고 조화롭지 못하다." (1323)

子曰, "君子和而不同, 小人同而不和."

【설명】 군자는 의(義)를 높이 여기므로 이익을 따라 붙좇지 않고, 소인은 자기 이익을 먼저 생각하므로 남과 조화로운 관계를 갖기 어렵다.

052 · **공자 말씀하셨다.**

"군자는 자긍심이 높지만 다투지 않으며, 많은 사람들과 어울리지만 패거리를 짓지 않는다." (1522)

子曰, "君子矜而不爭, 羣而不黨."

【설명】 矜(긍)은 '뽐내다', '자랑하다'는 말이지만, 긍지와 자긍심을 갖는 것이다. 군자는 자긍심을 갖지만, 남과 견주어서 삐거덕거리는 일은 없다. 羣(군)은 群과 같은 글자로, '무리', '무리를 짓다'는 뜻인데, 조화롭게 남과 어울리는 것이다. 남한테 빌붙거나 자기 이익을 생각하지 않으므로 패거리를 짓는 일이 없다.

053 · **공자 말씀하셨다.**

"군자는 세상일에 있어서 오로지 주장하는 것도 없으며, 절대로 하지 않는다는 것도 없어서, 의(義)를 따를 뿐이다." (0410)

子曰, "君子之於天下也, 無適也, 無莫也, 義之與比."

【설명】 "오로지 주장하는 것도 없다."는 말은 원문에서 '무적(無適)'의 번역인데, 적(適)이란 일차적으로 '가다'는 뜻이다. 주자는 '전적으로, 오로지 주장하다.'라는 뜻이라고 설명하였다. 오로지 어떤 방향으로

만 가야 한다고 자기 고집을 내세우는 일이 없다는 말이다. "절대로 하지 않는다는 것도 없다."는 말은 원문에서 '무막(無莫)'인데, 막(莫)이란 '없다'는 뜻이다. 주자는 '하려고 하지 않는다.'는 의미라고 설명하였다. 막무가내로 하지 않으려고 하는 일은 없다는 말이다. 요컨대 군자는 어떤 일에 대해서건 자기의 주관적인 호오(好惡)를 미리 갖지 않는다. 군자의 생각과 행동의 기준은 자기 선입견이나 고집이 아니라 의(義)라는 말이다.

원문의 마지막 구절인 '의지여비(義之與比)' 넉 자는 '여의비지(與義比之)'의 도치로, 그대로 번역하면 "의(義)와 더불어 따르다."라는 말이다. '비(比)'는 따르다는 의미이다. 의(義) 자를 앞쪽에 내세워서 강조한 표현이다.

054 · **공자 말씀하셨다.**

"군자는 덕을 생각하고 소인은 평안하게 살기만을 생각하며, 군자는 법을 생각하고 소인은 은혜를 생각한다." (0411)

子曰, "君子懷德, 小人懷土, 君子懷刑, 小人懷惠."

【字義】 1. **懷(회)** : 생각하다, 품다. 2. **土(토)** : 평안하다. 3. **刑(형)** : 법, 형벌.

【설명】 어떻게 하면 덕을 이루고 쌓아갈까? 군자의 관심사다. 어떻게 하면 잘 먹고 평안하게 지낼까? 소인의 관심사다. 공동의 규율을 먼저 생각하는 사람과, 자기 이익만을 위해서 잘못을 저지르고도 예외를

인정해주기를 바라는 사람은 종류가 다르다. 한쪽은 군자가 되고 다른 쪽은 소인이 된다.

대전 북쪽의 회덕(懷德)은 지금도 교통의 요충으로 방송에서 자주 들을 수 있는 지명이지만,『논어』의 이 구절과 관계가 없지 않을 것이다. 송시열(宋時烈, 1607~1689)과 송준길(宋浚吉, 1606~1672)이라는 두 걸출한 인물을 배출한 곳으로 기억되기도 한다.

055 · 공자 말씀하셨다.
"군자는 의(義)에 밝고, 소인은 이익에 밝다." (0416)

子曰, "君子喩於義, 小人喩於利."

【字義】1. **喩(유)** : 깨닫다, 밝다.

【설명】앞장과 같은 취지다. 소인이란 언제나 사리, 자기 이익을 우선하는 부류이다.

056 · 공자 말씀하셨다.
"군자는 말에는 어눌하고 행동에는 민첩하려고 한다." (0424)

子曰, "君子欲訥於言而敏於行."

【字義】1. **訥(눌)** : 어눌하다, 말을 더듬거리다. 2. **敏(민)** : 민첩하다, 재빠르다.

【설명】 이 장에서 유래해서, 눌언민행(訥言敏行)이라는 말이 성어로 쓰인다. 일관된 가르침이지만, 말은 느리고 행동은 빨라야 한다. "병은 입으로 들어오고 재앙은 입에서 나온다."는 등의 말에 대한 격언은 이루 헤아릴 수 없이 많다.

한데, 『표준국어대사전』에서 눌언민행이라는 단어에 대한 설명은 이러하다. "[명사] 말은 느려도 실제 행동은 재빠르고 능란함." 『논어』에서의 의미와는 한참 동떨어진 풀이다. 그렇게 사용되는 경우가 있는지, 국어에 서툰 필자는 알지 못하겠다. 중국에서도 일본에서도 여러 사전들은 모두 『논어』의 본디 의미로 설명되어 있는데, 우리나라에서만 그 의미가 다르다고 한다.

057 · **공자 말씀하셨다.**

"군자는 평탄하여 여유가 있고, 소인은 언제나 근심 걱정에 싸여 있다." (0737)

子曰, "君子坦蕩蕩, 小人長戚戚."

【字義】 1. **坦(탄)** : 평탄하다, 평안하다, 너그럽다. 2. **蕩蕩(탕탕)** : 넓고 큰 모양, 마음이 툭 트이는 모양, 물이 솟구쳐 흐르는 모양. 3. **戚戚(척척)** : 근심하고 두려워하는 모양, 근심 걱정하는 모양.

【설명】 대단히 함축적인 말이다. "군자는 도리에 따르므로 항상 활짝 펼쳐져서 편안하고, 소인은 외물(外物)에 부려지므로 항상 근심하여 고통스런 일이 많다."는 것은 정자(程子)의 설명이다. 이토 진사이는 "군자는 언제나 자신을 단속하므로 그 마음이 도리어 너그럽고 넓고, 소인은 스스로 방종하므로 언제나 근심 걱정을 면치 못한다."고 하였

다. 조선 후기의 학자인 위백규(魏伯珪, 1727~1798)는 "소인의 병의 근원은 단지 한 글자 '나 아(我)' 자이다. 마음속에 '아'가 있으면 하늘같이 큰길이 있더라도 발을 디딜 곳이 없다."고 하였다.
맹자가 말한 "위로 하늘에 부끄러움이 없고, 아래로 사람에게 부끄러움이 없다."는 경지, 곧 스스로 도덕적 흠결이 없는 상태야말로 평탄하고 여유 있는 군자의 경지이겠다.

058 · **공자 말씀하셨다.**
"질(質 : 타고난 바탕)이 문(文 : 후천적인 교양)을 이기면 촌스럽고, 문이 질을 이기면 겉치레만 번드르르 한 사람이니, 문과 질이 적당히 조화로워야 군자다." (0618)

子曰, "質勝文則野, 文勝質則史. 文質彬彬, 然後君子."

【字義】 1. **質(질)** : 바탕, 자질. 2. **野(야)** : 들판, 촌스럽다, 거칠다. 3. **彬彬(빈빈)** : 적절하게 조화를 이루는 모양.

【설명】 '질'이란 타고난 천성 그대로의 소박한 바탕이고, '문'이란 교육을 통해서 얻은 후천적인 교양이다. 문질빈빈(文質彬彬)이라는 말이 성어로 쓰이거니와, 문과 질 두 가지는 서로 적절하고 조화롭게 어울려서 인간의 바람직한 생활을 성립시키는 중요한 요소다.
촌스럽다는 말은 원문에서 '야(野)'의 번역인데, '야하다', '교양 없다'는 의미이고, 더하자면 '도회적 세련미가 없다'는 말이겠다. 그와 반대로 '겉치레만 번드르르 한 사람'이라고 옮긴 '사(史)'는 나라의 역사

기술, 제사의 제문 등을 담당한 언어와 문화를 관장하는 관리라고 한다. 여기서의 '사' 자는 의미가 바뀌어, 사람을 대하는 태도가 닳고 닳아 반질반질한 태도가 지나쳐서 진지함이나 성실함과는 거리가 있는 이를 가리킨다. 요컨대 타고난 바탕과 후천적인 교양 중에서 어느 한 쪽이 너무 지나치면 온전한 사람이 못 된다. 그 두 가지가 적절하게 조화되어야 비로소 군자다.

059 · **공자 말씀하셨다.**
"공손하되 예가 없으면 수고롭고, 삼가되 예가 없으면 두렵고, 용맹스럽되 예가 없으면 혼란하고, 상직하되 예가 없으면 너무 박절하다.
군자가 어버이에게 독실하면 백성들이 인(仁)에 흥기(興起)하고, 오랜 친구를 버리지 않으면 백성이 야박해지지 않는다." (0802)

子曰, "恭而無禮則勞, 愼而無禮則葸, 勇而無禮則亂, 直而無禮則絞. 君子篤於親, 則民興於仁, 故舊不遺, 則民不偸."

【字義】 1. **愼(신)** : 삼가다, 신중하다. 2. **葸(사)** : 두려워하다. 3. **絞(교)** : 묶다, 목을 매다. 여기서는 급박, 절박하다. 4. **篤(독)** : 돈독하다, 도탑다. 5. **遺(유)** : 버리다. 6. **偸(투)** : 야박하다, 구사하다.

【설명】 이 장의 앞부분 절반은 문화생활의 기준이고 법칙인 예의 가치를 말한 것이다. 공손, 신중, 용맹, 정직의 네 가지는 훌륭한 행동이지만, 예라는 기준에 따라서, 예에서 벗어나지 않아야 한다. 그렇지 않으면 수고롭기만 하고, 두려워서 어찌할 줄을 모르게 되고, 질서가 없

이 혼란에 빠지고, 곧이곧대로 할 줄만 알아서 목이 졸려 질식하는 것과 같은 상태가 된다.

"군자가 어버지에게 독실하면" 이하를 주자는 앞과는 다른 별도의 장으로 본다. 『논어』에서 장(章)의 구분은 학자에 따라 달라지는 곳이 많다. 여기의 '군자'는 아래의 '백성'과 대비해서 쓰이고 있으므로 군주를 가리킨다. 군주가 "어버이에게 독실하면" 즉 친속에 대한 애정이 두터우면 백성들도 그것을 보고 배워서 '인(仁)에 흥기'하여, 인의 실천에 힘쓰게 된다. 또한 군주가 '고구(故舊)', 옛날 친숙하게 지낸 사람, 예를 들면 왕자였을 때의 선생이나 학우 등을 잊지 않고 버리지 않는다면 백성들도 그것을 보고 배워서 풍속이 야박하게 되지 않는다. 사람을, 사람과의 인연을 소중하게 여기는 풍속이 만들어진다.

060 · **공자 말씀하셨다.**

"군자는 남의 아름다움을 이루어주고 남의 악을 이루어주지 않으니, 소인은 이와 반대이다." (1216)

子曰, "君子成人之美, 不成人之惡. 小人反是."

【설명】『순자』에 "군자가 남의 덕을 높이고 남의 아름다움을 널리 알리는 것은 아첨이 아니다." 하였고, 『사기 · 제자열전』에 "자공은 남의 아름다움을 널리 알렸고, 남의 잘못을 숨기지 못하였다."고 하였다. 남의 잘못을 숨기지 않아야 남의 악을 이루어주지 않게 된다.

061 · 사마우(司馬牛)가 군자를 묻자, 공자 말씀하셨다.

"군자는 근심하지 않으며 두려워하지 않는다네."

"근심하지 않으며 두려워하지 않으면 군자라 이를 수 있습니까?"

"안으로 자신을 반성하여 조그마한 하자도 없으니, 무엇을 근심하며 무엇을 두려워하겠나?" (1204)

司馬牛問君子, 子曰: "君子不憂不懼." 曰: "不憂不懼, 斯謂之君子矣乎?" 子曰: "內省不疚, 夫何憂何懼?"

【字義】 1. **疚(구)** : 근심, 꺼림칙하다, 마음이 괴롭다.

【설명】 사마우는 공자 제자로 자는 자우(子牛), 이름은 리(犁) 혹는 경(耕)으로 나타나는데, 한 사람의 두 가지 이름이 아니라 서로 다른 두 사람이라는 설도 있다. 송나라에서 사마(司馬) 직위에 있었던 그 형 상퇴(向魋)는 환공(桓公)의 후예여서 환퇴(桓魋)라고도 불렸는데, 무뢰배여서, 공자를 죽이려고 했다. 상퇴의 위협에 공자는 "하늘이 나에게 덕을 주었으니, 환퇴가 나를 어쩌겠는가."[13](0722)라는 말을 남기고 있다. 그런 형에 대한 걱정이 이 질문의 동기라고 한다.
이 장에서는 '안으로 자신을 반성하여 도덕적 하자가 없다.'는 의미의 성어인 내성불구(內省不疚)라는 말이 유명하다. 군자란 그런 사람이다.

062 · 사마우가 걱정하였다.

13_ 子曰, "天生德於予, 桓魋其如予何?"

"사람들은 모두 형제가 있는데 나만 없어요."
자하(子夏)가 말했다.
"나는 들으니, '사생은 운명이 있고, 부귀는 하늘에 달려 있다.' 하셨다네. 군자가 공경하여 실수가 없고, 남과 사귐에 공손하고 예가 있으면 사해(四海) 안의 사람들이 다 형제라네. 군자가 어찌 형제 없다 걱정하겠나?" (1205)

司馬牛憂曰, "人皆有兄弟, 我獨亡." 子夏曰, "商聞之矣, 死生有命, 富貴在天. 君子敬而無失, 與人恭而有禮. 四海之內, 皆兄弟也, 君子何患乎無兄弟也?"

【字義】 1. **亡(무)** : 없다. 2. **商(상)** : 자하의 이름.

【설명】 앞 장에 이어서 사마우가 그의 형을 염려하는 말이다. 그 걱정을 들은 자하, 곧 복상(卜商)은 공자께 들은 말로 위로를 하는데, 대단히 유명한 말이다. '사람이 죽고 사는 것은 운명이 있고 부귀는 하늘에 달렸다.' 공자가 운명론으로 기울어서 한 말이 아니라는 것은 이어지는 그 다음 구절로 분명해진다. 공경하고 예가 있는 태도로 남을 대하면 사해지내(四海之內) 곧 온 세상 사람이 모두 형제다. 형제 없는 것은 걱정할 일이 아니다. 사해가 다 동포라는 것은 혈연의 유대를 우선하는 유가 가르침의 본령에서는 벗어난 말이라고, 후세 학자들은 비판한다.
사해라는 말은 『논어』에 두 차례 보이는데, 또 다른 예는 제일 끝 편인 요왈편에 보이는 '사해곤궁(四海困窮)'이라는 말이다. 황하 중, 상류 지역을 기반으로 발달한 고대 중국 문명에서 바다는 가까운 존재가 아니었다. 그런데도 모호한 서쪽이나 북쪽 바다까지 억지로 넣어서 동서남북 네 바다를 상정하고 그 안쪽이 중국이라고 인식한 것은 중국인 특유의 균형감각에서 비롯된 사고방식이라고 생각된다.

063 · **자공이 여쭈었다.**

"어떠해야 사(士)라고 말할 만합니까?"

공자 말씀하셨다.

"몸가짐에 부끄러움이 있으며 다른 나라에 사신으로 가서 군주의 명을 욕되게 하지 않으면 '사'라 이를 만하다."

"감히 그 다음을 여쭙겠습니다."

"종족이 효성스럽다고 칭찬하고 마을사람들이 공손하다고 칭찬하는 것이다."

"감히 그 다음을 여쭙니다."

"말을 반드시 미덥게 하고 행동에는 반드시 결과를 보는 것은 국량이 좁고 깐깐한 소인이지만, 그래도 그 다음이 될 만하다."

"지금 정치에 종사하는 자들은 어떻습니까?"

공자 말씀하셨다.

"아! 한 말이나 한 말 두 되들이 정도의 자잘한 인간들을 어찌 헤아릴 것 있겠느냐?" (1320)

子貢問曰, "何如斯可謂之士矣?" 子曰, "行己有恥, 使於四方, 不辱君命, 可謂士矣." 曰, "敢問其次." 曰, "宗族稱孝焉, 鄕黨稱弟焉." 曰, "敢問其次." 曰, "言必信, 行必果, 硜硜然小人哉! 抑亦可以爲次矣." 曰, "今之從政者何如?" 子曰, "噫! 斗筲之人, 何足算也?"

【字義】 1. **何如(하여)** : 어떠하다, 무엇과 같다. 2. **辱(욕)** : 욕, 욕되다. 3. **次(차)** : 다음, 버금가다. 4. **宗族(종족)** : 성(姓)과 본(本)이 같은 겨레붙이. 일가. 5. **鄕黨(향당)** : 고장, 고을. 6. **果(과)** : 과감하다, 과단성이 있다. 7. **硜硜然(경경연)** : 융통성 없이 깐깐한 모양. 8. **噫(희)** : 탄식하는 소리나 모양. 9. **斗筲之人(두소지인)** : 도량이 좁은 사람이라는 뜻으로, 두는 한 말들이 말, 소는 한 말 두되들이 대그릇.

【설명】 자공이 여쭈었다. 어떤 조건을 가지면 '사'라고 할 수 있습니까? 이 장의 '사' 자의 의미는 뒤의 문답으로 보아 훌륭한 관리라는 뜻으로 생각된다. 하지만 군자라는 말과 붙어서 사군자(士君子)라는 말이 있거니와, 이 장의 대화에서 당시에 이미 관리라는 의미 이외에 군자다운 덕을 지닌 이를 가리키는 말로도 쓰였다는 사실을 알 수 있겠다. '몸가짐에 부끄러움이 있으며'라고 옮긴 행기유치(行己有恥)라는 말은 성어로 쓰이기도 하거니와, 도덕의 기준을 벗어나지 않는 행동을 하는 것을 이른다. 그런 덕을 지니고 나라 위한 임무를 잘 이루어 내는 사람이야말로 최고의 인재다. 행기유치란, 단순히 '사'의 조건일 뿐 아니라 인간의 조건으로서도 중요하다. '행기유치' 넉 자를,『논어』 옹야편(雍也篇)의 '박학어문(博學於文)'과 댓구로 해서 대문짝의 양쪽에 붙여둔 것을 중국에서는 종종 볼 수 있다.
자공의 물음에서 촉발된 것이지만, 세 가지로 나눈 등급에서 둘째 등급의 인재는 효제, 부모와 어른들에 대한 예의를 잘 지키는 사람이다. 설명을 더할 필요가 없겠다. 세 번째 등급은 말이나 행동이 조금도 빈데가 없는 사람, 툭하면 규정을 내세우고 융통성은 손톱만큼도 없는 사람, 인정머리하고는 거리가 먼 사람이다. 공자는 '지혜가 무엇이냐'는 제자 번지의 물음에 '사람을 아는 것'(1222)이라고 답한 적이 있다.

공자와 그 제자들의 관심사 중에서 중요한 일은 사람을 아는 것이었다. 자공이 그 다음 또 그 다음으로 질문을 확장해 가는 것은 그러한 학단의 분위기와 교육의 결과일 것이다.
자공이 마지막으로 궁금한 것은 지금 정치에 종사하고 있는 자들에 대한 공자의 평가였다. 이 장에서 또 하나 유명한 성어는 '한 말이나 한 말 두 되들이 정도의 자잘한 인간'이라는 말, 원문으로는 두소지인(斗筲之人)인데, 당시 노나라 위정자들에 대한 공자의 평가다.

064 · **공자 말씀하셨다.**
"사(士)가 도에 뜻을 두고서 나쁜 옷과 나쁜 음식을 부끄러워하는 자는 더불어 도를 의논할 수 없다." (0409)

子曰, "士志於道, 而恥惡衣惡食者, 未足與議也."

【설명】 사(士)는 지식인, 학생, 인재, 관료 등등으로 경우마다 다르게 이해되지만, 여기서는 공부의 과정에 있는 젊은이라고 보고 싶다. 자기가 추구하는 이상을 획득하고 실현하는데 뜻을 두고 있는 사람, 그런 열정으로 가슴이 뜨거운 사람에게 좋은 옷 맛난 음식은 우선의 관심사가 아니다. 입고 먹는 네 마음이 쏠려 있는 자와는 "더불어 의논하기에 부족하다." 무엇을 의논하느냐? 첫 구절로 미루어 도를 가리키는 것이 분명하다.
공자와 그의 젊은 제자들이 먹고 입는 조건은 어떠했을까. 춘추시대라는 시대를 살아낸 사람들의 경제적 여건은 어떠했을까. 이상이 높은 사람은 현실의 어려움에 좌절하지 않는다. 어느 시대나 청년들, 젊은이들은 대개 이상을 크게 여긴다. 그래서 인간 사회는 한 걸음이라도 앞으로 나아간다. 공자의 이런 말은 그의 젊은 동지들을 격려하고 고무했을 것이다.

065 · **공자 말씀하셨다.**

"군자는 섬기기는 쉬워도 기쁘게 하기는 어렵다. 기쁘게 하기를 바른 도리로써 하지 않으면 기뻐하지 않으며, 사람을 부릴 때는 그릇에 따라 부린다.

소인은 섬기기는 어려워도 기쁘게 하기는 쉽다. 기쁘게 하기를 비록 바른 도리로 하지 않더라도 기뻐하며, 사람을 부릴 때는 온갖 능력을 다 갖추기를 요구한다." (1325)

子曰: "君子易事而難說也, 說之不以道, 不說也, 及其使人也, 器之. 小人難事而易說也, 說之雖不以道, 說也, 及其使人也, 求備焉."

【字義】 1. **易(이)** : 쉽다. 2. **使(사)** : 부리다. 3. **求備(구비)** : 求는 요구하다, 備는 갖추다. 한 사람이 온갖 능력을 다 갖추기를 요구하다.

【설명】 군자를 기쁘게 하는 바른 도리란 어떤 것일까? 연암 박지원(1737~1805)은 "사대부는 절대로 물건으로써 사람을 기쁘게 해서는 안 된다."고 하였다. 돈과 물건 이외에 무엇으로 사람을 기쁘게 할 수 있을까? 순자는 "남에게 훌륭한 말을 해주는 것은 금석(金石)과 주옥(珠玉)보다 더 중하다."고 했다(『荀子 · 非相』).

바른 도리로 하지 않더라도 기뻐한다니, 소인을 기쁘게 하는 방법이란, 말을 하잘 것 없겠다. "그릇에 따라 부린다."는 기지(器之) 두 자의 번역이다. 군자는 부리지 못할 사람이 없다. 군자 아래서 일을 하면 누구든 역량에 걸맞은 일을 하게 된다. 구비(求備)란 한 사람이 온갖 능력을 다 갖추기를 요구한다는 의미다. 소인은 부릴 수 있는 사람이 없다. 소인이 위에 있으면 그 아래 있는 사람은 온갖 가지 잡다한 일에 치어서 언제나 정신이 없다.

066 · **공자 말씀하셨다.**
"군자는 평안하되 교만하지 않고, 소인은 교만하기만 하고 평안하지 못하다." (1326)

子曰, "君子泰而不驕, 小人驕而不泰."

【설명】 주자는, 군자는 천리를 따르므로 평안하고, 소인은 인욕을 따르므로 그렇지 못하다고 한다. 태(泰)는 태연하다, 평안하다는 의미.

067 · **공자 말씀하셨다.**
"사(士)로서 편하기를 생각하면 '사'가 될 수 없다." (1402)

子曰, "士而懷居, 不足以爲士矣."

【설명】 이 장에서 사(士)가 뜻하는 인간상은 군자와 차이가 없을 듯하다. 군자이면서, 군자라고 하면서 자기 개인의 편안한 생활만을 생각

하는 인간은 군자될 자격이 없다. 군자는 도를 추구하느라 편안할 틈이 없는 법이다.

'편하기를'이란, 원문으로는 '거(居)' 한 글자인데, 주자는 '편안한 곳을 생각하는 것'이라고 풀이하였다. 개인의 집 또는 사적인 생활을 의미한다고 볼 수도 있다. 『논어』 첫 편인 「학이」 편에서 군자는 "먹되 배부르기를 구하지 않고 거처하되 안락하기를 구하지 않는다."고 할 때의 '거처'를 거(居)로 표현했지만, 그와 유사한 의미를 갖는다. '생각하면'은 원문으로는 '회(懷)' 자인데, '생각하다'(마음이 끌리다, 그리워하다)로 새기면 '그것을 마음에 두는 것'이지만, '편안하다'(만족하다, 안심하다)로 하면 사적인 생활의 안락함에 안주하는 것이다. 어느 쪽으로 풀이하든 의미에 큰 차이는 없다.

068 · **공자 말씀하셨다.**

"군자로서 인(仁)하지 못한 자는 있지만, 소인으로서 인한 자는 있지 않다." (1406)

子曰, "君子而不仁者有矣夫, 未有小人而仁者也."

【설명】『논어』에는 군자와 소인, 선과 불선, 인과 불인을 같은 문장에 대조적으로 드러냄으로써 그 차이를 분명하게 보여주는 경우가 많다. 그런 예의 하나로서 유명한 장이라고 생각된다.

069 · **공자 말씀하셨다.**

"군자는 위로 통달하고, 소인은 아래로 통달한다." (1423)

子曰, "君子上達, 小人下達."

【설명】 역시 군자와 소인을 선명하게 대비해서 드러내보였다. 군자는 상달(上達) 곧 위로 통달하고, 반대로 소인은 하달(下達) 곧 아래로 통달한다. 군자는 순리를 따르므로 날마다 맑고 밝아지고, 소인은 자기 욕심만 우선하므로 날마다 비천해진다.
상달과 하달이라는 말은 대단히 선명해서 자주 사용될 법한데, 의외로 『논어』를 비롯해서 춘추전국시대의 많은 책에서 찾아보기 어렵다. 『논어』에서도 하달이라는 말은 이 장에서만 보이고, 상달이라는 말만 제14편(헌문) 35장에 한 차례 더 보인다. 공자는 자신의 학문적 태도를 두고 "하학상달(下學上達)" 즉 아래로 배워서 위로 통달했다고 말하였다. 아래로 인사(人事) 곧 사람의 일, 세상의 일을 배워서 위로 천리(天理) 곧 하늘의 법칙에 통달했다고 말한다.

070 · **공자 말씀하셨다.**
"군자의 도가 세 가지인데, 나는 능한 것이 없다. 인자(仁者)는 근심하지 않고, 지자(智者)는 의혹되지 않고, 용사(勇者)는 두려워하지 않는다."
자공(子貢)이 말하였다.
"선생님께서 겸손하게 말씀하신 것이다." (1428)

子曰, "君子道者三, 我無能焉, 仁者不憂, 知者不惑, 勇者不懼." 子貢曰, "夫子自道也."

【설명】 군자가 지녀야 할, 실천해야 할 도리가 세 가지다. 지금 우리는 보통 지·인·용(智仁勇)의 순서로 말을 하지만, 공자는 인과 지와 용이라고 한다. 세 가지를 체득하여 근심하지 않고 의혹되지 않고 두려워하지 않는 군자가 되기, 공자의 목표다. 하지만 공자 자신은 셋 중에서 어느 것도 잘하지 못한다고 고백한다. 자공은 그 말을 듣고, 공자의 자기 고백이 아니라 자도(自道), 스스로 겸손한 말이라고 한다.
원문으로 보아서 첫머리 '도자삼(道者三)'의 도(道)를 형이상의 도라고 읽지 않고 유(由) 곧 '말미암다, 따르다'로 읽어야 한다는 설이 있다. 그러면 '군자가 따라야 할 것, 군자가 행해서 덕을 이루어나가야 할 것이 세 가지'이니, '인이란 근심하지 않고 지혜란 의혹되지 않고 용기란 두려워하지 않는 것이다.'로 읽힌다.
『논어』에서 이와 유사한 말로, "지혜로운 자는 의혹되지 않고, 인한 자는 근심하지 않고, 용맹한 자는 두려워하지 않는다."는 말이 있다. 지자(知者)와 인자(仁者)의 순서가 맞바뀌었다.[14]

071 · **공자 말씀하셨다.**
"군자는 의(義)를 바탕으로 삼고, 예로써 행하며, 겸손으로써 표출하며, 신의로써 이루나니, 이야말로 군자답다." (1518)

子曰, "君子義以爲質, 禮以行之, 孫以出之, 信以成之. 君子哉!"

【설명】 의(義) 한 글자가 이 장의 주인이다. 질(質)은 바탕, 자질. 군자

14_ 子曰, "知者不惑, 仁者不憂, 勇者不懼."(0929)

란 정의로움을 내면의 본질로 지녀서, 예에 맞게 행동하고 겸손하게 표현하고 신의로 완성한다. 손(孫)은 지금 손(遜)으로 쓴다. 역시 나중에 글자가 더 생겨서 의미가 분화된 것이다. 출(出)은 표출, 표현하다는 의미.

072 · **공자 말씀하셨다.**
"군자는 종신토록 이름이 일컬어지지 못함을 싫어한다." (1520)

子曰, "君子疾沒世而名不稱焉."

【字義】 1. **疾(질)** : 싫어하다. 2. **沒世(몰세)** : 죽을 때까지, 종신토록. 沒은 '죽다'는 의미인 '몰(歿)'과 통한다.

【설명】 군자는 병으로 여기고 싫어한다. 세상에서 사라지도록, 죽을 때까지, 평생토록, 세상에 이름이 일컬어져서 드러나지 못하는 것을. 앞에서 볼 수 있었지만, 『논어』에 "마흔이나 쉰이 되어도 이름이 들리지 않는다면 그런 사람은 족히 두려울 것 없다."는 말이 있었다.(0923) 마흔이나 쉰 정도가 되면 세상에 이름이 들려야 한다는 것이다. 현실 참여를 중요하게 여기는 유가의 기본적인 입장을 잘 보여주는 말이다. 주자는 '군자의 학문은 남이 알아주기를 구하지 않지만, 종신토록 이름이 일컬어지지 않는다면 실상이 없음을 알 수 있다.'고 한다. 사마천은 사기열전의 제1편인 백이열전(伯夷列傳)에서 『논어』 이 장의 말을 그대로 인용하고 있다.
필자는 『논어』를 처음 접했을 때 이 장을, '군자는 세상에서 사라지고 나서 이름이 일컬어지지 않음을 싫어한다.'고 읽었는데, 나중에 찾아보니 고주 가운데는 그렇게 읽은 것도 있었다. 위에 인용한 『논어』 제9편의 말이나 백이열전의 인용 등으로 보아, 죽은 뒤에가 아니라 죽을 때까지, 살아생전에 이름이 일컬어지지 못함을 싫어한다고 읽는 쪽이 낫다.

전혀 다른 쪽의 해석으로, 칭(稱)을 '일컬어지다'가 아니라 '걸맞다'로 읽을 수도 있다. '군자는 몰세(沒世), 죽고 나서, 이름이 걸맞지 않은 것을 싫어한다.' 이름이란 죽은 뒤에 나라에서 받는 이름, 곧 시호를 이른다. 생전에 훌륭한 행실이 없이 사후에 좋은 시호를 받는 당시 시법(謚法)의 문제를 지적한 말로 보는 설이다.

073 · **공자 말씀하셨다.**

"군자는 자신에게서 찾고, 소인은 남에게서 찾는다." (1521)

子曰, "君子求諸己, 小人求諸人."

【설명】 군자는 자기를 돌아보아서, 일이 잘못된 이유를 자기 내부에서 찾는다. 소인은 남을 탓하느라 자기를 돌아볼 틈이 없다. 맹자는 이를 반구저기(反求諸己)라는 말로 정리했거니와, 유가의 기본적인 입장을 잘 보여주는 말이다.

074 · **공자 말씀하셨다.**

"군자는 말을 잘한다고 해서 그 사람을 들어 쓰지 않으며, 사람이 나쁘

다 하여 그의 좋은 말을 버리지 않는다." (1523)

子曰, "君子不以言擧人, 不以人廢言."

【설명】"덕이 있는 자는 반드시 훌륭한 말이 있거니와, 말만 잘하는 자는 반드시 덕이 있지는 않다."(1405)는 말이 『논어』에 있고, "좋아하면서도 그의 나쁜 점을 알고, 싫어하면서도 그의 좋은 점을 아는 자는 세상에 드물다."는 말이 『대학』에 있지만, 인재를 선발하는 위치에 있는 사람이라면 선입견 없는 공정한 눈을 갖도록 노력해야 한다.

075 · **공자 말씀하셨다.**
"군자는 세 가지 조심할 일이 있다. 젊을 때는 혈기가 아직 안정되지 않았으므로 경계할 일이 여색에 있고, 장성해서는 혈기가 한창 강하므로 경계할 일이 싸움에 있고, 늙어서는 혈기가 쇠약해지므로 경계할 일이 탐욕에 있다." (1607)

孔子曰, "君子有三戒, 少之時, 血氣未定, 戒之在色, 及其壯也, 血氣方剛, 戒之在鬪, 及其老也, 血氣旣衰, 戒之在得."

【설명】원문을 보면 "자왈(子曰)"이 아니라 "공자왈(孔子曰)"로 되어 있다. 『논어』 전체에서 오직 제16편(「季氏」) 제2장부터 11장까지 10개 장과 『논어』의 제일 끝 편인 제20편(「堯曰」) 제3장에서만 볼 수 있는 현상이다. 제16편부터 뒤쪽 5개 편과 그 앞쪽 열다섯 개 편은 여러 가지로 다르다는 것을 누구나 금세 느낄 수가 있지만, 이전 우리 학

자 중에서 그런 말을 한 사람은 없다.

사람의 일생을 꿰뚫어본 공자의 조언이다. 군자는 일생의 세 시기에 따라 계(戒), 경계할 일, 조심할 일 세 가지가 있다. 아마도 30대 이전의 젊은 시기에는 무엇보다 이성과의 관계를 조심해야 한다. 30대 이후의 장년기는 일생에 의미 있는 활동을 할 시기이지만, 사회 생활에서 파생되는 남과의 갈등에 조심해야 한다. 노욕이니 노탐이니 하는 말이 있지만, 50~60대 이후의 노년기에는 탐욕을 조심해야 한다.

076 · **공자 말씀하셨다.**

"군자는 세 가지 두려워하는 일이 있으니, 천명을 두려워하며, 대인(大人)을 두려워하며, 성인의 말씀을 두려워한다. 소인은 천명을 알지 못하여 두려워하지 않으며, 대인을 함부로 대하며, 성인의 말씀을 업신여긴다." (1608)

孔子曰, "君子有三畏, 畏天命, 畏大人, 畏聖人之言. 小人不知天命而不畏也, 狎大人, 侮聖人之言."

【설명】 대인이란 두 가지로 생각할 수 있다. 도덕적으로 훌륭한 인격자, 또는 대부나 군주 정도로, 지위가 높은 사람을 이른다.

077 · **공자 말씀하셨다.**

"군자는 아홉 가지 생각해야 할 일이 있다. 볼 때는 분명하게 보기를 생각하고, 들을 때는 밝게 듣기를 생각해야 하고, 얼굴빛은 온화하게 갖기

를 생각해야 하고, 용모는 공손하게 지니기를 생각해야 하고, 말은 충직하기를 생각해야 하고, 일은 경건하기를 생각해야 하고, 의심나는 일은 묻기를 생각해야 하고, 분한 일은 어려워지는 경우를 생각해야 하고, 이득을 보면 정의로운지를 생각해야 한다." (1610)

孔子曰, "君子有九思, 視思明, 聽思聰, 色思溫, 貌思恭, 言思忠, 事思敬, 疑思問, 忿思難, 見得思義."

【설명】 상론, 『논어』의 앞쪽에서 이런 식의 말은 없다. 뒤쪽으로 갈수록 조목을 들어서 길게 나열하는 말이 늘어난다. 수신을 위해서 생각해야할 아홉 가지 일, 구사(九思)라는 말은 당연히 우리말에서도 쓰이는 단어이고, 국어사전에는 다음과 같이 풀이되어 있다.

"군자가 항상 명심하여야 할 아홉 가지 일. 명백히 볼 것, 총명하게 들을 것, 부드러운 안색을 가질 것, 공손한 몸가짐을 할 것, 믿음이 있는 말만 할 것, 일을 공경하고 삼갈 것, 의심이 나는 것을 물을 것, 분한 일을 당했을 때 사리를 따져 생각할 것, 이득을 보았을 때 의를 생각할 것이 있다."

의문을 가질 만한 조목은 없지만, 다만 '분한 일은 어려워지는 경우를 생각해야 한다.'는 말은, 분한 일을 당했을 때, 그 자리에서 당장 분기탱천해서 일을 그르쳐서는 안 되고, 그럴수록 차분하게 생각하고 행동해야 한다는 의미다. 그렇지 않았다가 나중에 형편이 거꾸로 되어서 갖은 곤란을 당하는 사례는 드물지 않다.

구사와 함께 구용(九容) 역시 자주 들어볼 수 있는 말이었다. 용(容)은 용모, 모양, 모습이라는 의미지만, 아홉 가지 각각을 들어 보이자면 위에서 본 국어사전의 풀이처럼, '용'이라는 글자는 번역에서 차라리 제외하는 쪽이 더 간명하다. '발걸음 모양은 무겁게' 식으로 늘어 놓을 것은 없으므로.

"발걸음은 무겁게, 손가짐은 공손하게, 눈은 단정하게, 입은 열리지 않게, 목소리는 조용하게, 머리는 곧게, 기운은 엄숙하게, 서서는 덕스럽게, 얼굴은 엄숙하게."[15]

『서경』 홍범(洪範)에 '오사(五事)'라고 해서 수신의 다섯 가지 일로 용모, 말하기, 보기, 듣기, 생각하기를 들고, 각각 공손하게, 조리 있게, 명석하게, 분명하게, 세심하게 해야 한다고 설명하고 있는 것과 연결되는 말들이다.[16] '오사'라는 말 역시 국어사전에서, "홍범구주(洪範九疇)의 하나. 외모, 말, 보는 것, 듣는 것, 생각하는 것을 이른다. 외모는 공손해야 하고, 말은 조리 있어야 하며, 보는 것은 밝아야 하고, 듣는 것은 분명해야 하며, 생각하는 것은 지혜로워야 한다는 것이다."라고 풀이하고 있다.

078 · 자하가 말했다.
"소인은 허물을 지으면 반드시 꾸며 가린다." (1908)

子夏曰, "小人之過也必文."

【설명】 공자 제자인 자하의 말이다. 과실 그 자체보다도 교묘하게 덮어 감추고 변명하기가 더 큰 잘못이 되는 일은 흔하다. 문(文)은 보통 좋은 의미의 글자이지만, 여기서는 '수식하다, 꾸미다.'는 뜻으로, 부

15_ 足容重, 手容恭, 目容端, 口容止, 聲容靜, 頭容直, 氣容肅, 立容德, 色容莊. (『예기』, 「옥조(玉藻)」)
16_ 一曰貌, 二曰言, 三曰視, 四曰聽, 五曰思; 貌曰恭, 言曰從, 視曰明, 聽曰聰, 思曰睿.

정적인 의미를 갖고 있다. 문과식비(文過飾非)라는 말이 있다. 과오 곧 잘못을 꾸며 가리고 덮어 감춘다는 말이다. 사전에서는 '허물이나 과실을 덮어 감추다, 잘못을 교묘하게 숨기다.'는 의미로 풀이된다.
주자는 "소인은 잘못을 고치기를 꺼리고, 자기를 속이기를 꺼리지 않는다. 그래서 반드시 꾸미고 덮어 가려서 자기 잘못을 더 무겁게 한다."고 설명했다. 여기의 문(文) 자는 바로 이어지는 아래 장(079)에 인용된 『맹자』 원문의 '사(辭)' 곧 '변명하다'는 말과 의미가 통한다.

079 · **자공이 말했다.**
"군자의 허물은 일식 월식과 같아서, 잘못을 하면 사람들이 모두 보고, 허물을 고치면 사람들이 모두 우러러본다." (1921)

子貢曰, "君子之過也, 如日月之食焉, 過也, 人皆見之, 更也, 人皆仰之."

【설명】 아름다운 비유다. 지금은 일식을 '日食' 또는 '日蝕'의 두 가지로 표기한다. 경(更)은 고치다, 앙(仰)은 우러르다.
이 장의 내용은 『맹자』에 그대로 인용되어 있다. 자공의 말이라는 설명이 없이 『맹자』 자신의 말에 녹여서 사용하고 있다. "옛날 군자는 잘못을 하면 고쳤는데, 지금 군자는 잘못을 하면 그대로 밀고 나가버린다. 옛날 군자는 그 허물을 짓는 것이 일식 월식과 같아서 사람들이 모두 보았고, 허물을 고치면 사람들이 모두 우러러 보았다. 지금 군자는 어찌 다만 그대로 밀고 나가버리기만 할까. 거기에 더해서 변명까지 해댄다."[17]

17_ "且古之君子, 過則改之; 今之君子, 過則順之. 古之君子, 其過也, 如日月之食, 民皆見之; 及其更也, 民皆仰之. 今之君子, 豈徒順之, 又從爲之辭." (『맹자』, 「공손추」 하편)

'그대로 밀고 나가버린다'로 길게 옮긴 말은 『맹자』 원문에서는 '순(順)' 한 글자인데, 주자 주석에 '수(遂)', '이루다'로 설명되어 있다. 잘못을 고치지 않고 그대로 이루어 버린다. '변명'이라고 옮긴 말은 맹자 원문에 '사(辭)'인데, 말이라는 뜻 외에 '변명하다'는 의미가 있다.

080 · **위(衛)나라 영공(靈公)이 공자께 진법(陣法)을 묻자, 공자 대답하셨다.**
"제사에 대한 일은 일찍이 들었습니다만, 군대에 대한 일은 배우지 못하였습니다."
다음날 마침내 떠나셨다.
진(陳)나라에 계실 때 양식이 떨어져서 따르는 자들이 병들어 일어나지 못하였다. 자로가 성난 얼굴로 뵙고는
"군자도 궁할 때가 있습니까?"
하자, 공자 말씀하셨다.
"군자야말로 진실로 궁할 수가 있으니, 소인은 궁하면 넘쳐버린다."
(1501)

衛靈公問陳於孔子. 孔子對曰, "俎豆之事, 則嘗聞之矣, 軍旅之事, 未之學也." 明日遂行.
在陳絶糧, 從者病, 莫能興. 子路慍見曰, "君子亦有窮乎?" 子曰, "君子固窮, 小人窮斯濫矣."

【字義】 1. **陳(진)** : 진을 치다. 陣과 같다. 2. **俎豆(조두)** : 제사와 연회에서 음식을 담는 그릇이었지만 나중에는 주로 제기를 가리키는 말로

되었다. 3. **軍旅(군려)** : 군대. 4. **遂(수)** : 마침내. 5. **陳(진)** : 춘추 시기 나라 이름. 6. **絶糧(절량)** : 양식이 떨어지다. 7. **興(흥)** : 일어서다, 일어나다. 8. **窮(궁)** : 곤궁하다. 9. **斯(사)** : 곧, 바로. 10. **濫(람)** : 넘치다.

【설명】 "위령공(衛靈公)" 석 자로 시작하는 『논어』 제15편의 제1장이다. 처음의 '진(陳)' 자는 '진(陣)' 자와 같아서, 전쟁에서 진을 치는 방법이다. 영공은 앞쪽 학이편에서 이미 설명이 있었다(012를 참고). 군대의 일에 대한 질문을 받은 공자는 답하였다. '조두(俎豆)'의 조(俎)는 제사나 의식에서 고기를 올려두는 그릇이고, 두(豆)는 역시 의식에서 음식물을 담는 나무그릇이다. 곧, '조두지사(俎豆之事)'란 예에 관한 일을 의미하고, 그것이라면 들어서 알고 있다고 한다. 그러나 '군려지사(軍旅之事)', 전쟁에 관한 일은 공부한 적이 없다고 하고, 그 다음날 바로 위나라를 떠나버렸다. 공자는 군대에 대한 일도 알았지만 일부러 대답하지 않은 것이라고 대개의 주석이 말하고 있지만, 그런 천착은 쓰잘 데 없는 것이다. 하루도 칼바람이 불지 않는 날이 드물었던 시대를 살면서, 군대에 대한 일에 대해서는 대답하지 않았다는 사실 자체가 귀중한 것이다.

"다음날 마침내 떠나셨다."는 말은 원문으로 "명일수행(明日遂行)" 넉 자인데, 넉 자를 앞쪽으로 붙여 읽기도 하고 뒤쪽으로 붙여 읽기도 한다. 거기서 두 개의 서로 다른 장으로 나누는 것이 일반적이다. 필자는 붙여서, 하나의 장으로 읽었다.

애초 그다지 기대하기 어려웠던 영공에게 여전히 한 가닥 희망을 버리지 않았던 공자는 이날 영공이 하는 질문을 듣고, 그 다음날 마침내 떠나버렸다. '수(遂)', '마침내, 드디어'라는 말은 그런 심리적 갈등 이후의 결단을 표시한다.

진(陳)은 지금 하남성(河南省) 허창(許昌)과 강소성 박주(亳州)의 중간 즈음에 있는 회양현(淮陽縣), 이전의 지명으로는 진주(陳州)를 수도로 한 작은 나라다. 공안국(孔安國)에 따르면, 진나라는 마침 오(吳)의 침략을 받아 기근이 들었으므로 공자 일행에게 식량을 지원할 수가 없었다고 한다. 『사기』의 설명은 달라서, 남쪽의 큰 나라인 초(楚)가 공자를 초빙하려는 의향이 있음을 진(陳)과 채(蔡)나라가 듣고, 공자를 써서 초나라가 더욱 강대해질 것을 두려워하여 공자가 초나라에 가는 것을 저지하기 위해 군대를 동원하여 포위하였다. 그 때문에 식량이 끊긴 것이었다고 한다.

공자를 따르던 제자들은 굶어서, 일어설 기력조차 없었다. 제자 중에서는 나이가 많은 자로가 거기까지 수행하였다는 점을 알 수 있는 자료다. 아마도 오십대 후반 즈음이었을 것으로 짐작된다. 직설적인 성격 그대로 벌컥 성을 내어 묻는다. '군자도 곤궁할 일이 있습니까?' 여기 군자라는 호칭에는 공자가 포함되어 있는 것이지만, 비꼬거나 야유하는 의미가 담긴 듯한 느낌이다.

공자의 대답은 역시 경청할 만하다. 군자라야 진실로, 제대로 곤궁할 수가 있다네. 아무리 곤궁해도 본색을 지키는 게 군자라네. 소인은 곤궁하면 제자리를 지키지 못해. 마구 넘쳐흘러서 이리저리 떠돌아 사라져버리지. 대략 이런 취지의 말이겠다. 원문으로 고궁(固窮) 두 글자를, '곤궁을 확고하게 지킨다.'고 읽을 수도 있다.

나중에 하남성 회양현에는 이 시기 그 고장에서 갖은 고생을 한 공자를 기려서 문묘가 건축되었다. 또, 양식 없어 굶주리면서도 악기를 연주하고 노래를 불렀다는 공자를 기려서 지은 현가대(弦歌台), 일명 액대(厄台)와 절량사(絶粮祠)도 몇 차례 중수를 거쳐서 남아 있다.

인(仁)이란 무엇인가

081 · **공자 말씀하셨다.**
"교묘한 말 알랑거리는 얼굴은 인이 드물다." (0103)

子曰, "巧言令色, 鮮矣仁."

【설명】 교언영색(巧言令色) 넉 자는 우리에게 익숙한 말이다. 속내를 숨기고 좋은 말 좋은 얼굴로 자신을 포장하는 데 여념이 없는 사람한테 인(仁), 곧 도덕적 성실성을 기대하기는 어렵다.

교인영색이라는 말은 공자 이전에 이미 널리 쓰였다. 『서경』에 두 차례나 보인다. 공자는 이미 익숙하고 널리 쓰이는 말을 끌어다가 가치를 부여한 것이다. 그런 사람에게는 "인이 드물다"고. 여기서 '드물다'는 말은 사실 '전혀 없다'와 같은 말이지만, 공자의 어법은 그렇게 야박하고 박절하지 않다. 여유를 남겨둔다.

『논어』 제17편(「양화(陽貨)」) 제15장이 이 장과 꼭 같다. 『논어』에서 꼭 같은 말이 두 차례 보이는 예는 드물지 않다. 공자의 가르침이 여러 제자들에 의해서 다양하게 기록으로 남았다고 생각할 수 있겠다.

교언이라는 말은 『논어』 제15편(「위령공(衛靈公)」) 27장에도 언급이 있다. "교묘한 말은 덕을 어지럽히고, 작은 일을 참지 못하면 큰일을 그르친다."[18]

고증학의 선구자인 명말청초의 학자 고염무(顧炎武, 1613~1682)는 "불인(不仁)한 사람은 두 부류가 있으니, 하나는 윗사람한테 대들기 좋아하고 혼란을 일으키기 좋아하는 자이고, 하나는 교언영색하는 자

18_ 子曰, "巧言亂德, 小不忍, 則亂大謀."(1527)

이다."고 말한다.[19] 『논어』의 한 개 한 개 장을 고립적으로 읽지 않고 하나의 시각을 세워서 일관성 있게 읽는 독법을 보여주었다.

082 · 공자 말씀하셨다.
"오직 인한 자라야 사람을 좋아할 수 있고 사람을 미워할 수 있다."
(0403)

子曰, "唯仁者能好人, 能惡人."

【설명】 惡(오)는 '미워하다.' 인한 자, 즉 인간에 대한 애정을 가진 자, 그런 사람만이 정말로 사람을 좋아하는 것도 가능하고 사람을 미워하는 것도 가능하다. 『논어』에서 이 장과 관련되는 내용 하나를 이어 붙여둔다.

자공이 여쭈었다.
"군자도 미워하는 사람이 있습니까?"
공자 말씀하셨다.
"미워하는 사람 있지. 남의 나쁜 점을 말하는 자를 미워하고, 아래에 있으면서 윗사람 비방하는 자를 미워하고, 용맹하기만 하고 예가 없는 자를 미워하고, 과감하기만 하고 꽉 막혀서 융통성이 없는 자를 미워한다네."[20] (1722)

19_ 【日知錄】天下不仁之人有二, 一爲好犯上好作亂之人, 一爲巧言令色之人也.
20_ 子貢曰, "君子亦有惡乎?" 子曰, "有惡, 惡稱人之惡者, 惡居下流而訕上者, 惡勇而無禮者, 惡果敢而窒者." 曰, "賜也亦有惡乎?" "惡徼以爲知者, 惡不孫以爲勇者, 惡訐以爲直者."

083 · **공자 말씀하셨다.**
"진실로 인(仁)에 뜻을 두면 악(惡)이 없다." (0404)

子曰, "苟志於仁矣, 無惡也."

【설명】 이 장은 앞장과 연결해서 읽어야 하고, 따라서 '惡'은 '오'로 읽어서 '미워하다'의 의미로 보아야 한다는 설이 있다. "남에게 미움을 당하는 일이 없을 것이다." 주자는 '진실로 참된 마음으로 인(仁)에 뜻을 두고서도 잘못이 아예 없지는 못할 것이다. 그러나 악(惡)을 하는 일은 없을 것이다.'고 설명한다.

084 · **공자 말씀하셨다.**
"사람의 잘못은 각각 그 부류대로 나뉘니, 잘못을 보면 인(仁)한지를 알 수 있다." (0407)

子曰, "人之過也, 各於其黨. 觀過, 斯知仁矣."

【설명】 당(黨)은 종류, 부류. 관과지인(觀過知仁)이라는 성어가 비롯된 장이다. 어떤 잘못을 저지르느냐, 그 잘못을 보면 그가 인한 사람인지 그렇지 않은 사람인지 알 수 있다. 사람의 과실은 그 사람의 됨됨이에 따라 특징이 있다. 군자는 항상 너무 후하게 하려다가 잘못을 저지르고 소인은 항상 너무 야박하게 구는 데서 잘못을 저지른다.

085 · 공자 말씀하셨다.
"아침에 도를 들으면 저녁에 죽어도 괜찮다." (0408)

子曰, "朝聞道, 夕死可矣."

【설명】 어느 날 아침 바르게 도를 들어 깨친다면 그날 저녁에 죽어도 좋다고 읽는 것이 보통의 방식, 곧 주자의 설이다. 아침과 저녁이란 물론 시간적으로 가깝다는 말이고, 도를 듣기 곧 깨치기란 그렇게 지난한 일이고, 따라서 목숨 걸고 정진해야 한다는 비장한 각오로 읽는다. 고주에서는 도란 내가 깨달아야 할 무엇이 아니고 도가 있는 세상이란다. 도덕적인 세계가 된다면, 그래서 공자 자신이 그런 소식을 들을 수 있다면, 자신은 곧 죽어도 좋다고까지 생각한다는 것. 당시 현실에 대한 암울한 인식으로 읽는다.

086 · 공자 말씀하셨다.
"인심이 좋은 마을에 사는 것이 아름다우니, 선택해서 인심이 좋은 마을에 살지 않는다면 어찌 지혜롭다 하겠는가." (0401)
子曰, "里仁爲美. 擇不處仁, 焉得知?"

【字義】 1. **里(리)** : 마을이라는 명사와 '살다'라는 동사, 두 가지로 읽힌다. 2. **仁(인)** : 인후한 풍속, 또는 그런 풍속이 있는 마을. 3. **擇(택)** : 가리다, 선택하다. 4. **焉(언)** : 어찌. 5. **知(지)** : 지혜(=智).

【설명】 제4편의 첫 장이므로, 『논어』 제4편은 「이인편」이라고 한다. 한

데, 처음의 '이인위미(里仁爲美)' 넉 자가 난해하다. 일반적으로는 '마을은 인(仁)을 아름다움으로 삼는다.'고 읽는다. 이(里)란 25가구로 이루어진 부락이라고 『주례(周禮)』에 보이지만, 마을 중에서도 인후(仁厚)한 풍속이 있는 마을이 아름답다고 읽는 주자의 설이다. 인간은 환경이 중요하므로 가능한한 환경이 좋은 곳에 거주하는 것이 좋다는 말인데, 전혀 이해할 수 없는 말은 아니라고 하더라도 쉽게 이해되는 말도 아니다. 앞쪽 '이인(里仁)' 두 자, 특히 인(仁) 자가 제대로 설명되지 않는다.

해서 달리 읽는 설이 있다. 우선 '이(里)'는 명사가 아니라 동사로 '살다, 머물다'는 의미여서, "인(仁)에 거처하는 것을 아름다움으로 여긴다."고 읽어야 한다고 하고, 더하여 이 넉 자는 예로부터 전하는 속담을 공자가 인용한 것이라고 한다. 뒤에 이어지는 두 구는 속담의 의미를 공자가 당시의 말로 설명한 것으로, 행동의 기준을 인(仁)에 두지 않는 사람은 지혜로운 자라고 할 수 없다는 말로 읽는다. 하지만 이(里)가 동사로 쓰인다는 근거가 부족하다. 이중환(李重煥, 1690~1756)의 저작인『택리지(擇里志)』는 그 이름을 이 장에서 얻었다.

살 곳을 가린다는 생각은 고대로부터 뿌리 깊다는 점을 확인할 수 있는 장이다.『순자』에도 "군자가 거처할 때는 반드시 고을을 선택하고, 교유할 때는 반드시 제대로 된 선비에게 나아간다."는 말이 있다.『맹자』에도 이 장 전체가 글자 변화 없이 그대로 인용되어 있다.

087 · **공자 말씀하셨다.**

"인하지 못한 자는 오랫동안 궁핍한 데 거처할 수 없으며 오래 즐거움에 머물 수도 없으니, 인한 자는 인을 편안히 여기고 지혜로운 자는 인을 이

롭게 여긴다." (0402)

子曰, "不仁者不可以久處約, 不可以長處樂. 仁者安仁, 知者利仁."

【설명】 구(久)는 시간적으로 오래, 약(約)은 궁핍한 생활을 의미한다. 인을 이롭게 여긴다는 상태 곧 이인(利仁)은 나와 인이 둘이고, 인을 편안히 여긴다는 안인(安仁)은 나와 인이 하나라고 한다.

088 · **공자 말씀하셨다.**
"인을 당하여서는 스승에게 사양하지 않는다." (1536)

子曰, "當仁, 不讓於師."

【설명】 다른 일은 몰라도 인의 실천, 인을 자기의 임무라고 여기는 태도, 그것은 스승에 대해서라도 양보하지 않는다. 앞에서 "인을 하는 일은 자기에게 달렸다(爲仁在己)"고 했다. 자기 내면에, 자기 자신의 결심에 달린 문제를 남한테 양보하고 어쩌고 할 것 없는 일이다.

089 · **공자 말씀하셨다.**
"부귀는 사람이 바라는 것이지만 올바른 방법으로 아니해서 얻었거든 머물지 않아야 하며, 빈천은 사람이 싫어하는 것이지만 올바른 방법으로 아니해서 얻었더라도 떠나지 않아야 한다.
군자가 인을 떠나면 어디에서 이름을 이루겠는가. 군자는 잠시라도 인

을 떠나지 말아야 하니, 창졸간에도 인을 지키며, 위급한 순간에도 인을 지켜야 한다." (0405)

子曰, "富與貴, 是人之所欲也, 不以其道得之, 不處也.
貧與賤, 是人之所惡也, 不以其道得之, 不去也.
君子去仁, 惡乎成名? 君子無終食之間違仁, 造次必於是, 顚沛必於是."

【字義】 1. **富與貴(부여귀)** : 부와 귀. 與는 ~와(과). "부와 귀는"이라고 번역하는 것이 마땅하지만, 한글로 그렇게 표기할 경우 생소하므로 '와' 를 포기한 것. 2. **不處(불처)** : 處는 머물다, 居處(거처)하다. 3. **不去(불거)** : 떠나지 않다. 4. **惡乎(오호)** : 어디. 何所(하소), '어떤 장소, 어느 곳'과 같은 말. 5. **終食(종식)** : 식사를 마치다. 짧은 시간을 이르는 말이고, 終食之間도 같은 의미. 6. **違(위)** : 어기다, 떠나다. 7. **造次(조차)** : 급하고 구차한 때. 국어에서는 '造次間' 석 자로 쓰일 때가 많고, 창졸간이나 별안간과 같은 말이다. 造라는 글자에 '급하고 구차하다'는 의미가 있다. 次는 '전화하려던 차에', '막 나가려던 차에' 처럼 국어에서 의존명사로 쓰이는 말이지만, 어떤 일을 하려던 계제나 기회를 이르는 말. 중국어사전에서는 '조차'라는 말에 대해서 창졸(倉卒) · 경솔(輕率) · 수유(须臾) · 총망(悤忙) · 노무(魯莽) · 선변(善辯) · 수편(隨便) 등 일곱 가지 뜻을 나열하고 있다. 8. **顚沛(전패)** : 뒤집히고 뿔뿔이 흩어지다는 말이다. 顚은 뒤집히다, 자빠지다, 沛 역시 넘어지다, 쓰러지다는 의미. '조차전패' 넉자는 성어로 쓰인다. 국어사전에 "엎어지고 자빠지는 급박한 때라는 뜻으로, 매우 위급하고 중대한 순간을 이르는 말."이라고 설명되어 있다.

【설명】 번역문으로 "군자가 인을 떠나면", 원문으로 "군자거인(君子去仁)"부터 뒤쪽을 별도의 새로운 장으로 읽는 설이 있다. 필자는 하나의 장으로 읽는 쪽을 택했다. 앞쪽은 군자가 부귀와 빈천을 대하는 자세를 말했고, 뒤쪽은 인을 떠나지 않고 견고하게 지켜야 군자라는 이름을 이룰 수 있다는 말이다. 두 가지는 서로 다른 문제가 아니다.

원문 배열에서 금세 알 수 있듯이 앞쪽은 댓구로 되어 있다. 부귀와 빈천, 빈부귀천이란 누구나 좋아하고 싫어하기가 분명하다. 문제는 '올바른 방법으로 아니해서 얻었거든'이라고 번역한, 원문으로 '不以其道得之' 여섯 글자의 해석이다. '기(其)'라는 글자는 대명사로서 '그, 그것'을 가리키는 말이지만, '올바른, 정당한, 그럴 만한'이라는 의미를 지닐 때가 많다. 보통 한문 문장에서 '기인(其人)'이라면 '그 사람'이라는 말이지만, 때로 '그럴 만한 사람', '적임자'라는 의미로 쓰인다. 여기서도 바로 그런 경우로, '그럴 만한 방법, 올바른 방법'으로 읽는다. 전통적인 읽기 방식을 보이면, '不以其道로 得之', 곧 "그 도로써 아니해서 얻다." '不' 자는 '得之'까지 여섯 글자 전체가 아니라 '以其道' 석 자 뒤에 읽어야 한다.

부귀를 얻는 정당한 방법은 우리가 배운 바에 따르면 단 하나, 근면 성실뿐이다. 다른 길이 없다. 부귀를 얻는 정당하지 못한 방법은 이루 다 헤아릴 수가 없다. 군자는 그런 부당한 방법으로 얻은 부귀에는 '거처하지 않는다.' 머물지 않는다.

빈천을 얻는 '정당한 방법'은 이루 다 헤아릴 수가 없다. 꼽아볼까? 술과 담배 · 도박 · 온갖 범죄 등등. 농업 사회라면 자연 재해로 수확할 작물이 없을 때. 모두 자기 책임이다. 거기서 얼른 떠나야 한다. '올바른 방법 아닌 것으로 얻는 빈천', 그래서 떠나지 말아야 하는 빈천은 어떤 것이 있을까? 그런 사례를 들어보자.

먼저 명나라 초기의 저명한 학자이자 정치가인 방효유(方孝孺, 1357~1402)에 대한 사전의 설명이다.

> 1402년 주체(朱棣)가 황제 자리를 찬탈한 뒤, 스스로 주공(周公)이 성왕(成王)을 도운 일에 비교하면서 그에게 즉위 조서를 쓰라고 하자 붓을 땅에 내던지며 "성왕이 어디에 있는가?"라면서 죽음을 각오하고 거부했다. 주체는 노하여 사지를 찢어 죽이는 책형(磔刑)에 처했고, 일족과 친지, 제자 등 847명이 연좌되어 죽었다.

즉위조서 몇 글자를 썼으면 부귀의 길이 보장되었을 것이다. 약 50년 뒤 조선에서 매죽헌(梅竹軒) 성삼문(成三問, 1418~1456) 등 사육신이 택한 길과 유사하다.

수양대군 이유(李瑈, 1417~1468)도 자신은 조카 성왕을 도운 숙부 주공이 되겠다고 입버릇처럼 말을 했다. 매죽헌은 1455년 즉 이유가 군주가 되고부터 다달이 녹봉으로 받은 곡식을 별도로 한 방에 쌓아두고 '어느 달의 녹'이라고 기록해 놓았으며, 집안에는 아무 것도 없이 오직 거적자리뿐이었다고 전한다.

방효유와 성삼문은 널리 알려진 대표적인 사례이지만, 소신을 지켜 빈천을 택해 이름 없이 사라진 사람은 이루 헤아릴 수 없다. 창졸간에도 위급한 순간에도 인을 지켜서 군자라는 이름을 이루기, 어렵다거나 험난하다거나 하는 몇 마디 말로 표현될 수 없는 일이다. 명 태조 주원장의 넷째아들 주체는 21년, 조선 세종의 둘째아들 이유는 13년을 군주 자리에 있었다.

090 · 안연(顏淵)이 인을 여쭈자 공자 말씀하셨다.

"자기를 이겨 예에 돌아가는 것이 인을 하는 것이니, 단 하루 자기를 이겨 예에 돌아가면 세상 사람들이 인으로 돌아갈 것이다. 인을 하는 것은 자기에게 달렸지, 남에게 달린 일이겠느냐?"

안연이 말했다.

"그 조목을 여쭙니다."

공자 말씀하셨다.

"예 아니면 보지 말며, 예 아니면 듣지 말며, 예 아니면 말하지 말며, 예 아니면 행동하지 말아야 한다."

안연이 말했다.

"제가 비록 불민(不敏)하지만, 이 말씀을 일로 삼겠습니다." (1201)

顏淵問仁. 子曰, "克己復禮爲仁. 一日克己復禮, 天下歸仁焉. 爲仁由己, 而由人乎哉?" 顏淵曰, "請問其目." 子曰, "非禮勿視, 非禮勿聽, 非禮勿言, 非禮勿動." 顏淵曰, "回雖不敏, 請事斯語矣."

【字義】 **顏淵(안연)** : 본문에도 보이지만 이름은 회(回), 자는 자연(子淵). 서기전 521~481. 작고한 시기에 대해서는 491년이라는 설도 있다. 공자의 뛰어난 제자로, 아성(亞聖)으로 추앙되고 안자(顏子)로 불린다. 곡부 공자 사당 바로 옆쪽에 안연을 기리는 사당인 복성사(復聖祠)가 있다. 안연은 나중에 '복성'으로 추존되었는데, '복'이란 이 장에 있는 극기복례에서 따온 말일 것이다.

【설명】『논어』 제12편은 '안연문인(顏淵問仁)' 넉 자로 시작되므로, 안연편이라고 불린다. 공자의 가장 뛰어난 제자답게, 안연의 질문은 '인

(仁)이 무엇이냐'이다. 극기복례 넉 자는 성어로 흔히 듣는 말이지만, 공자의 대답은 자기 자신의 사욕을 극복하고 예로 복귀하는 것, 그것이 인이라고 한다. 사욕을 극복해서 천리의 표현인 예로 복귀하는 것이야말로 인간 최고의 도덕이라는 것이다. 그런데 "단 하루 자기를 이겨 예에 돌아가면 세상 사람들이 인으로 돌아갈 것이다."라는 건 무슨 말일까. 극기복례를 단지 하루라도 실천한다면 천하가, 온 세계가, 세상 사람들이 모두 그 사람의 사랑에 쏠리어 따르게 될 것이라는 말은 대단히 강한 말이고 동시에 지나치게 이상적인 말이기도 하다. 하지만 새로운 정신 운동은 '나로부터', 단 한 사람으로부터 시작되는 것이다. 각성된 단 한 사람에서 시작되는 법이다.

그래서 "인을 하는 것은 자기에게 달렸지, 남에게 달린 일이겠느냐?"고 한다. 남에게 의지하고 미룰 문제가 아니다. 인은 주체적이고 적극적인 도덕이다. 자기를 비판하고 극복하는 것은 주체적인 행위이다. 『논어』의 다른 데 있는 말, "인이 멀리 있는 것일까? 내가 인을 하고자 하면 곧 인이 이른다."[21] 같은 공자의 가르침은 주체적인 도덕으로서 인의 성질을 대단히 열정적으로 설파하고 있다.

공자가 제시한 네 가지 구체적인 방법, 예가 아니면 보고 듣고 말하고 행동하지 말라는 가르침은 이후 사물(四勿)이라는 성어로 되고, 송나라 학자에 의해 사물잠(四勿箴)이라는 유명한 작품도 만들어진다.

091 · **자공(子貢)이 여쭈었다.**

"만일 백성에게 널리 베풀어 많은 사람을 구제한다면 어떻겠습니까? 인

21_ "子曰, 仁遠乎哉? 我欲仁, 斯仁至矣." (0707)

이라고 할 수 있겠습니까?"

공자 말씀하셨다.

"어찌 인에만 그칠 일이겠느냐. 반드시 성(聖)일 것이다. 요순(堯舜)도 그 점을 오히려 병으로 여겼을 것이다.

인자는 자기가 서고자 함에 남을 세워주며, 자신이 이루려고 함에 남을 이루어준다. 가까운 데에서 취해 비유할 수 있으면 인을 하는 방법이라고 말할 만하다." (0630)

子貢曰, "如有博施於民而能濟衆, 何如? 可謂仁乎?" 子曰, "何事於仁! 必也聖乎! 堯舜其猶病諸! 夫仁者, 己欲立而立人, 己欲達而達人. 能近取譬, 可謂仁之方也已."

【설명】 박시제중(博施濟衆), 널리 베풀어 많은 사람을 구제한다는 넉 자는 성어로 유명하다. 그렇게 한다면 인이라고 할 수 있을까? 자공의 물음이다. 그것은 인에만 그칠 일이 아니다, 요순 같은 성인도 그것을 하지 못해서 언제나 고심했다. 공자의 답이다.

인간은 사회적 존재라는 것을 언제나 생각해야 한다는 것이 유가 주장의 하나이지만, 이 장은 그것을 가장 잘 나타낸 것 가운데 하나일 것이다. 인이란 연대감(連帶感)이라고도 할 수 있다. 천지만물이 모두 자기 아닌 것은 없다. 육신의 한 부분이 다른 부분과의 연대를 상실한 병, 즉 중풍을 의사들의 말로 '불인(不仁)'이라고 하는 것은 우리말에서도 그러한데, 인이라는 글자의 본래 의미를 잘 표현한 말이다. 하지만 천지만물에 대한 연대감, 사랑의 실천은 먼 데서가 아니라 가까운데서, 나로부터 시작해야만 한다.

'자기가 서고자 함에 남을 세워주며, 자신이 이루려고 함에 남을 이루어준다.'는 말은 '자기가 하고자 하지 않는 일을 남에게 베풀지 말아야 한다.'는 가르침이나 충서(忠恕)라는 덕목과 서로 통하는, 역시 유가의 중요한 가르침이다.

제3장 정치와 이상

3. 정치와 이상

『논어』는 정치 교과서다. 학습을 통한 수양은 자기 이상을 펴기 위해서이고, 이상을 편다는 것은 결국 현실 참여로 드러난다. 유가는 기본적으로 현실 참여를 지향한다. 공자 자신이 이미 그러했지만, 공자의 여러 제자들 역시 모두 현실 정치에 참여할 기회를 갖고자 노력하였다. 열망이라고 해도 좋을 정도로, 정치를 지향하는 많은 제자들의 다양한 사례들이 기록되어 있다. 유교가 국교가 되고 수-당나라 때 과거가 시행되면서, 한 시대의 중요한 정치인은 그 시대의 중요한 학자였다. 『논어』에는 공자 이전과 공자 당시의 수많은 인물에 대한 평가가 있다. 요즈음 눈으로 보면 정치인이나 고위 관료가 대부분이다. 그 중에는 같은 인물에 대한 평가가 두 가지로 되는 경우도 드물지 않다. 인물을 보는 눈을 기른다는 관점에서도 접근이 가능하겠지만, 공자가 현실을 인식한 구체적인 사례들을 여기서 볼 수 있다.

092 · **공자 말씀하셨다.**

"천승(千乘)의 나라를 다스리되 일을 공경하고 미덥게 하며, 비용을 절약하여 백성을 사랑하며, 백성을 부리되 때에 맞게 해야 한다." (0105)

子曰, "道千乘之國, 敬事而信, 節用而愛人, 使民以時."

【字義】 1. **道(도)** : 인도하다, 다스리다. 2. **乘(승)** : 수레.

【설명】 공자는 지식인의 정치 참여는 의무라고 여기는 쪽이었으므로, 『논어』에는 정치에 관계된 말이 여러 가지로 보인다. 학이편 제5장인 이 장은 그 처음이다.

'천승'이란 항용 전차(戰車) 천 대라는 뜻이라고들 하고, 천 대 분량의 전차와 거기에 상응하는 병사를 낼 수 있을만한 지역이 천승의 나라이고, 구체적으로는 당시 중국 각지의 제후들의 나라를 의미한다고 한다. 만승천자(萬乘天子)라는 말이 있지만, 만승은 천자의 나라, 천승은 제후의 나라, 백승은 대부의 나라라고 한다. 대부도 독자적인 군대와 사법권을 가졌다.

승(乘)이란 애초 수레라는 의미로 전차를 뜻하기도 하지만, 기실 군대의 편제이다. 1승이라는 편제는 갑사(甲士) 곧 중무장 보병 3인과 보졸(步卒) 곧 경무장 보병 72인에다 그 75인의 병력을 지원할 보급 인력과 우마(牛馬)를 합친 것이라고 한다. 포함(包咸, 서기전 7~서기65)의 설이다. 그러면 천승이란 7만 5천 명 편제의 군대가 되겠다. 마융(馬融, 79~166)의 설에 따르면 천승의 군대는 75만 명이 되지만, 주자는 포함의 설이 더 신빙성이 있다고 한다. 어느 쪽이든, 백이니 천이니 만이니 하는 것은 상징적인 의미의, 대략의 숫자라고 생각된다.

공자가 제시하는 정치의 방법으로 첫 번째는 나랏일을 공경해서, 소중하게 여겨서, 무엇보다 백성에게 믿음을 잃지 않아야 한다. 『논어』에 "백성의 신임이 없으면 나라가 존립할 수 없다."는 말이 있지만, 위정자가 백성에게 믿음을 잃으면 더 잃을 것이 없다. 두 번째는 비용을 절약해서, 많은 세금을 거두지 않음으로써 백성을 사랑해야 한다. 역시 『논어』에 있는 말이지만, 공자와 그 제자들은 수입의 10%를 세금으로 하는 조세 제도를 이상적이라고 여겼다. 하지만 공자 당시에 여러 제후국들은 20% 이상을 세금으로 부과했다. 세 번째는 백성을 공사 등의 나랏일에 부릴 때는 때에 맞게, 적당한 때에 해야 한다. 농번기에 농민을 나라의 일에 동원해서는 안 된다는 것이다. 정치에서 무엇보다도 중요한 것은 백성이라는 관념은 공자 이전에도 있었지만, 크거나 작거나 정치를 담당할 제자들에 대한 공자의 가르침은 친절하고 자상하다.

093 · **공자 말씀하셨다.**
"정치를 덕(德)으로 하는 것은 비유하자면 북극(北極)이 제자리를 잡고 있으면 뭇 별들이 그리로 향하는 것과 같다." (0201)

子曰, "爲政以德, 譬如北辰居其所, 而衆星共之."

【字義】 1. **譬(비)** : 비유하다. 2. **北辰(북신)** : 북극. 3. **衆星(중성)** : 뭇별. 4. **共(공)** : 향하다. 나중에는 '향하다'는 뜻을 나타내는 拱(공) 자가 따로 만들어지고, 共은 '함께, 함께 하다'는 의미로만 쓰인다.

【설명】 공자는 덕정(德政), 도덕에 의한 정치 곧 덕치주의를 주장하였지만, 그것이 왜 훌륭한가를 설명한 장이다. 아름다운 비유다.
비유는 이러하다. 원문으로는 북신(北辰), 곧 북극이 제자리에 머물러 있으면 다른 많은 별들은 그것을 중심으로 선회한다. 도덕에 의한 정치의 사람에 대한 관계도 그와 같아서, 온갖 가지 나랏일은 도덕을 축으로 하여 원만히 진행되는 것이 바람직하다는 것이 대체의 의미다.
고대의 밤하늘은 그야말로 아름다운 커텐을 펼친 듯 별들이 펼쳐 있었을 것이다. 고대의 사람들에게 별자리에 대한 지식은 실용을 위해서 중요했다. 천문학은 고대 중국에서 가장 먼저 발달한 자연과학이었다. 해서 북신이란 북극성이 아니라 북극성에 극히 가까운 한 지점, 곧 현대의 천문학에서 말하는 북극이다. 일월성신(日月星辰)이라는 성어는 우리에게 익숙하거니와, 차례대로 태양과 달과 별이고, 끝의 신(辰)이란 별이 없는 우주 공간을 이르는 말이다.

094 · **공자 말씀하셨다.**
"인도하기를 법령으로 하고 가지런히 하기를 형벌로 하면, 백성들이 면하기만 할 뿐 부끄러움은 없을 것이다.
인도하기를 덕으로 하고 가지런히 하기를 예로써 하면, 부끄러움도 있고 또 발라질 것이다." (0203)

子曰, "道之以政, 齊之以刑, 民免而無恥. 道之以德, 齊之以禮, 有恥且格."

【字義】 1. **道(도)**: 인도하다, 이끌다(=導). 2. **齊(제)** : 가지런하다. 3. **恥(치)** : 부끄러워하다. 4. **格(격)** : 선에 이르다, 바르다, 발라지다. 뒤쪽으로 번역했다.

【설명】 정형(政刑) 곧 법령과 형벌이 아니라 덕과 예, 즉 도덕에 의한 정치를 주장한다. 정(政)을 고주에서는 법교(法敎)를 이른다고 하고 신주에서는 법제(法制)와 금령(禁令) 곧 법률에 의한 규제를 뜻한다고 한다.

『예기』에 공자 발언으로, "백성을 덕으로 가르치고 예로 가지런히 하면 백성은 바른 마음을 갖고, 법령으로 가르치고 형벌로 가지런히 하면 백성은 속일 마음을 갖는다."[1]는 말이 있다. 『논어』의 이 장과 같은 내용이다. 『예기』에서 격심(格心)과 둔심(遯心)을 상대어로 쓴 사례를 따라서 본문 번역을 보통의 경우를 따라 '선에 이르다'로 하지 않고 '발라질 것'으로 했다. 둔심이란 달아나려고 하고 회피하려고 하는 마음이다.

095 · **공자 말씀하셨다.**
"그 지위에 있지 않으면 그 정사를 도모하지 않는다."
증자가 말했다.
"군자는 생각이 그 지위를 벗어나지 않는다." (1426)

子曰, "不在其位, 不謀其政." 曾子曰, "君子思不出其位."

【설명】 지위(地位)와 직무(職務)는 상관관계가 있는 것이므로, 그 지위에 있지 않는 한 그 직무의 일에 대해서 이러쿵저러쿵 말을 하지 않는다. 그것은 쓸짝 없는 참견이고, 무질서의 원인이다.
제14편 헌문편 26장의 말이지만, 앞부분 곧 공자의 말은 제8편 태백편 제14장에도 꼭 같이 기록되어 있다. 중요한 말, 자주 말한 문제는 여러 사람에 의해 여러 차례 기록되었겠지만, 여기서는 증자의 말을 이어 붙여서 한 번 더 기록한 것이다. 증자가 한 말은 『주역』에 그대로 보이기도 하지만, 『주역』과 증자 발언의 선후 문제는 따로 따져볼 일이다.

1_ 夫民教之以德, 齊之以禮, 則民有格心. 教之以政, 齊之以刑, 則民有遯心. 「緇衣」

096 · **자금(子禽)이 자공(子貢)에게 물었다.**

"선생님께서는 어떤 나라에 이르셔서 반드시 그 나라의 정치에 참여하셨습니다. 스스로 구하신 것입니까, 아니면 주어진 것입니까?"

자공이 대답하였다.

"선생님께서는 온화하시고 솔직하시고 공손하시고 음전하시고 사양하심으로써 얻으셨지. 선생님께서 얻으신 것은 아마도 다른 사람들이 얻은 것과는 다르실 거야." (0110)

子禽問於子貢曰, "夫子至於是邦也, 必聞其政, 求之與? 抑與之與?" 子貢曰, "夫子溫良恭儉讓以得之. 夫子之求之也, 其諸異乎人之求之與."

【字義】 1. **子禽(자금)** : 공자 또는 자공의 제자. 앞에서 소개되었다. 2. **夫子(부자)** : 선생님. 여기서는 공자를 가리킴. 3. **至(지)** : 이르다. 4. **邦(방)** : 나라. 是邦(시방)에서 是는 아주 뜻이 많은 글자이지만, 여기서는 '어떤'이라는 의미의 조사. 5. **聞(문)** : 듣다, 참여하다. 聞政은 정치를 듣다, 정치에 참여하다. 6. **抑(억)** : 아니면. 문장을 전환하는 역할을 하는 조사. 7. **其諸(기저)** : 어조사. '아마도' 정도의 의미.

【설명】 자금이 자공에게 질문을 한다. 질문을 받는 자공(서기전 520~446)은 "언어에는 재아(宰我)와 자공"이라고 일러지는 유력한 제자로, 자로와 함께 『논어』에 이름이 가장 많이 보이는 문인이다. 각각 38~39회씩이나 기록되어 있다. 공자보다 31세 연하여서, 공자가 작고한 해에 자공은 41세였다. 질문을 한 자금은 공자의 제자였다는 설과 자공의 제자였다는 설이 있다.

자금의 질문은 이러하다. '선생님, 곧 공자는 만년에 13년간이나 여러

나라를 두루 여행을 할 때 어떤 나라에 도착하면 곧바로 그 나라 정치에 참여하곤 하셨습니다. 그것은 선생님 쪽에서 요구한 결과였습니까, 아니면 저쪽에서 의논을 해온 것입니까.' 원문으로는 필문기정(必聞其政), '반드시 그 나라의 정치를 듣다.'인데, 정치를 듣는다는 말은 참여하다는 의미이다. 문(聞)은 여문(與聞) 곧 참여하여 사정을 듣는다는 말이다.

자공은 대답했다. 선생님은 온(溫)－온화, 양(良)－솔직, 공(恭)－공손, 검(儉)－음전,[2] 양(讓)－겸양의 다섯 가지 인품으로 그런 결과를 얻으신 것이다. 선생님이 구하신 방식은 그렇게, 다른 사람이 구하는 방식과는 달랐다.

다산 정약용 등 많은 학자들은 자공이 말한 공자의 인품을 다섯 가지로 보지 않고 앞쪽 네 가지로 한정한다. 마지막의 '겸양'은 뒤쪽으로 붙여서 읽는 것이다. 원문을 보이면 '온량공검(溫良恭儉)' 뒤에서 구두를 떼고, '양이득지(讓以得之)'를 하나의 구절로 읽는 것이다. 네 가지 덕성을 지니시고도, 그럼에도 불구하고 겸양하심으로써 얻으셨다는 의미.

공자가 만년에 그의 정치적인 이상을 실현하기 위해 여러 나라를 두루 여행한 것은 그의 일생에서 가장 두드러지는 일이다. 그 사실에 대한 문답인데, 공자의 여행에 참여했던 자공의 답은 대단히 두리뭉실, 함축적이다.

공자는 55세에 고국인 노(魯)나라 곡부(曲阜)를 떠나서 68세에 되돌아가기까지 13년간 중국을 떠돌았다. 귀국하고 5년 뒤에 작고했는데, 안회와 자로, 자공 같은 제자가 그 여행에 참여한 것은 여러 기록에

2_ 음전 : 말이나 행동이 곱고 우아함. 또는 얌전하고 점잖음. 얌전, 조심, 조신(操身) 등과 비슷한 의미.

서 확인이 된다. 공자는 순서대로 말하자면 위(衛), 조(曹), 송(宋), 제(齊), 정(鄭), 진(晉), 진(陳), 채(蔡), 초(楚)나라를 두루 방문했다. 진(陳)과 채(蔡)에서는 생명의 위협을 느낀 일이 있었고, 양식이 떨어져 이레나 굶어서 움직이지도 못하는 지경에 이르기도 했다. 갖은 고생을 하며 떠돌아다니느라 '집 잃은 개'라는 말을 듣기도 했다고, 사마천은 전한다(『사기』「공자세가」). 첫 장에서 본 "남이 알아주지 않아도 불만스러워하지 않는다."는 말에는 그런 처절하고 뼈저린 고난의 체험이 배어 있다.

춘추시대 사람들의 평균 수명은 얼마나 되었을까? 교통이든 숙소든 어느 하나 편하지 않았을 것이다. 그런데도 공자는 오십대 중반부터 일흔에 가깝도록 길에서 떠돌았다. 『논어』에 기록된 대화의 상당 부분은 그렇게 떠돌면서 길바닥에서 이루어졌다. 사마천의 『사기』가 요즈음 말로 하자면 여러 차례에 걸친 기나긴 답사여행의 결과이거니와, 그보다 대략 400년 전 공자의 여행은 더 적극적으로 평가하고 의미를 부여할 만한 일이다.

097 **애공(哀公)이 "어떻게 하면 백성이 복종합니까?" 하고 묻자, 공자 대답하셨다.**

"정직한 사람을 들어 쓰고, 여러 굽은 사람을 버려두면 백성들이 복종하며, 굽은 사람을 들어 쓰고, 여러 정직한 사람을 버려두면 백성들이 복종하지 않습니다." (0219)

哀公問曰, "何爲則民服?" 孔子對曰, "擧直錯諸枉, 則民服, 擧枉錯諸直, 則民不服."

【字義】 1. **哀公(애공**, 서기전 521~468) : 성은 희(姬), 이름은 장(將). 정공(定公)의 아들로, 노나라 제26대 군주. 서기전 494~468년까지 재위. 2. **何爲(하위)** : 어찌하면, 어떻게 하면. 3. **服(복)** : 복종하다, 따르다. 4. **擧(거)** : 들다, 등용하다. 5. **錯(조)** : 두다, 버려두다. 6. **枉(왕)** : 굽다.

【설명】 애공이란 공자의 조국 노나라의 군주이다. 그 아버지 정공(定公)의 뒤를 이어서, 27세의 젊은 나이로 즉위한 것은 서기전 494년 공자 58세 때이고, 그의 재위 16년째가 되던 서기전 479년 여름 4월 기축일에 공자가 서거하였다. 『춘추』는 공자의 죽음을 기록하고 있고, 『좌전』은 공자 사후 십여 년을 더 지난 애공 말년까지 기록되고 있다. 이 문답은 아마도 공자 만년의 일이었을 것이고, 공자보다 서른한 살이 어린 애공은 마흔 안팎 나이의 군주였으리라고 짐작된다. 애공의 질문에 대한 공자의 대답을 기록하면서 "공자대왈(孔子對曰)"이라고, 성씨를 넣어서 '공자'라고 쓴 것은 군주에 대한 존경을 표하는 것이라고 한다. 군주가 아닌 경우는 모두 '자(子)', '선생님'이라고 표기하고 있다.

백성은 어떻게 하면 말을 잘 듣느냐. 10여년 국정을 운영해본 경험을 지닌 젊은 군주의 질문이었다. 거기에 대한 공자의 답을 읽는 방법은 두 가지가 있다. 원문에 있는 '제(諸)'라는 글자가 '여러'라는 의미와 함께 '지어(之於)'의 축약으로 조사로도 쓰이는 데서 생기는 일이다. 후자의 경우 '제'가 아니라 '저'로 발음한다.

정직한 이를 발탁해서 이들을 원문으로는 왕(枉), '굽다'는 의미이지만, 바르지 못한 이의 위에 둔다. '정직한 이를 들어서, 등용해서, 굽은 이에게, 굽은 사람의 위에 두어라.' 마치 굽은 목재 위에다 곧은 재목을 두어, 곧은 재목의 무게로 굽은 재목이 교정되는 것처럼 하면 백성은 바르게 될 것이다. 역으로, 굽은 재목 같은 인간을 등용해서 그를 곧은 사람들의 위에 두면 백성은 반항할 것이다. 제(諸)를 조사로, '저'로 발음하는 경우로 해석한 풀이다. 위에 보인 번역에서는 제(諸)를 '여러'라는 뜻으로 옮겼다.

098 · **번지(樊遲)가 인(仁)을 여쭈자, 공자는 "사람을 사랑하는 것이네." 라고 하셨다. 지혜를 여쭈자, 공자는 "사람을 아는 것이라네." 고 하셨다. 번지가 그 말을 알아듣지 못하자, 공자 말씀하셨다.**

"정직한 사람을 들어 쓰고 여러 굽은 사람을 버리면 굽은 자로 하여금 곧게 할 수가 있다네."

번지는 물러나서 자하(子夏)를 보고 물었다.

"지난번에 선생님을 뵙고 지혜를 여쭈었더니 선생님께서는 '정직한 사람을 들어 쓰고 여러 굽은 사람을 버리면 굽은 자로 하여금 곧게 할 수 있다네.'라고 하셨습니다. 무슨 말씀인지요?"

자하가 말했다.

"훌륭하기도 하구나, 그 말씀이여! 순(舜)임금이 천하를 소유하고 나서 여러 사람들 중에서 선발하여 고요(皐陶)를 들어 쓰시자 불인(不仁)한 자들이 멀리 사라졌고, 탕(湯)임금이 천하를 소유하고 나서 여러 사람들 중에 선발하여 이윤(伊尹)을 들어 쓰시자 불인(不仁)한 자들이 멀리 사라졌지요." (1222)

樊遲問仁. 子曰, "愛人." 問知. 子曰, "知人." 樊遲未達. 子曰, "擧直錯諸枉, 能使枉者直." 樊遲退, 見子夏曰, "鄕也吾見於夫子而問知, 子曰,

'擧直錯諸枉, 能使枉者直', 何謂也?" 子夏曰, "富哉言乎! 舜有天下, 選於衆, 擧皐陶, 不仁者遠矣. 湯有天下, 選於衆, 擧伊尹, 不仁者遠矣."

【字義】 1. **樊遲(번지)** : 공자 제자. 2. **達(달)** : 깨닫다. 3. **鄕(향)** : 지난번, 조금 전. 4. **舜(순)** : 요(堯)와 함께, 중국 고대 전설속의 삼황오제(三皇五帝)의 하나. 요임금에게 선양을 받아 천하를 다스렸다고 하고, 그의 나라 이름은 우(虞)라고 한다. 순은 동이(東夷) 사람이라는 말이 『맹자』에 보인다. 현재 중국에서는 순을 상고시대 부락연맹의 수장이라고 하지만, 역사 시대의 실존 인물인지는 확실하지 않다. 5. **皐陶(고요)** : 중국 고대, 요순 시기 전설상의 인물. 법률과 교육에 공적을 남겼다고 한다. 『서경』에 「고요모(皐陶謨)」라는 편이 있다. 6. **湯(탕)** : 상(商)을 건국했다는 인물. 7. **伊尹(이윤)** : 탕을 도와서 하(夏)를 치고 새로운 왕조인 상을 세우는데 공헌했다는 인물. 『맹자』에 "탕은 이윤에 대해서, 그에게 배운 이후에 신하로 삼았다."는 말이 있고, 『순자』에는 "은나라의 이윤과 주나라의 태공(太公)은 성신(聖臣)이라고 할 만하다."는 말이 있다. 『서경』에 이윤이 어린 군주인 태갑(太甲)에게 정치의 지침으로 주었다는 「이훈(伊訓)」이라는 편이 있다.

【설명】 "정직한 사람을 들어 쓰고 여러 굽은 사람을 버려두면 백성들이 복종하며, 굽은 사람을 들어 쓰고 여러 정직한 사람을 버려두면 백성들이 복종하지 않는다."는 앞 장에서의 말이 그대로 들어 있는 장을 이어서 보였다. 정치에서 제일 중요한 요소는 고금을 막론하고 사람이다. 우리가 익히 보는 일이다.

099 · **자공이 정치를 여쭈자 공자 대답하셨다.**

"양식을 넉넉하게 하고 군대를 충분하게 갖추면 백성이 믿을 것이다."

자공이 말했다.

"어쩔 수 없이 부득이해서 버린다면, 이 셋 중에서 무엇을 먼저 버릴까요?"

"군대를 버려야 한다."

자공이 말했다.

"어쩔 수 없이 부득이해서 버린다면, 이 둘 중에서 무엇을 먼저 버릴까요?"

"양식을 버려야지. 예로부터 누구나 다 죽지만, 백성이 나라에 대한 믿음이 없으면 존립할 수 없으니까." (1207)

子貢問政. 子曰, "足食, 足兵, 民信之矣." 子貢曰, "必不得已而去, 於斯三者何先?" 曰, "去兵." 子貢曰, "必不得已而去, 於斯二者何先?" 曰, "去食. 自古皆有死, 民無信不立."

【설명】 따로 설명이 필요하지 않다. 경제, 안보, 나라에 대한 국민의 신임. 셋 중에서 하나라도 모자라다면 나라가 존립하기 쉽지 않다. 한데 자공은 기발하다. 필부득이(必不得已) 넉 자는 성어로 쓰이거니와, 어느 하나도 없을 수가 없는 그 셋 중에서 하나하나를 덜어가는 쪽으로 질문을 한다. 공자의 답은, 예상이 되는 일이었겠지만, 제일 먼저 버릴 것은 군대고, 먹고 사는 문제가 다음이다. 끝까지 포기해서는 안 되는 마지막 조목이 나라에 대한 백성들의 믿음이다.

100 · **애공(哀公)이 유약(有若)에게 물었다.**

"농사가 흉년이 들어서 나라 재정이 부족한데, 어떻게 할까?"

유약은 대답하였다.

"어째서 철법(徹法)을 쓰지 않으십니까?"

"10분의 2를 세금으로 걷어도 내가 오히려 부족한데, 어떻게 철법을 쓸 수 있겠는가?"

유약이 대답하였다.

"백성이 풍족하면 임금께서 누구와 더불어 부족하며, 백성이 풍족하지 못하면 임금께서 누구와 더불어 풍족하시겠습니까?" (1209)

哀公問於有若曰, "年饑, 用不足, 如之何?" 有若對曰, "盍徹乎?" 曰, "二, 吾猶不足, 如之何其徹也?" 對曰, "百姓足, 君孰與不足? 百姓不足, 君孰與足?"

【설명】 애공은 공자 만년의 노나라 군주다. 당시 노나라의 국세는 떨치지 못하였고 애공 자신은 대부들의 전횡에 시달리고 있었다. 그런 분위기 속에서 애공이 공자의 제자인 유약에게 물었다.
'연기(年饑)', 금년은 기근(飢饉)이다, 또는 농사가 기근이다. 곡식이 한 번 영그는 것을 '년(年)'이라고 했고, '임(稔, 결실)'이라는 글자와 가까운 발음이다. 그 해의 수확이라는 의미다. 그래서 연사(年事)라는 말은 농사와 같은 의미다.
'합철호(盍徹乎)'에서 '합(盍)' 자는 '어째서 어떤 일을 하지 않느냐'는 의미로 '하불(何不)' 두 자와 같으므로, 결국 '하불철호(何不徹乎)'와 같다. '철(徹)'이란 세법 용어인데, 소득의 10분의 1을 징수하는 세제이다. 유약은 애공에게 세금을 가볍게 해서 10분의 1 세법을 실시하라고 권유한 것이다. 조세 부담률은 소득의 10분의 1이 이상적이라는 것은『맹자』와 그 밖의 고전에 자주 보인다. 교회의 사례도 있지만, 서양에서도 마찬가지였던 듯하다. 2018년 우리나라 조세부담률은 20%를 넘었다는 통계가 있다. 연금과 건강보험료 등 각종 준조세를 포함하면 아마 더 높을 듯하다.

101 · **제경공(齊景公)이 공자께 정치를 묻자 공자 대답하셨다.**
"군주는 군주답고 신하는 신하다우며, 부모는 부모답고 자식은 자식다워야 합니다."
경공이 말했다.
"훌륭한 말씀이십니다. 진실로 군주가 군주답지 못하고 신하가 신하답지 못하며, 부모가 부모답지 못하고 자식이 자식답지 못하면, 아무리 곡식이 있은들 내가 그것을 먹을 수 있겠습니까?" (1211)

齊景公問政於孔子. 孔子對曰, "君君, 臣臣, 父父, 子子." 公曰, "善哉! 信如君不君, 臣不臣, 父不父, 子不子, 雖有粟, 吾得而食諸?"

【설명】 제(齊)나라는 지금 산동성의 대부분을 차지했던 동방의 대국이고, 현재 산동성의 성도인 제남 부근 임치(臨淄)에 도읍하였다. 경공(景公)이라고 시호로 불린 군주는 이름이 저구(杵臼)이고, 서기전 547년부터 490년까지 58년간이나 군주의 지위에 있었다. 이 문답은 그의 재위 31년째, 공자 35세 무렵의 일일 것이라고 추정된다.

"君君, 臣臣, 父父, 子子"는 원문 그대로 보아도 얼른 이해가 되는 말이다. 『주역』에도 "父父, 子子, 兄兄, 弟弟, 夫夫, 婦婦"라는 말이 있고, 그래야 "집안의 도리가 바르게 되나니, 집안이 바르게 되고서 천하가 안정된다."는 말이 이어진다. 『주역』의 64괘 중에 서른일곱 번째 괘인

「가인(家人)」에 있는 말이다.

102 · **공자 말씀하셨다.**
"한 마디 말에 옥사를 판결할 수 있는 자는 유(由)일 것이다."
자로는 승낙을 묵히는 일이 없었다. (1212)

子曰, "片言可以折獄者, 其由也與?" 子路無宿諾.

【설명】 편언(片言)은 한마디의 말, 간단한 말. 절(折)은 단(斷), 판단한다는 말이다. 숙(宿)은 묵나, 묵히다, 낙(諾)은 승낙, 허락하다.
편언절옥(片言折獄)이라는 성어가 이 장의 말에서 성립하였다. 나라 정치에서 재판이란 언제나 중요한 일인데, 자로는 이런저런 증거니 증인이니 필요가 없이 신속하고 공정하게 판결할 수 있었다는 말이다.
애공 14년(서기전 481년) 봄, 소주(小邾)라는 작은 나라의 대부인 역(射)이라는 이가 땅을 들어 노나라에 망명을 요청하면서 '자로가 맹약을 한다면 노나라와는 맹약을 두지 않아도 좋다.'고, 자신의 정치적 장래에 대해서 자로가 약속을 해주기를 요청해온 적이 있었다. 계강자가 염유를 보내서 권유했지만 자로는 자기 군주를 저버린 인물을 위해서 맹약을 둘 수는 없다고 끝내 거절한다. 자로야말로 믿음의 상징이었다는 점을 확인하는 자료로 흔히 인용되는 일이다. 참고로, 같은 해 봄, 소주역의 망명 직전에 획린(獲麟)이라고, 숙손씨(叔孫氏)가 사냥에서 기린을 잡았다고 한다. 이 일에서 자기 운명을 예감한 공자는 『춘추』 편찬을 시작했으므로, 『춘추』를 달리 '인경(麟經)'이라고도 한다. 공자는 2년 뒤 애공 16년 4월에 작고한다.

유(由)는 자로의 이름인데, 그는 승낙한 일, 약속한 일을 묵혀두는 일이 없었다고 한다. 『논어』 기록자가, 비슷한 사례를 공자 발언의 뒤에다 함께 들어둔 것이다. 남송 때 정극(鄭克)이라는 사람이 편찬한 『절옥귀감(折獄龜鑑)』이라는 책은 이 장에서 이름을 얻었다.

103 · **계강자(季康子)가 공자께 정사를 묻자, 공자 대답하셨다.**
"정(政)이란 '바르다'는 뜻이니, 그대가 바름으로 솔선한다면 누가 감히 바르지 않겠는가?" (1217)

季康子問政於孔子. 孔子對曰, "政者, 正也. 子帥以正, 孰敢不正?"

【字義】 1. **季康子(계강자)** : 노나라의 대부. 2. **帥(솔)** : 거느리다, 이끌다. 3. **孰(숙)** : 누구. 4. **敢(감)** : 감히.

【설명】 계강자(? ~서기전 468)는 공자 당시인 노나라 애공 때의 대부다. 이름이 비(肥)여서, 계손비(季孫肥)로도 불린다. 시호가 강(康)이어서, 『춘추좌전』이나 『논어』에서는 주로 계강자로 기록되고 있다. 계강자의 아버지인 계손사(季孫斯) 곧 계환자(季桓子, ? ~ 서기전 492)는 일찍이 공자와 동료였다. 아버지가 죽고 계강자가 그 후계자로서 대부의 우두머리가 된 것은 공자 60세 때인 애공 3년(서기전 492) 가을 7월이었다고, 『좌전』에 보인다. 그렇다면 이 문답도 공자 만년의 일이다.
정치라는 의미의 정(政)과 바르다는 의미의 정(正) 두 글자는 지금 중국어에서도 zheng으로 발음이 되고 제3성으로 성조도 꼭 같지만, 고대에도 그러하였다. 동일한 발음의 말 혹은 유사한 발음의 말이 서로 연관되는 의미를 갖는 것은 중국어를 지배하는 큰 법칙인데, 여기서 공자는 그것을 이용하여 비유로 사용하고 있다. 한국어로 번역하면 '정치란 올바름이다.'로 되어서 두 글자의 언어로서의 밀접한 관계가 소멸되지만, 중국어로 말하면 '政(zheng)이란 正(zheng)이다'로 발음되어서, 충분히 사람을 설득할만한 여운을 갖는다. 이어지는 두 구절도 같은 정(正)이라는 글자로 끝이 나서, 공자 답변 세 구절은 마치 운문처럼 시처럼 들렸을 것이다. 갓 국정을 책임진 젊은 위정자에게 주는 충고의 말로서, 원칙적인 가르침이다.

104 · **계강자가 도둑을 걱정하여 공자께 대책을 묻자, 공자 대답하셨다. "만일 그대가 욕심 내지 않는다면 상을 주더라도 도둑질하지 않을 것이다."** (1218)

季康子患盜, 問於孔子. 孔子對曰, "苟子之不欲, 雖賞之不竊."

【字義】 1. **苟(구)** : 만일, 진실로. 2. **賞(상)** : 상, 상을 주다. 3. **竊(절)** : 훔치다.

【설명】 위정자인 그대가 탐욕을 내지 않으면 상을 주더라도 백성들은 도둑질을 하지 않을 것이다. 사람의 타고난 도덕성이, 그런 일은 부끄럽다고 여긴다. 백성들이 저지르는 작은 도둑질이 문제가 아니다. 그 근본을 치료할 방법은 위정자에게 있다는 말이겠다.

"계씨(季氏)는 정권을 도둑질하고, 강자(康子)는 적자(嫡子)의 지위를 빼앗았으니, 백성들이 도둑질하는 것은 진실로 당연한 것이었다."라는 설명이 주자 주에 있다.

105 **계강자가 공자께 정사를 물었다.**
"무도한 자를 죽여서 도가 있는 데로 나아가게 하면 어떻겠습니까?"
공자 대답하셨다.
"그대가 정사를 하면서 어찌 사람 죽이는 방법을 쓴단 말인가? 그대가 선을 하려고 하면 백성들이 선해지나니, 군자의 덕은 바람이고 소인의 덕은 풀이라네. 풀에 바람이 불면 반드시 쓰러진다네." (1219)

季康子問政於孔子曰, "如殺無道, 以就有道, 何如?" 孔子對曰, "子爲政, 焉用殺? 子欲善而民善矣. 君子之德風, 小人之德草. 草上之風, 必偃."

【字義】 1. **如(여)** : 만약. 2. **就(취)** : 나아가다. 3. **子(자)** : 2인칭 대명사. 4. **偃(언)** : 쓰러지다, 넘어지다.

【설명】 혈기 왕성한 젊은 위정자의 살벌한 질문에 원숙한 노학자의 아름다운 대답이다. '초상지풍(草上之風)'이라는 말을 처음 대하면 '풀 위의 바람'이나 '풀 위에 바람이 가면' 같은 식으로 읽기 쉬운데, 다음 구 '반드시 눕는다.'와 의미가 통하지 않는다. 여기서 '상(上)'은 '상(尙)'과 같은 발음으로, '더하다[加]'라는 의미라고, 여러 주석에 말하고 있다. 혹은 아예 '尙'으로 써서, "草尙之風"으로 된 텍스트도 있다. 이상, 『논어』 제12편의 연이은 3개 장은 모두 계강자와 공자의 대화록

이지만, 대화는 같은 시기에 이루어지고, 아마도 같은 인물에 의해 기억되고 기록되었을 듯하다.

106 · **자로가 정치를 여쭈자, 공자 말씀하셨다.**
"솔선하고 부지런해야지."
더 말씀해 주시기를 청하자,
"게으르지 말아야 하네." 하셨다. (1301)

子路問政. 子曰, "先之勞之." 請益. 曰, "無倦."

【字義】 1. **勞(로)** : 부지런하다, 수고롭다. 2. **益(익)** : 더하다. 3. **倦(권)** : 게으르다.

【설명】 제13편 자로편의 제1장이다. 자로편은 대개 정치에 대한 담론이 모여 있고, 그것은 의도된 편집이라고 생각된다. 이 장에서는 자로가 정치의 요체를 묻고 있다.

공자의 대답은 '무엇보다도 위정자 자신이 백성에 앞서 솔선하고, 부지런해야 한다.' '부지런하다'는 말은 원문으로 '노(勞)'인데, '힘쓰다, 부지런하다' 외에 '위로하다'는 의미도 있으므로, 본문을 '백성을 위로해야 한다.'로 읽을 수도 있다. 또, 고주는 우선 도덕에 따른 정치를 해서 백성의 신뢰를 얻고 나서 백성을 '노동하게, 수고하게 한다.'로 읽는다. 노(勞) 자가 갖는 의미 때문에 세 가지 읽기가 나왔지만, 이 구절의 원문 "선지로지(先之勞之)"를 하나로 읽어서, '백성에 앞서 솔선하고 백성들의 노고를 위정자가 부담한다.'로 읽는 것이 좋다는 독법도 있다. 원문으로 말하면 '선지(先之)'와 '로지(勞之)' 사이에 접속사를 넣어서, '선지이로지(先之而勞之)'로 읽는 것이다.

한 마디 말로는 부족하다고 생각한 자로가 조금 더 말씀해달라고 청한다. 공자의 대답은 '게으르지 말아야 한다.' 싫증을 내지 않는 것이다. 무슨 일이건 어느 자리건 시작할 때 취임 초에는 분발하지만 곧 해이해지는 것이 보통 사람들의 버릇이다. 변함없는 열정이야말로 정치의 요체다.

107 · **중궁(仲弓)이 계씨의 가신이 되어 정사를 묻자, 공자 말씀하셨다.**
"유사(有司)에게 먼저 맡기고, 작은 허물은 용서해주고, 어진 이와 유능한 이를 등용해야 한다네."
"어진 이와 유능한 이를 어떻게 알아서 등용할까요?"
"자네가 아는 이를 등용하면 자네 알지 못하는 이를 남들이 내버려두겠느냐?" (1302)

仲弓爲季氏宰, 問政. 子曰, "先有司, 赦小過, 擧賢才." 曰, "焉知賢才而擧之?" 曰, "擧爾所知, 爾所不知, 人其舍諸?"

【字義】 1. **仲弓(중궁)** : 공자 제자. 2. **宰(재)** : 주관하다, 다스리다. 재상(宰相)이라는 단어가 익숙하지만, 『논어』에서는 가신 또는 읍재(邑宰)라는 의미로 자주 쓰인다. 읍재란 한 고을을 맡아 다스리는 직위. 3. **赦(사)** : 용서하다. 사면(赦免). 4. **焉(언)** : 어찌. 5. **爾(이)** : 너. 2인칭대명사. 6. **諸(저)** : 문장의 끝에서 '지호(之乎)' 두 자의 축약으로 쓰여서, 의문을 표시한다.

【설명】 노나라의 대부 계씨의 가신이 된 제자 중궁이, 가신으로서의 정사의 요체를 여쭈었다. 공자 제자들은 어떤 직책을 맡게 되면 스승을 찾아가서 그 직책에 대한 가르침을 청하는 관례가 있었던 듯하다.
유사란 지금도 단체의 사무를 맡아보는 직무라는 의미로 쓰이는 말이지만 여기서는 관리를 가리킨다. 관리들을 적재적소에 배치하여 일을 우선 그들에게 먼저 맡겨야 한다는 말이다. 믿고 맡기지 못하고 모든 일을 혼자서 다해야 하는 사람은 윗사람 될 자질이 부족하다.
그 다음으로 명심할 일은 그들이 직무를 수행하는 과정에서 야기하는 작은 허물은 용서해주어야 한다는 것이다. 복지부동이 괜히 생기는 것이 아니다. 일을 할 수 있는 여건을 만들어주어야 한다.
세 번째로는 유능하고 어진 인재를 등용하는 일이라고 한다. 현재(賢才) 두 글자를 각각 따로, '덕이 있는 훌륭한 인격자'와 '실무 능력이 있는 유능한 인재'로 읽는 것은 일반적인 독법이다.
인재를 어떻게 찾을 수 있을지 걱정하는 중궁의 질문에 대한 공자의 대답, '자네 아는 이를 먼저 등용하면 자네 알지 못하는 이를 남들이 내버려두겠느냐?'는 말, 필자는 여기서 공자의 비범함을 느낀다. 사심이 없을 때 이런 생각이 가능한 것 아닐까? 조금 방향이 다른 말이기는 하지만, 인재를 얻는 방법으로서 선종외시(先從隗始)라는 성어가 떠오른다.
소동파는 세 가지가 아니라 한 가지로 파악하여, "유사에게 먼저 맡기고, 그들의 사소한 잘못은 용서해주어서 훌륭한 인재를 등용해야 한다."로 읽었다. 훌륭한 유사 얻는 방법을 말한 것으로 이해하였다.

108 · 자로가 여쭈었다.

"위(衛)나라 군주가 선생님을 기다려 정사를 하려고 하십니다. 선생님께서는 장차 무엇을 먼저 하시렵니까?"

공자 대답하셨다.

"반드시 이름을 바로잡겠네."

자로가 말하였다.

"이러시다니까, 선생님의 우활(迂闊)하심이란! 어떻게 바로잡을 수 있겠습니까?"

공자 말씀하셨다.

"비루하기도 하구나, 자네는! 군자는 자기가 알지 못하는 일에는 입을 다물고 있는 법이야. 이름이 바르지 못하면 말이 순순하지 못하고, 말이 순순하지 못하면 일이 이루어지지 못하고, 일이 이루어지지 못하면 예악(禮樂)이 일어나지 못하고, 예악이 일어나지 못하면 형벌이 알맞지 못하고, 형벌이 알맞지 못하면 백성들이 손발을 둘 곳이 없어진다네. 그러므로 군자는 이름을 하면 반드시 말로 표현을 할 수 있고, 말로 표현할 수 있으면 반드시 행동으로 옮길 수 있다네. 군자는 자기가 하는 말에 대해서 구차함이 없는 법이라네." (1303)

子路曰, "衛君待子而爲政, 子將奚先?" 子曰, "必也正名乎!" 子路曰, "有是哉, 子之迂也! 奚其正?" 子曰, "野哉, 由也! 君子於其所不知, 蓋闕如也. 名不正, 則言不順, 言不順, 則事不成, 事不成, 則禮樂不興, 禮樂不興, 則刑罰不中, 刑罰不中, 則民無所錯手足. 故君子名之必可言也, 言之必可行也. 君子於其言, 無所苟而已矣."

【字義】 1. **待(대)** : 기다리다, 의지하다. 2. **將(장)** : 장차. 3. **奚(해)** : 무엇, 어찌. 4. **迂(우)** : 언행이나 견해가 진부해서 시대 사정에 맞지 않

다. 우활(迂闊), 우원(迂遠). 5. **蓋(개)** : 대개. 6. **闕(궐)** : 제외하다. 7. **錯(조)** : 두다. 8. **苟(구)** : 구차하다.

【설명】 정명(正名) 또는 정명사상(正名思想)이라는 말이 유래한, 유명한 장이다. 자로가 공자께, 위(衛)나라 군주가 공자를 기다려, 공자를 의지해서, 곧 공자를 등용하거나 군주와 가까운 거리에 모셔서 나라 정치를 행하려고 한다는 소식을 전한다. 그렇다면 무엇을 먼저 하시겠느냐고 묻는다.

공자는 반드시 명칭의 정돈부터 시작할 것이라고 답한다. 거기에 대한 자로의 말이 가관이다. '이러시다니까, 선생님의 우활(迂闊)하심이란!' 우원(迂遠)이라는 비슷한 말도 있지만, 실제 사정에, 요즈음 말로 하자면 '현장에' 어둡다는 말이다. 무슨 필요가 있다고 이름 따위를 바로잡는단 말입니까?

공자도 맞받았다.

'비루하기도 하구나, 자네는!'

『논어』에 이런 문답은 없다. 공자와 제자들의 문답 중에서 가장 생동감이 있다. '군자는 제가 알지 못하는 일에 대해서는 잠자코 있어야만 한다. 하나하나의 이름이 정확하지 않으면 말이 타당하지 못하게 된다. 말이 타당하지 않으면 일은 정비되지 않는다. 일이 정비되지 않으면 예악에 의한 문화생활은 진흥되지 않는다. 예악에 따른 문화생활이 진흥되지 않으면 형벌이 타당성을 잃는다. 형벌이 타당성을 잃으면 백성은 손발을 둘 곳도 없게 된다. 그러므로 군자는 이름을 세우는 경우 보편적인 언어를 써야 한다. 그렇게 해서 언어로 표현된 것은 반드시 실천을 기약해야 한다. 군자는 그 언어에 대해서 아무렇게나 되는 대로 하는 법은 없다.'

대체로 이상과 같이 이해되는 이 장은 『사기』「공자세가」에 따르면 특수한 배경 아래 이루어진 대화이다. 즉 서기전 488년, 공자 64세에 위(衛)나라에 있을 때 위나라 왕실에서는 심각한 소동이 일어났다. 그보다 5년 전에 위나라 영공(靈公)이 죽었는데, 그 아들 괴외(蒯聵)는 아버지 기분을 상하게 해서 나라 밖에 쫓겨나 있었다. 해서 괴외의 아들이자 영공에게는 손자인 첩(輒)이, 죽은 조부의 뜻에 따라 아버지를 건너뛰어 왕위에 올라 재위하고 있었다. 하지만 나라 밖에 있는 괴외는 왕위 계승권을 주장하여, 귀국을 해서 아들을 몰아내고 왕위를 차지하려고 하고 있었다. 첩은 조부의 뜻을 존중한다면 군주 자리를 지켜야 하고, 아버지 뜻을 존중한다면 맞아들여 양위(讓位)해야 할 입장이다. 문제를 둘러싸고 위나라 국내에서 소동이 있을 뿐 아니라 국제적으로도 당시 대국인 진(晉)이 괴외의 후원자가 되는 등 큰 관심사였다. 그래서 공자나 그 제자들처럼 인간의 도덕에 대해 생각하는 사람들에게도, 또 다른 의미에서 중요한 일이었다.

대개의 주석은 공자를 맞이하여 정사를 하려고 하는 위(衛)나라 군주는 첩(輒)이라고 한다. 그리고 이름을 바로 잡겠다고 옮긴, 원문으로 말하자면 '정명(正名)'이라는 말은 아버지와 아들 중에서 누가 상속자인가를 헤아리는 일이다. 그것을 바로잡으면 분쟁은 저절로 해결된다, 그것이 공자의 뜻이었다고 한다. 『논어』의 다른 기록에 따르면 공자의 뜻은 아들인 첩이 자리에 있는 것을 그르다고 한다.

이름을 바로잡으면 사실이 바르게 인식되어 판단되고, 거기에 따라 정치가 모두 바르게 된다는 것은 보편적인 진리가 아닌 것은 아니다. 그러나 이 장에서 공자가 말하는 여러 가지가 유기적으로 연결되느냐는 데 대해서는 의문이 있다. 그리고 이 장이 위나라의 부자간의 소동과 관계되는 문제인지는 명확하지 않다. 하안(何晏)의 고주는 그런 배경에 대해서는 전혀 언급 없이 일반적인 문제로 해서, "온갖 일의 이름을 바르게 하다."로 풀이한다.
또 다른 설로 한나라 학자 정현(鄭玄)은 '정명(正名)'의 '명(名)'이란 이름이 아니라 '글씨'라는 의미여서, 정명은 '글씨를 바르게 쓰는 것'을 이른다고 읽었고, 청나라의 고대언어학 연구자들은 정현의 설을 즐겨 인용하였다.

【참고】 이름이라고 옮긴 '명(名)' 자는 마융(馬融) · 정현(鄭玄) · 주자(朱子)의 설이 서로 다르다. 요시카와 코지로는 글씨라고 읽은 정현의 주석을 지지하지 않았지만, 당나라 이전까지는 정현의 설이 정설이었다. 자로 같은 뛰어난 제자가 어찌 이름 곧 명분을 바로잡는 일을 하찮게 여겼을 리가 있을까?
『경의잡기(經義雜記)』에는 "옛날에는 명(名), 지금은 자(字)라고 한다[古曰名, 今曰字]"고 하였다. '명(名)이 바르지 않으면 언(言)이 순순하지 못하다.'에서의 언(言)이란 구(句)이다. 따라서 글자가 바르지 않으면 글귀가 모두 순순하지 못하게 되어 시비(是非)가 제대로 가려지지 못하게 된다. 그러므로 일이 이루어지지 못해서 예악과 형벌이 모두 잘못되어 그 폐해가 백성들이 손발을 둘 곳이 없는데 이른다. 그러므로 정명(正名), 곧 글씨를 바르게 쓰는 것이 정치의 근본이 되는 것이다. 수당(隋唐) 시대에 신언서판(身言書判)이라는 인재등용의 기준이 성립한 데는 이런 영향이 있지 않았을까?
정수덕(程樹德)은 『논어집석(論語集釋)』에서 마융(馬融)의 설을 지지하여, 지금의 논리학을 이른 말이라고 하고 있다.

109 · **번지(樊遲)가 농삿일 배우기를 청하자, 공자는 "나는 늙은 농부만 못하다네." 하셨다. 채소 가꾸는 일 배우기를 청하자, "나는 늙은 채소 농삿군만 못하다네." 하셨다.**

번지가 나가자, 공자 말씀하셨다.

"소인이로구나, 번수(樊須)여! 윗사람이 예를 좋아하면 백성들이 윗사람을 공경하지 않는 이가 없고, 윗사람이 의(義)를 좋아하면 백성들이 복종하지 않는 이가 없고, 윗사람이 신(信)을 좋아하면 백성들이 감히 사실대로 하지 않는 이가 없는 법이다. 이렇게 되면 사방의 백성들이 제 자식을 포대기에 업고 올 텐데, 어찌 손수 농사지을 일이 있겠는가?" (1304)

樊遲請學稼. 子曰, "吾不如老農." 請學爲圃. 曰, "吾不如老圃." 樊遲出. 子曰, "小人哉, 樊須也! 上好禮, 則民莫敢不敬, 上好義, 則民莫敢不服, 上好信, 則民莫敢不用情. 夫如是, 則四方之民襁負其子而至矣, 焉用稼?"

【字義】 1. **稼(가)** : 농사. 곡식을 심다. 2. **不如(불여)** : ~만 못하다. 3. **老農(노농)** : 늙은 농부 또는 익숙한, 숙련된 농부. 4. **圃(포)** : 밭, 채소 농사. 5. **小人(소인)** : 평민. 6. **樊須(번수)** : 번지의 이름. 7. **情(정)** : 진실, 사실, 실제. 8. **襁負(강부)** : 襁은 포대기, 負는 업다. 아이를 포대기에 싸서 등에 업는 것.

【설명】 제자 번지(樊遲), 공자가 본문에서 부르고 있지만, 이름으로 말하자면 번수(樊須)의 질문에 대해서, 농업 기술 같은 것은 지엽적인 일이고 근본은 도덕적인 정치에 있다고 답한 장이다.

여기서 소인(小人)이란 보잘것없는 사람, 평민, 백성이라는 뜻이다.

위정자가 예를 좋아하면 백성은 모두 위정자를 공경하고, 위정자가 정의를 좋아하면 백성은 모두 복종한다. 또 위정자가 신의를 좋아하면 백성은 감히 속임 없이 성실하게 행동하지 않는 이가 없다.
농삿일 배우기를 청하다는 말을, 실제의 농삿일이나 농사 기술이 아니라 농가서(農家書)를 배우고자 한 것으로 읽은 사람도 있다. 곧 공자가 제자백가 중에 하나인 농가(農家)의 설을 대수롭지 않게 여긴 것으로 읽는 것이다. 하지만 유가 발생 시기에 농가가 별도의 전문적인 서적을 갖출 정도로 발전을 보였다고 생각되지는 않는다.

110 · **공자께서 위(衛)나라에 가실 때 염유(冉有)가 수레를 몰았다.**
공자 말씀하셨다.
"백성이 많기도 하구나."
"백성이 많아지고 나면 또 무엇을 더해야 할까요?"
"부유하게 해야지."
"부유해지고 나면 또 무엇을 더해야 할까요?"
"가르쳐야 한다네." (1309)

子適衛, 冉有僕. 子曰, "庶矣哉!" 冉有曰, "旣庶矣, 又何加焉?" 曰, "富之." 曰, "旣富矣, 又何加焉?" 曰, "敎之."

【字義】 1. **適(적)** : 가다. 2. **僕(복)** : 수레를 끌다. 3. **庶(서)** : 많다. 4. **加(가)** : 더하다.

【설명】 나라에 중요한 것은 세 가지다. 우선 인구가 많아야 한다. 다음

으로는 많은 백성들을 경제적으로 넉넉하게 해주어야 한다. 교육은 마지막이다. 경제의 중요성을 말할 때 자주 인용되는 말이다. 공자도 교육보다는 백성들의 경제적 안정, 안정 정도가 아니라 부유하게 하기가 우선이라고 말했다는 것이다. 교육까지 이루어져야 제대로 된 정치라는 것이야 말할 것도 없다.

111 · **정공이 물었다.**

"임금이 신하를 부리고 신하가 임금을 섬기는 도리는 어떠해야 합니까?"

공자 대답하셨다.

"임금은 신하를 예에 맞게 부리고, 신하는 임금을 충성으로 섬겨야 합니다." (0319)

定公問, "君使臣, 臣事君, 如之何?" 孔子對曰, "君使臣以禮, 臣事君以忠."

【설명】 정공(定公)은 노나라의 군주로, 형인 소공(昭公)이 대부들에게 추방되어 외국에서 죽은 뒤 권신들에게 옹립되어 서기전 509년부터 495년까지 재위하였다. 공자의 연령으로 말하면 43세부터 57세까지이고, 공자가 노나라의 대신으로 발탁된 것은 이 군주 곧 정공 때이다. 정공 5년(서기전 505)에 10여년간 섭정을 하던 권신 계평자가 죽고 그의 아들 계환자가 대를 이어 권신의 힘이 약간 소강상태를 맞았을 때, 권신의 발호를 누르려고 등용한 이가 바로 공자였다. 정공은 권신들이 자신의 권위를 무시할까 염려하고 있었으므로, 도덕정치를 주장하는 공자가 도움이 될 것이라고 생각한 것이다.

이 장에서 공자의 말은 임금과 신하가 각자의 입장에서 행해야 할 도리를 말한 것으로, 윗사람은 신분이 낮은 이를 부릴 때 예의 규범에 맞게 부려야지 함부로 막 대해서는 안 되고, 아랫사람은 윗사람을 섬길 때 진실한 마음을 다해서 충으로 섬겨야 한다는 것이다.

이 장의 바로 앞에 놓인 팔일편 제18장에서 공자는 "임금을 섬김에 예의 규범에 맞게 극진히 대하는 것을 남들은 아첨한다고 한다"(0318)고 말하고 있다. 인간의 선의의 표현으로서의 예에 맞는 생활, 그것은 신분의 차이에 따라 그 표현이 달라지는 것이다. 기본적으로 예의 표현이란 인간 생활의 아름다운 질서이고, 공자는 거기서 아름다움을 느꼈다고 생각된다. 상하 간에 똑같이 자기 신분에 맞는 예를 갖출 때 인간 사회는 아름다워질 수 있는 것이다.

112 · **정공(定公)이 물었다.**

"한 마디 말로 나라를 일으킬 수 있다고 하니, 그런 말이 있습니까?"

공자 대답하셨다.

"말을 이토록 반드시 기약할 수는 없습니다만, 사람들이 하는 말에 '군주 되기 어려우며 신하 되기 쉽지 않다.' 합니다. 만일 군주 되기 어려움을 안다면 한 마디 말로 나라를 일으키는데 가깝지 않겠습니까?"

"한 마디 말로 나라를 잃는다고 하니, 그런 말이 있습니까?"

공자 대답하셨다.

"말을 이토록 반드시 기약할 수는 없습니다만, 사람들이 하는 말에 '나는 군주된 것 즐거울 것 없고, 말을 하거든 내 말을 어기지 말라.' 합니다. 만일 선(善)한 말이어서 아무도 어기는 이가 없다면 좋지 않겠습니까? 만일 선하지 않은 말인데도 아무도 어기는 이가 없다면, 한 마디 말로 나라를 잃는데 가깝지 않겠습니까?" (1315)

定公問, "一言而可以興邦, 有諸?"

孔子對曰, "言不可以若是其幾也. 人之言曰, '爲君難, 爲臣不易.' 如知爲君之難也, 不幾乎一言而興邦乎?"

曰, "一言而喪邦, 有諸?"

孔子對曰, "言不可以若是其幾也. 人之言曰, '予無樂乎爲君, 唯其言而莫予違也.' 如其善而莫之違也, 不亦善乎? 如不善而莫之違也, 不幾乎一言而喪邦乎?"

【설명】 정공에 대해서는 앞 장에 설명이 있었다. 한 마디 말로 나라를 일으키고 나라를 잃는다. 흥방(興邦), 나라를 일으키는 일과 상방(喪邦), 나라를 잃는 일은 지극히 중대한 문제이다. 그런데 그 두 가지 상반되는 일이 꼭 같이 말 한 마디에 달렸다는 것은 대단히 자극적이다. 일언흥방(一言興邦)과 일언상방(一言喪邦)이 모두 성어로 쓰이지만, 그만큼 유명한 말이다.

나라를 일으키는 한 마디 말은 '군주 되기 어려움을 아는 것'이다. 반대로 나라를 잃는 한 마디 말은 '내 말을 어기지 말라.'이다. 군주 되기 어려움, 군주 노릇하기 어려움을 아는 일이야 당연한 말이므로, 이 장에서 중심은 뒤쪽에 있다. 민심이니 직언이니 필요 없고 내가 옳다는 잘난 군주가 되고 보면, 세상사람 다 아는 일을 저 혼자만 모르는 바보가 되어 버린다.

앞뒤가 내용상 대를 이루고 있고, 문장에서는 '기(幾)' 한 개 글자가 중요한 역할을 하고 있다. 네 차례 쓰인 幾 자를 모두 같은 뜻으로 읽기도 하지만, 필자는 '若是其幾'에서는 '기약하다'로, '不幾乎'에서는 '가깝다'로 달리 풀이했다. 이해가 더 분명해지기 때문이다.

113 · **섭공(葉公)이 공자께 말했다.**

"우리 고장에 몸가짐을 정직하게 하는 자가 있으니, 그 아버지가 양을 훔치자 아들이 그것을 증언했답니다."

공자 말씀하셨다.

"우리 고장의 정직한 자는 이와 다릅니다. 아버지는 자식을 위하여 숨겨주고 자식은 아버지를 위하여 숨겨줍니다. 정직은 그 가운데 있답니다."

(1318)

葉公語孔子曰, "吾黨有直躬者, 其父攘羊, 而子證之." 孔子曰, "吾黨之直者異於是, 父爲子隱, 子爲父隱. 直在其中矣."

【字義】 1. **葉公(섭공)** : 섭이란 공자 당시 초나라의 한 고을. 그 고을을 차지하고 있던 심제량(沈諸梁)이라는 사람이라고 한다. 자는 자고(子高). 반란을 진압한 장수였고, 초나라의 재상을 역임하기도 한 정치인이었다. 葉은 '낙엽' 등의 단어에서 '엽'으로 발음되지만, 인명이나 지명으로 쓰일 때는 '섭'으로 읽힌다. 2. **吾黨(오당)** : 우리 고장. 당은 고대 중국에서 지방 조직의 하나로, 500가구가 1당이라고 한다. 여기서는 자신이 맡고 있는 섭이라는 지역을 낮추어 겸손하게 이른 말이다. 3. **直躬(직궁)** : 직은 바르다, 궁은 몸. 몸을, 몸가짐을 바르게 하다. '정직하기로 이름난 궁'이라는 의미로, 직궁 두 글자를 고유명사로 읽는 설도 있다. 어느 하나에 뛰어난 경우 그것이 성씨로 되어서 불린 사례는 많다. 앞에서 본 적이 있지만, 『맹자』에 나오는 바둑 잘 둔 '혁추(奕秋)'라는 이가 바로 그런 사례다. 바둑이라는 의미의 '혁'이 성으로 된 것이다. 4. **攘(양)** : 훔치다. 竊(절)이나 盜(도)가 미리 의도를 가진 행위인데 반해서, 의도 없이 결과적으로 훔치는 것으로 되는 경우

라는 설명이 있다. 5. 隱(은) : 숨다, 숨기다.

【설명】 독립 제후국도 아니고 초나라의 작은 고을 하나를 차지하고 있는 주제에 노나라 군주처럼 공(公)으로 불리는 것이 벌써 봉건체제가 무너졌다는 것을 상징적으로 보여준다. 춘추시기에 열국의 제후들은 공작(公爵)부터 후(侯), 백(伯), 자(子), 남작(男爵)까지 다섯 등급으로 나뉘었는데, 초나라 군주가 자작이었다. 해서 『춘추』에서 초나라 군주는 초자(楚子)라고 불린다.

섭공이 그의 영지를 방문한 공자에게 말했다.

우리 고을에 아주 정직한 자가 있어서, 아버지가 무언가 이유가 있어서 남의 양을 훔친 것을 자식이 증인이 되어서 그 죄를 증언했습니다.

섭공은 자신의 치적이 대단하다고 말하고 싶었다.

공자는 말했다.

우리 고장의 정직한 자는 그와 다릅니다. 아버지는 자식을 위해서 감싸 숨겨주고 자식은 아버지를 위해서 감싸 숨겨줍니다. 정직은 부모 자식이 그렇게 서로 감싸주고 숨겨주는 가운데 저절로 존재한답니다.

이 장을 국가와 사회 공동의 이익과 가정 내의 애정의 대립으로 보아서, 이를테면 법가와 유가의 입장 같은 것으로 이해할 수 있을까? 나아가서 혈연 중심의 동양 사회가 갖는 사회윤리 낙후의 원인을 이런 데서 구할 수가 있을까? 논쟁의 재료가 되겠다. 지금 우리나라 법률에서 이 장에서의 문제와 관련 있는 조항을 찾아보면, 부모와 자식이 공범이 아닌 한 죄가 성립되지 않는다. 참고로, 형법을 보이면 다음과 같다.

제151조(범인은닉과 친족간의 특례)

① 벌금 이상의 형에 해당하는 죄를 범한 자를 은닉 또는 도피하게 한 자는 3년 이하의 징역 또는 500만원 이하의 벌금에 처한다.

② 친족 또는 동거의 가족이 본인을 위하여 전항의 죄를 범한 때에는 처벌하지 아니한다.

이 대화는 유명했던 모양으로, 『장자』 「도척(盜跖)」 편을 비롯해 『여씨춘추(呂氏春秋)』와 『회남자(淮南子)』 등에도 보이는데, '직궁(直躬)' 두 글자를 고유명사로 하고 있는 경우가 많다.
한데, 후대의 기록이지만, 직궁에 대해서는 다른 얘기도 있다.
초나라 직궁이라는 자는 그 아버지가 양을 훔치자 위에 고해바쳤다. 위에서 그 아버지를 잡아서 목을 베려고 하자 직궁은 자신이 대신하겠다고 했다. 직궁의 목을 베려고 하자 관리가, '아버지가 양을 훔치자 고해바친 것은 신(信)이고, 아버지가 죽임을 당하게 되자 대신한 것은 효입니다. 신실하고 효성스러운 이를 죽이면 나라에 죽임을 당하지 않을 사람이 있겠습니까?' 라고 만류해서, 초나라 왕이 그 말을 들어 처벌하지 않았다고 한다. 여기서 '직궁이 아버지를 구하다[直躬救父]' 라는 성어가 생겼다고 한다. 『여씨춘추』에 있다.

114 · **맹씨(孟氏)가 양부(陽膚)를 사사(士師)로 삼자 양부가 증자(曾子)에게 여쭈었다. 증자는 대답하였다.**
"윗사람이 도리를 잃어 민심이 떠난 지 오래라네. 만일 실정을 얻는다면 불쌍히 여기고 기뻐하지 말아야 하네." (1919)

孟氏使陽膚爲士師, 問於曾子. 曾子曰, "上失其道, 民散久矣. 如得其情, 則哀矜而勿喜!"

【설명】『논어』의 끝부분에 있는 말이지만, 증자와 그 제자의 대화다. 맹씨는 당시 노나라의 대부이고, 양부는 증자 제자다. 사사(士師)는 법을 집행하는 관직의 통칭인데, 『주례』에 따르면 사구(司寇)의 속관이라고 한다. 금령(禁令)과 옥송(獄訟), 형벌의 일을 관장하는 벼슬이다. 맹씨에 의해 형벌에 대한 일을 담당하는 관리로 임명된 양부는 그 스승 증자를 찾아 형벌의 처리 원칙에 대해서 물었다. 증자 대답의 요지는 범법자, 범죄인들이 생산되는 배경을 먼저 고려해야 한다는 것이다. 범법자가 생겨나는 것은 윗사람 곧 위정자의 책임이고, 사회 통합의 궁극적 장치인 정치의 책임이라는 것이다. 부득이한 형편에서 범죄에 내몰린 백성들의 범법의 실상을 하나하나 꼬치꼬치 추궁해서 자초지종을 캐내고, 그래서 유죄를 입증하고 사건을 해결했다고 기뻐해서는 안 된다는 것이다. '만약 실정을 얻는다면'이라는 곳에서 '실정'으로 번역된 '정(情)'이라는 단어는 감정이나 뜻이라는 말이 아니고 어떤 일의 실상이나 진실이라는 의미다.

115 · **공자 말씀하셨다.**

"관중은 그릇이 작구나!"

어떤 사람이, "관중은 검소했습니까?" 라고 묻자, 공자 대답하셨다.

"관씨는 삼귀(三歸)를 둔 데다 가신(家臣)의 일을 겸직시키지 않았으니, 어찌 검소하다고 할 수 있겠는가."

"그럼, 관중은 예를 알았습니까?" 여쭈자, 다음과 같이 말씀하셨다.

"나라의 임금이라야 병풍으로 문을 가릴 수 있는데 관씨도 병풍으로 문을 가렸고, 나라의 임금이라야 두 임금이 우호로 만날 때 술잔을 되돌려 놓는 받침을 둘 수 있는데 관씨도 술잔을 되돌려 놓는 받침을 두었지. 관씨가 예를 안다면 누가 예를 알지 못하겠는가." (0322)

子曰, "管仲之器小哉!" 或曰, "管仲儉乎?" 曰, "管氏有三歸, 官事不攝, 焉得儉?" "然則管仲知禮乎?" 曰, "邦君樹塞門, 管氏亦樹塞門. 邦君爲兩君之好, 有反坫, 管氏亦有反坫. 管氏而知禮, 孰不知禮?"

【설명】 관중(管仲, 서기전 약 723~645)의 성은 희(姬), 씨는 관(管), 이름은 이오(夷吾), 자는 중(仲), 시호는 경(敬). 춘추시대의 정치인, 군사전략가, 법가의 선구적이고 대표적인 사상가. 그의 저술이라고 하는 『관자(管子)』가 전한다. 관포지교(管鮑之交)라는 고사성어는 지금 우리에게도 익숙하다.

관중은 공자보다 200년쯤 전 춘추시대 초기, 제(齊)나라 환공(桓公)을 도와 패업(霸業)을 이룬 인물이고, 공자에게서 가까운 시대의 정치가 가운데 가장 위대한 인물로 꼽힌다. 그런 관중을 두고 공자는 '그릇이 작다', 기국(器局)이나 기량(器量)이 작다, 사람 됨됨이가 좀스럽다고 문제를 제기했다. 그 말을 들은 어떤 사람이 '아, 그릇이 작았다고? 그럼 사람이 매사에 쩨쩨하고 손이 작아서 통이 크지 못했겠구나.'라고 생각했다. 검소하다는 말은 그런 의미다.

공자의 대답에서 '관씨'라는 말은 관중의 성씨 중에서 '씨'가 '관(管)'이어서 그렇게 호칭했겠지만, 여기서는 그런 의미로 쓰인 것은 아니다. 관중을 낮추어서, 비판적으로 지칭한 것이다. 씨(氏)라는 말은 예전이건 지금이건 상대방에 대한 높임말로 쓰이지만, 경우에 따라서는 여기서처럼 낮추어 부르는 말로도 동시에 쓰였고, 다 아는 대로, 지금도 우리말에서 그렇게 쓰인다.

삼귀(三歸)에 대해서는 갖가지 해석이 있지만, '귀(歸)'란 그 글자의 발음이 '가(家)' 와 유사하다는 점에 착안해서 삼가(三家)의 뜻으로 읽고, 3인의 여성을 처로 삼았다고 풀이하는 것이 보통의 설이다.

'가신의 일'이라는 말의 원문은 관사(官事)인데, 여기서 '관의 일'이란, 제나라 군주에게 속한 나라 관리의 일이 아니라 관중의 집안에서 관중 개인이 부리는 가신이 담당하는 일을 이른다. 가신이란 비서나 서기와 비슷한 측면이 있는 직책이겠다. 나라의 경우와는 달리, 한 집안의 가신은 한 사람이 여러 가지 일을 담당하도록 겸직시켜야 한다. 그런데 관중은 가신을 쓰면서 한 사람이 한 가지 일을 맡도록 해서 숫자가 아주 많았고, 겸직을 시키지 않았다는 말이다. 관중의 그런 태도나 마음가짐은 검소와는 거리가 멀고, 교만하기까지 하다. 원문에서 '섭(攝)' 이라는 글자는 '겸하다'는 뜻이다.

문(門) 가운데다 큰 칸막이를 두어서 문짝이 열리더라도 집안이 보이지 않도록 하는 것, 그것은 나라의 군주에게만 허용된 특권이다. 한데 관중의 집에도 그것이 있었다. '병풍'이라고 옮긴 수(樹)는 보통 '나무' 라는 의미로 읽히지만, 여기서는 병풍, 담장, 가리개라는 뜻이다.

'술잔을 되돌려 놓는 받침대'는 반점(反坫)의 번역이다. 반(反)은 되돌리다, 점(坫)은 대(臺) 곧 터, 받침, 자리라는 의미. 요즈음 말로 하자면 정상회담을 하는 두 나라 군주가 연회에서 건배를 한 뒤에 술잔을 되돌려 두는 받침대. 다산 정약용의 설명에 의하면, 흙으로 빚어 만들었다고 한다. 군주만 둘 수 있는 대문 안쪽의 가리개를 두고, 군주만 쓸 수 있는 술잔을 되돌려 놓는 받침대를 쓴 두 가지 일로 보아, 관중이 예를 알았다고 하기 어렵다는 평가다.

문을 가리는 칸막이는 지금 조벽(照壁), 조장(照牆), 영벽(影壁) 등으로 불린다. 중국에서는 가정이나 식당, 심지어는 화장실 같은 곳에서도 안과 밖을 가르는 칸막이나 장치를 쉽게 볼 수 있다. 형태를 달리해서 다양한 모습으로 바뀌었는데, 시대가 내려올수록 고급문화가 대중문화로 되는 것은 동서고금이 마찬가지일 테다.
참고로, 삼귀(三歸)에 대해서 조선 후기 학자인 순암 안정복(安鼎福, 1712~1792)은 유향(劉向, 서기전 77~서기전 6)과 명나라 학자인 공정운(孔貞運, 1574~1644)의 설을 인용하여 '높은 건물'이라고 설명하였다.

116 · **자로가 여쭈었다.**
"환공(桓公)이 공자규(公子糾)를 죽이자, 소홀(召忽)은 죽었고, 관중(管仲)은 죽지 않았습니다. 관중은 인(仁)하지 못한 것이지요?"
공자 말씀하였다.
"환공이 제후들을 규합하되 무력을 쓰지 않은 것은 관중의 힘이었으니, 누가 그의 인(仁)만 하겠느냐, 누가 그의 인만 하겠느냐?" (1416)

子路曰, "桓公殺公子糾, 召忽死之, 管仲不死, 曰, 未仁乎?" 子曰, "桓公九合諸侯, 不以兵車, 管仲之力也. 如其仁, 如其仁."

【설명】 관중이라는 인물에 대해서 언제나 문제가 되는 것은, 절개를 버리고 대업을 이루었다는 것이다. 자기가 주인으로 모시던 공자규가 죽을 때, 동료였던 소홀은 자살로 절개를 지켰는데 관중은 반대편인 환공에 섰다는 점, 그 점은 거의 200년이 지난 뒤에까지도 지속적으로 문제가 되어서 사람들에게 자주 토론의 대상이 되곤 했다. 자로는

당시로서는 누구나 다 훤히 알고 있던 관중의 행적을, 그 핵심적인 내용을 새삼 되풀이하고 나서 한참을 뜸을 들여 고심을 하더니, '관중은 인하다고 할 수는 없는 인물'이라고 결론을 내린다. 거기에 대한 공자의 대답을 요구한다.
춘추오패(春秋五霸)라고, 주나라 천자의 권위가 사라진 춘추 시대에 천자를 빌어 질서를 유지한 다섯 군주 가운데 첫 번째가 제나라 환공(桓公)이었고, 환공의 업적은 관중이 도와서 가능한 일이었다. 구합(九合)의 九라는 글자를 고주 계통에서는 본디 의미대로 '아홉'으로 읽고 신주는 '규(糾)', '규합하다'로 읽는다. 환공이 제후들을 아홉 차례나 모았지만 또는 제후들을 하나로 모아서 규합했지만, 그 일을 무력으로 하지 않은 것은 관중의 능력 덕분이었다. 관중이 아니었다면 중국은 걷잡을 수 없는 혼란의 시기를 겪었을 것이다. 관중의 그런 업적은 인이라고 하기 충분하다. 공자 대답은 대체로 이런 취지다. 자로 같은 무인 기질의 강골로서는 납득하기 쉽지 않은 말이었으리라.

117 · **자공이 여쭈었다.**
"관중은 인한 이가 아닐 것입니다. 환공이 공자규(公子糾)를 죽였는데도 죽지 못하고 게다가 환공을 도와주다니요."
공자 대답하셨다.
"관중이 환공을 도와 제후에게 패자가 되어 한 번 천하를 바로잡아, 백성들이 지금까지 그 혜택을 받고 있다네. 관중이 없었다면 우리는 머리를 풀어헤치고 옷깃을 왼쪽으로 하는 오랑캐가 되었을 것이네. 어찌 필부필부가 소소한 신의를 지키느라 스스로 도랑에서 목을 매어 죽어도 아무도 알아주는 이가 없듯이 하겠는가." (1417)

子貢曰, "管仲非仁者與? 桓公殺公子糾, 不能死, 又相之." 子曰, "管仲相桓公, 霸諸侯, 一匡天下, 民到于今受其賜. 微管仲, 吾其被髮左衽矣. 豈若匹夫匹婦之爲諒也, 自經於溝瀆而莫之知也?"

【설명】 자로에 이어서 이번에는 자공의 질문이다. 두 사람 질문의 취지는 동일하다. 공자의 대답은 더 적극적이다. 확실하게 관중을 긍정한다. '일광천하(一匡天下)', 한번 천하를 바로잡는다거나 '피발좌임(被髮左衽)', '머리를 풀어헤치고 옷깃을 왼쪽으로 하다' 같은 말은 이후 널리 쓰이는 성어가 되었다. 소소한 신의를 위해 목숨을 초개 같이 던져서 아무도 그 죽음의 존재조차 모르는 일, 관중 같은 인재가 그렇게 허망한 일을 할 리가 없고, 해서도 안 된다는 것이다.

이상, 관중을 주제로 한 세 장을 보았다. 처음은 관중에 대해 비판적이었던 공자가 자로와 자공과의 토론에서는 앞에서와는 상반되는 입장을 보인다. 공자의 입장 변화는 정말로 변화인가, 달라진 점을 어떻게 평가할 것인가 같은 문제도 토론의 재료가 될 만하겠다. 달리, 지조라거나 절개라는 것은 과연 어떤 물건인가, 21세기에도 유효한 가치인가? 지나간 자료에서 구체적인 사례를 찾아서 토론을 해볼 만한 소재로도 좋겠다고 생각된다.

언어와 문학

제4

4. 언어와 문학

언어니 문학이니 하는 말은 『논어』에서 처음 보인다. 그때 벌써 하나의 단어로 성립했다. 물론 『논어』에 보이는 문학이라는 말은 학문에 가까운 의미였지만, 공자 가르침에서 두 가지는 중요한 영역이었다. 공자는 독서인이었다. 중국 역사에 처음으로 등장한 작가이자 비평가이고 장서가였다. 그는 자기 학문의 완성을 위한 방도로서 말과 글, 언어와 문장에 세심한 주의를 기울였다.

문장이란 화이함실(華而含實), 아름다운 문체에 훌륭한 내용이 가장 바람직하겠지만, 누구나 경험하듯 쉬운 일이 아니다. 내용과 형식이란 언제나 중요하다. 『논어』에서 동양 문예 사조의 출발기 고대 지식인들의 문학에 대한 생각의 일단을 알 수 있겠다.

118 **공자 말씀하셨다.**

"말이란 뜻이 전달되면 그만이다."

子曰, "辭達而已矣."

【설명】 '말'이라고 옮긴 '사(辭)'라는 글자를, 일반적인 언어 내지는 문장의 의미로 이해하고, 말이란 화자의 의사를 전달할 수 있으면 그것으로 좋다고 읽는 것이 보통의 설이다. 본디 음악적인 중국의 문장이 왕왕 갖기 쉬운 폐해의 하나로서 과도한 수식에 흐를 때, 그것에 대한

경고로 자주 인용되는 것이 『논어』의 이 장이다.

일본 학자인 오규 소라이(荻生徂徠, 1666~1728)의 설은 달라서, 여기의 말이란 일반적인 언어가 아니라 특수한 언어로서, 외국에 파견된 사신이 자기 나라 군주의 뜻을 상대국 군주에게 전하는 말이라고 한다. 그리고 『의례(儀禮)』「빙례(聘禮)」에 외교관의 마음가짐으로서 "말이 많으면 허식이 되고 적으면 뜻이 전달되지 못한다. 말이란 뜻을 전달할 수 있으면 의의(意義)가 충분한 것이다"[1]라는 말을 인용하여, 이 장에서의 말이 외교라는 특수한 경우의 언어를 가리킨다는 것은 이것으로 극히 분명한데, 주자는 오해해서 일반적인 언어라고 하였고, 또 그 오해 때문에 언어에서 아름다운 수식을 배격하는 편파적인 문학론이 횡행하게 되었다고 역설한다.

중국에서도 오규 소라이보다 62세 후배인 청나라 학자 전대흔(錢大昕)이 완전히 꼭 같은 설을 펴고, 그 증거를 보완해서 『춘추공양전』 장공(莊公) 19년의 "빙례(聘禮)에서 대부는 명(命)을 받지 사(辭)를 받지 않는다."[2]는 말을 인용하고 있다.

두 학자가 말한 바는 견고한 증거에 기초하지만 일반적으로 유력한 것은 역시 보통의 설 곧 주자 설이다. 그러나 적당한 수식(修飾)은 좋은 언어와 좋은 문장의 조건으로 공자도 존중했다는 자료가 있다. 『좌전』 양공(襄公) 25년 조에서 공자는 "말이 꾸밈이 없으면 행하되 멀리 가지 못한다(言之無文, 行而不遠)" 고 하였다.

중국 문학의 표현 양식은 크게 보아서 달의주의(達意主義)와 수사주의(修辭主義)의 교착이라고 말할 수 있다. 각각 고문(古文)과 변문(騈文)이라는 두 산문 양식이 대표적이다. 수사라는 말은 『주역』「문언

1_ 辭多則史, 少則不達. 辭苟足以達, 義之至也.
2_ 聘禮, 大夫受命, 不受辭

전(文言傳)」의 "말을 수식해서 그 성(誠)을 세운다."라는 데서 비롯된 것이다. '사달'이라는 말에서 유래한 달의주의는 문장의 근본은 어디까지나 내용이고 그 내용을 바르게 전달하는 것이 중요하므로, 성의(誠意)가 빠진 문식(文飾)은 배제되어야 한다고 주장한다. 수사주의는 문식을 궁리해서 표현에 힘쓰는 것이야말로 비로소 자신의 성의도 정확하게 상대에게 전달할 수 있는 방법이라고 주장한다. 문학에 있어서 내용과 형식이란 언제나 중요한 문제라는 점을 일찍이 보여주는 사례다.

119 · 공자 말씀하셨다.
"『시경』을 한 마디로 말하자면 '생각에 사(邪)가 없는 것'이다."

子曰, "詩三百, 一言以蔽之, 曰, '思無邪'."

【설명】『시경』이라고 옮겼지만, 원문은 '시삼백(詩三百)'이다. 지금 우리가 볼 수 있는 『시경』에 수록되어 있는 시는 모두 305편이고, 제목만 있고 본문이 없는 것까지도 합하면 311편이지만, 대략의 수를 따라서 삼백이라고 한다. 예전 문헌에서는 '시'라고만 해도 『시경』을 이르는 경우가 많고, 시삼백이니 삼백 편이니 혹은 그냥 삼백이라고만 해도, 문맥에 따라서는 『시경』을 이른다. 『논어』「자로(子路)」편에도 "시 삼백을 다 외우더라도"라는 말이 보이는데, 어쨌든 공자가 그 학숙(學塾)의 교과서로 사용한 『시경』이 현재의 그것과 같은 모양이었음을 증명하는 자료가 된다. 모두 7195개 구(句).
'한 마디로 말하자면'으로 옮긴 일언이폐지(一言以蔽之)라는 말은 지금도 그대로 한국어 단어로 쓰인다. '일언이폐지' 라고 입력을 하고 키보드에서 '흔글' 의 한자변환 키, F9을 누르면 한자사전에 등록되어 있는 단어다. 국어사전에서 찾아보면 "한 마디로 그 전체의 뜻을 다 말하다." 라고 설명되어 있다. 동시에, 중국과 일본에서도 같은 말이 같은 의미로 다 같이 사용된다.

'생각에 사(邪)가 없는 것'은 사무사(思無邪)의 번역이지만, 역시 지금도 흔히 쓰이는 말이다. '사(邪)' 라는 글자가, 사특(邪慝)이니 사악(邪惡)이니 간사(奸邪)니라는 식으로 앞뒤에 다른 글자를 덧붙이지 않더라도, 지금도 우리말에서 그 하나의 글자로 의미를 갖는 말이다. '생각이 사(邪)가 없다, 생각에 사가 없다' 가 모두 가능하다. 이 세 글자는 실제로 현재 『시경』에서 찾아볼 수 있다. 노송(魯頌)의 「경(駉)」이라는 제목의 시에 쓰인 한 구절이다. 『시경』은 크게 풍(風), 아(雅), 송(頌)의 세 부분으로 나뉜다. 풍은 15국풍이라고 해서, 대개 고대 중국 열다섯 개 나라의 민요 모음이라고 한다. 아는 대아(大雅)와 소아(小雅)의 두 편으로 나뉘는데, 귀족 지식인에 의해 창작된 시편들이라고 하고, 송은 칭송하다는 의미 그대로, 나라와 귀족들의 제사 등에서 신과 조상을 찬양한 내용이 주를 이룬다. 주송(周頌), 노송(魯頌), 상송(商頌)의 세 편이 있다.

'사무사' 석 자가 들어 있는 「경(駉)」이라는 제목의 시는 공자보다 150년 전의 노(魯)나라 군주인 희공(僖公, 서기전 659~627 재위)을 기린 시다. 시와 음악을 존중하는 것은 공자 교육의 한 가지 특징이었다. 공자가 교과서로 뽑은 시 삼백 편의 반 이상은 민요로, 분방한 연애를 노래한 내용, 인생의 고뇌를 노래한 어두운 내용 등도 있지만, 그런 시들도 모두 순수한 감정 위에 성립한 것으로 공자는 존중하였음을 이 장(章)은 보여준다.

행동은 밖으로 드러난다. 남이 눈으로 보고 귀로 들을 수 있는 행동과 말에도 사(邪), 그릇됨이 없기란 결코 쉬운 일이 아니다. 하지만, 머릿속으로 저 혼자 떠올리는 온갖 잡다하고 변화무상한 생각에 삿된 점이 없다니! 가능한 일일까? 아마도 육신을 지닌 인간은 그럴 수가 없을 터이다.

북송(北宋)의 저명한 학자인 정이(程頤, 1033~1107, 伊川)는 "사무사(思無邪)는 성(誠)이다." 고 설명했다. 그가 말한 성이란 그저 '정성스럽다, 참되다, 성실하다' 는 정도의 의미가 아니다. 유가 철학의 극히 중요한 개념이다. 즉, 일체 만물, 모든 존재의 궁극이다. 성실하지 않고는 글자 하나도 제대로 알 수 없으니, 성실이야말로 사람에나 우주에나 일관되게 중요한 덕목이다.

한편, 이 장에서 공자가 한 말은, 이후 중국과 동아시아에서 시, 곧 문학을 이해하는데 하나의 표준이 되었다. 앞에서도 몇 차례 언급이 있었지만, 『시경』은 공자와 그 제자들에게 중요한 텍스트였다. 『시경』에서 무엇을 배울까? 감정의 순수함이었다. 여기서 순수함이라는 말은 범위가 넓다. 선한 내용의 시를 보고는 그 선한 점을 따르고, 선하지 못한 내용의 시를 보고는 그 선하지 못한 점을 토대로 자기를 반성하는 것이다. 곧, 선을 지향하는 인간의 순수함을 고무, 추동하는 것이야말로 문학의 가치이자 의의라는 생각이, 벌써 여기서 보이는 것이다. 문학은 세상에 대해서 쓸모가 있다, 곧 효용이 있다는 입장이다.

이 장에서 공자는 『시경』의 7195개 구절 중에서 하나인 '사무사' 석 자를 『시경』 전체를 대표할만한 '표어' 로 내세웠다. 그가 『시경』을 얼마나 열심히 공부했는지, 그래서 얼마나 탁월하게 이해했는지를 잘 보여주는 말이기도 하다.

120 · **공자 말씀하셨다.**

"「관저(關雎)」는 즐거우면서도 지나치지 않고, 슬프면서도 조화를 해치지 않는다." (0320)

子曰, "關雎, 樂而不淫, 哀而不傷."

【설명】「관저」는 시경의 제일 첫 장이지만, 지금은 행복한 결혼을 축하하는 시라고 이해하는 사람이 많다. 이 장은 「관저」의 내용 곧 가사를 비평했다는 것이 보통의 설이지만, 내용에 대한 비평이 아니라 악곡인 「관저」에 대한 비평이라는 설이 있다.

중국 문학이 언제나 극단적인 감정 표출을 꺼리고 절도 있는 표현을 귀하게 여길 수 있었던 것은 공자의 이 말에 적지 않은 영향을 받고 있다고 인정된다. 덧붙여, 「태백(泰伯)」 편 제15장에는 분명히 악곡으로서의 「관저」에 대한 비평이 들어 있다.[3]

참고로 해암(海巖) 유경종(柳慶種, 1714~1784)은 "關雎, 樂而不淫" 다음에 '소아(小雅)' 두 자가 빠진 듯하다고 하였다. 그리고, "「관저」 시에 무슨 애상(哀傷)의 뜻이 있단 말인가? '자나깨나 그리워한다[寤寐思服]' 같은 구절을 애상이라고 한다면 지나친 것이다. 『회남자』에서 국풍과 소아를 논한 것을 보면 알 수 있다."고 하였다. 유경종은 남인계의 학자로, 문집과 함께 『파적(破寂)』이라는 이름의 필기류 저작을 남기고 있다.

3_ "子曰, 師摯之始, 關雎之亂, 洋洋乎, 盈耳哉!"

121 · **공자 말씀하셨다.**

"너희들은 어째서 시를 배우지 않느냐? 시는 뜻을 일으킬 수 있고, 득실을 살필 수 있고, 남과 조화롭게 무리를 지을 수 있고, 서운한 일을 원망할 수 있으며, 가깝게는 부모를 섬길 수 있고 멀리는 임금을 섬길 수 있게 하며, 새와 짐승, 풀과 나무의 이름을 많이 알 수 있게 한다." (1708)

子曰, "小子何莫學夫詩? 詩, 可以興, 可以觀, 可以羣, 可以怨. 邇之事父, 遠之事君, 多識於鳥獸草木之名."

【설명】 시의 효용 내지는 문학의 효용을 논한 장으로서, 매우 유명하다. '너희들' 이라고 옮긴 처음의 '소자(小子)' 라는 말은 제자들을 가리킨다.

'하막학부시(何莫學夫詩)' 라는 말은 대단히 강한 말투이고, 공자가 시 혹은 문학을 얼마나 중시하였나를 볼 수 있는 말투이다. '도대체 왜, 도대체 어째서' 시를 공부하지 않느냐는 추궁의 뉘앙스가 들어 있는 말이다.

'흥관군원(興觀羣怨)' 넉 자가 중심이지만, 그대로 성어로 쓰인다. 시는 감정의 표현이므로, 논리의 서술인 다른 문헌과는 다른 효용을 네 가지 측면에서 지적한 것이다. 감정의 표현이므로 지니는 특수한 자유로움으로서의 비유 혹은 감정의 설렘, 그것을 말하는 것이 '흥(興)'이고, 감정의 표현이므로 지니는 광범한 관찰이 '관(觀)'이다. 이상 두 가지는 시라고 하는 존재의, 첫 번째로 꼽을 성질에 대한 지적이라고 할 수 있다. 다음으로 집단생활에 있어서 효용을 말하는 것이 '군(羣)'이고, 돌릴 곳 없는 개인적인 감정의 발산을 말하는 것이 '원(怨)'이라고 생각된다.

묵자(墨子)가 「비악(非樂)」이라는 글에서 음악을 부정한 것은 곧 시의 부정이고, 노자(老子)나 기타 도가(道家)가 인위적인 문명을 부정하는 것도 시의 부정으로 연결되는 것이다. 그러므로 이 장의 말은 매우 귀중한 것이다. 중국에 있어서 문학이라는 가치의 정립은 이 조목에서 시작된다고 해도 좋다. 공자가 지닌 문학 존중 사상의 반영이라는 것 역시 의심할 나위 없이 분명하다.

122 · **공자께서 백어(伯魚)에게 이르셨다.**
"너는 주남(周南)과 소남(召南)을 배웠느냐? 사람으로서 주남과 소남을 배우지 않으면 바로 담장을 마주하고 서 있는 것과 같을 것이다."

子謂伯魚曰, "女爲周南　召南矣乎? 人而不爲周南　召南, 其猶正牆面而立也與?"

【설명】앞장과 연결해서 하나의 장으로 읽기도 하고 서로 다른 두 개의 장으로 읽기도 한다. 주남, 소남은 『시경』의 첫 편 이름이다. 장면(牆面) 또는 면장(面墻)이라는 말로 흔히 쓰이지만, '바로 담장을 마주하고 선다.' 는 말은 역시 그대로 쓰이는 성어로 유명하다. 한 물건도 보이는 것이 없고 한 걸음도 나아갈 수 없다는 말이다.

제5장 예와 음악

5. 예와 음악

중국 산동성 곡부, 공자 사당과 공자 후손들의 거처인 공묘(孔廟)와 공부(孔府) 밖을 두르고 있는 높직한 성벽의 정문 양쪽에는 예악(禮樂) 두 개 글자가 하나씩 크게 서 있다. 공자 가르침을 대표하는 표어라고 하겠다. 예라고 하면 흔히 개인적인 예의라고만 생각하지만, 국가 통치 제도 일반을 가리키는 넓은 의미가 함께 들어 있다.

[산동성 곡부(曲阜) 시에 있는 공자 사당인 공묘(孔廟)의 정문 모습. 성벽은 명나라 때의 유물이라고 한다.]

공자는 인간 행동의 준칙으로서 예와 함께 그 예를 효과적으로 구현하는 조화로운 장치로서 음악을 중시했다. 흔히들 "공자 같은 말씀 하네."라고 비꼬면 꼬장꼬장하고 정나미 떨어지는 융통성 없는 원칙주의자를 떠올리지만, 공자와 상관이 없는 일이다. 사물 일반이 두루 그러하듯이, 중국이건 우리나라건 예는 교조적으로 변질되고 정치권력과 한 몸이 되어서 당쟁의 논리와 수단으로 떨어졌지만, 『논어』에서 그런 기미는 찾을 수 없다.

123 · **유자가 말했다.**

"예(禮)를 적용하는 데는 조화가 중요하니, 이전 훌륭한 왕들의 방식은

바로 이 점에 뛰어나서, 작은 일이건 큰일이건 조화를 따랐다. 하지만 따라하지 못할 일이 있으니, 조화가 좋은 줄만 알아서 조화만 행하고 예로써 조절을 하지 않는다면 그 역시 시행할 수가 없다." (0112)

有子曰, "禮之用, 和爲貴, 先王之道, 斯爲美, 小大由之. 有所不行, 知和而和, 不以禮節之, 亦不可行也."

【字義】 1. **有子(유자)** : 공자의 제자. 앞에 있었다. 2. **和(화)** : 조화. 3. **不以禮節之(불이예절지)** : 예로써 조절하지 않다.

【설명】 앞에서 언급이 있었지만, 예(禮)는 음악과 함께 공자 가르침에서 중요한 일이었다. 예라는 글자가 『논어』에 75회나 사용되고 있다거나, 『논어』 제3편 팔일편(八佾篇)이 전부 예에 관한 내용으로 편집되어 있는 것은 그 중요성을 잘 보여준다. 학이편 제12장에 보이는 유약(有若)의 말은 예에 대한 언급의 처음이다.

예란 융통성 없이 딱딱한 규칙, 다소 거칠게 말하자면 인간 행동을 규율하는 족쇄라는 성격을 갖고 있다. 그러므로 예를 실제로 행하려고 할 때 우선 고려해야 할 측면은 조화로움, 달리 말하자면 부드러움, 자연스러움이다. 한데, 조화는 예를 실행할 때 중요한 측면이지만, 조화의 훌륭함만 동경해서 거기에 빠져 있기만 해서는 안 된다. 일의 질서 있는 수행이라는 예의 본질적인 측면, 그것이 우선이라는 것이다.

한데 이 장의 구체적인 부분들에 대해서는 여러 가지로 다양한 견해가 있다. 우선 첫 구를 '예를 적용하는 데는 조화가 중요하다[禮之用, 和爲貴]'로 읽은 것은 주자의 방식이다. 원문을 더 살려서 직역을 하자면 '예의 작용(쓰임)은 화(和)가 귀하다'로 읽는다. 즉, 모든 것에는 체(體)와 용(用), 곧 본체(本體)와 작용(作用)의 두 측면이 있지만, 예라는 본질의 작용에 있어서 가장 귀중한 것은 조화라는 해석이다. 그러나 이 같은 체와 용이라는 사상은 불교에서 도입된 것으로, 본디의 유가 사상에는 없는 것이라고, 이후의 많은 학자에게 반박 당하고 있다.[1] 그래서 원문의 용(用) 자를 이(以), '~로써' 의 의미로 보아서, "예는 조화를 귀하게 여기다" 로 읽는 것이 본래 의미라고 한다.

이 장의 주제를 제후들이 교제할 때의 예라고 보고, '작은 일이건 큰 일이건' 또는 '작고 큰일을 행함에 있어서' 라고 번역되는 소대유지(小大由之)라는 말을, 소국(小國)과 대국(大國), 즉 작은 나라든 큰 나라든 모두 예로써 서로 외교를 해야 한다고 읽는 설도 있다.

예란 가정생활 내지는 사회생활, 정치생활에 있어서 정해진 의식이지만, 인간의 문화생활의 이상적인 법칙을 보여주는 것이다. 그것은 무엇보다도 시대 상황과 밀접한 관계를 갖는다. 시대 변화의 결과물이라는 점에서, 예라는 문화적 장치의 속성은 변화라고 말할 수 있겠다. 『중용』에서 "지금 세상을 살면서 옛 도를 회복하자는 자는 재앙이 그 몸에 따라온다." 고 한 것은 그런 생각을 반영하고 있다.

예에 관한 고대 중국의 책으로서 지금까지 전하는 것으로는 삼례(三禮)라고 해서, 『예기(禮記)』와 함께 『의례(儀禮)』, 『주례(周禮)』가 있고, 뒤쪽 두 가지는 공자보다 앞선 성인인 주공(周公)이 정한 것이라고 한다. 세 가지가 다 십삼경(十三經)에 포함된다.

124 · **자공이 여쭈었다.**

"가난하되 아첨하지 않고 부유하되 교만하지 않으면 어떻습니까?"

1_ 불교가 중국에 들어온 것은 후한 명제(明帝, AD57~75년 재위) 때라고 한다.

공자 대답하셨다.

"그런대로 괜찮지. 하지만 가난하면서 즐거워하며 부유하면서 예를 좋아하는 이만은 못하네."

자공이 다시 여쭈었다.

"『시경』에 '자른 듯 깎아낸 듯하고, 쪼은 듯 갈아낸 듯하네'라 하더니, 바로 이런 경우를 두고 한 말이군요?"

공자 다시 대답하셨다.

"사(賜)는 이제야 『시경』을 같이 얘기할 만하구나. 지나간 일을 일러주자 다가올 것을 아는구나." (0115)

子貢曰, "貧而無諂, 富而無驕, 何如?" 子曰, "可也, 未若貧而樂, 富而好禮者也." 子貢曰, "詩云, '如切如磋, 如琢如磨', 其斯之謂與?" 子曰, "賜也, 始可與言詩已矣, 告諸往而知來者."

【字義】 1. **諂(첨)** : 아첨. 2. **驕(교)** : 교만. 3. **何如(하여)** : 어떠한가, 무엇과 같은가? 앞뒤 글자를 서로 바꾸어서 如何라고 해도 같은 말임. 4. **可(가)** : 보통은 가능하다, 옳다, 충분하다는 말이지만, 여기서는 그런대로 괜찮기는 하지만 미진한 부분이 남아 있다는 의미. 5. **未若(미약)~** : ~만 못하다. 6. **貧(빈)** : 가난. 7. **切磋琢磨(절차탁마)** : 짐승의 뿔이나 뼈 또는 옥이나 돌 따위를 갈고 닦아서 빛을 낸다는 뜻으로, 부지런히 학문과 덕행을 닦음을 이르는 말. 8. **賜(사)** : 공자 제자 자공의 이름.

【설명】 자공은 재아(宰我)와 나란히 '언어'에 뛰어난 제자였다. 동시에

『논어』 제11「선진」편에서 공자가 "사(賜)는 운명을 받아들이지 않고 재산을 불렸다."고 말하고 있는 것처럼, 돈 버는 데도 뛰어난 제자이다.

자공은 대단히 명민하고, 제자들 중에서 학문에도 실천에도 특별히 뛰어난 사람이었다. 공자 사후에 다른 제자들은 삼년상을 치르고 다 떠나갔는데, 그는 혼자 공자 묘소에 남아서 삼년상을 한 번 더 치렀다는 제자이기도 하다. 지금 산동성 곡부의 공자 묘소 앞에는 자공의 그런 고귀한 행동을 기리는 기념비가 따로 서 있다.

자공이 먼저 말을 꺼낸다. "가난하되 아첨하지 않고 부유하되 교만하지 않으면 어떻습니까?" 자공 자신의 행적을 이른 말일 것이다. 자공은 젊어서는 가난했고 아마도 중년 이후에는 부유해졌을 것이라고 한다. 가난하면서 아첨하지 않기는 상대적으로 쉽지만, 부유하면서 교만하지 않기는 쉽지 않은 일이다. 자공 자신은 그렇게 했고, 하고 있다는 것. 『논어』 제14편(「헌문(憲問)」) 제10장에 "가난하면서 원망이 없기는 어렵고, 부유하면서 교만이 없기는 쉽다"[2]는 말이 있지만, 이 경우와는 비슷한 면이 있는 말이다.

공자 대답의 첫 마디를 "그런대로 괜찮지"라고 옮겼는데, 원문으로는 '가(可)'한 글자이다. '가능하다, 충분하다'는 의미가 아니다. 아직 미진한 구석이 남아 있다는 의미가 들어 있다. "나쁠 것은 없지. 하지만 가난하면서 즐거워하며, 부유하면서 예를 좋아하는 이만은 못하네." 뒤쪽은 예를 좋아한다고 해서 대상이 명시적인데, 앞쪽은 무엇을 즐거워하는지 분명하지 않다. 해서 많은 학자들은 '가난하면서 도(道)를 즐거워하다', 원문으로 하자면 빈이락도(貧而樂道)라고, '도' 한 글자가 더 있어야 한다고 한다. 그렇지만 『예기』에는 "가난하면서 음악을

2_ 1410 子曰, "貧而無怨難, 富而無驕易."

좋아하고 부유하면서 예를 좋아한다."[3]는 말이 있어서, '도'가 아니라 '음악'으로 읽어야 한다는 설도 가능하다.

자공은 금세 알아들었다. 부유하면서 교만하지 않다는 정도로는 부족하다. 그보다 윗길의 단계로서 예, 곧 문화적 품격을 좋아한다는 경지로 올라가야 한다. 마찬가지로 가난하면서, 지위가 낮으면서 남에게 아첨하지 않으므로 떳떳하다는 정도로는 부족하다. 밖을 의식하는 태도여서, 자기 세계를 이루지 못한 상태다. 진정한 도를 즐거워하든 가난한 상태를 그대로 받아들여서 즐겁게 여기든 그 다음 단계가 아직 남아 있다. 자공은 『시경』에서 스승의 가르침에 부합하는 시를 떠올려서, 순간적으로 그것을 인용하고 있다.

"『시경』에 '자른 듯 깎아낸 듯하고, 쪼은 듯 갈아낸 듯하네'라 하더니, 바로 이런 경우를 두고 한 말이군요.'" 짐승의 뿔이나 뼈의 크기를 대략 맞추어서 자르는 절(切)의 다음 단계로 곱게 다듬는 차(磋)가, 원석(原石)에서 옥을 분리해내는 탁(琢)의 다음 단계로 세공하는 마(磨)가 있다는 것. 자공은 '절'이나 '탁'의 단계에 이르렀지만, 공자는 그 다음 단계인 '차'와 '마'를 향해서 더 노력해야 한다고 가르친다. 절차탁마라는 말을 우리는 두루 알고 있다.

자공이 인용한 『시경』의 시는 지금 하남성(河南省) 북부 기현(淇縣)을 수도로 하고 있었던 위(衛)나라의 민요라고 한다. 즉 『시경』 위풍(衛風)에 있는 「기욱(淇奧)」이라는 시의 제1장이다.

저 기수(淇水) 이슥한 곳 바라다보면,	瞻彼淇奧,
푸른 대 늠실늠실 아름답구나.	綠竹猗猗.

3_ 貧而好樂, 富而好禮, 衆而以寧者, 天下其幾矣.(『예기』, 방기(坊記))

찬란히 빛나는 저 군자는, 有匪君子,
자른 듯 깎아낸 듯하시고, 如切如磋,
쪼은 듯 갈아낸 듯하시네. 如琢如磨.

시의 의미는, 도덕 있는 군자는 세공을 하는 공인이 보배 가공에 단계별로 끊임없이 노력하듯이 부단히 도덕적 수련을 게을리하지 않아야 한다는 것이다. 자공은 약간 의미를 비틀어서 가난한 자가 비굴하지 않을 뿐만 아니라 자기 생활을 즐긴다는 것, 부유한 자가 오만하지 않을 뿐만 아니라 고급문화를 애호한다는 것, 그것은 본디 아름다운 재료인 짐승의 뼈와 상아, 옥과 보석을 더욱더 아름답게 연마하는 것과 같은 셈이라고, 두 구절을 인용한 것이다. 이처럼 시의 본래 의미를 약간 비틀어서 새로운 뜻을 갖게 하는 것, 이를 '단장취의(斷章取義)' 또는 '단장취구(斷章取句)'라고 하는데, 이야말로 시를 생동감 있게 이해하는 방식이다. 싯구에 새로운 생명을 더해주는 독법이기 때문이다.

125 **공자가 계씨(季氏)를 두고 말씀하셨다.**
"팔일무(八佾舞)를 뜰에서 춤추게 하니, 이 짓을 차마 하고는 무엇인들 차마 하지 못하겠는가?" (0301)

孔子謂季氏, "八佾舞於庭, 是可忍也, 孰不可忍也?"

【字義】 1. **謂(위)** : 이르다, 말하다, 비평을 하다. 2. **八佾(팔일)** : 여덟 줄로 서서 추는 춤. 佾은 춤의 대열. 3. **舞(무)** : 춤, 춤을 추다. 4. **忍(인)** : 차마, 차마 하다, 잔인하다, 용인(容忍)하다. 5. **孰(숙)** : 누구, 무엇.

【설명】 이 장은 『논어』 제3편 제1장 곧 팔일편의 첫 장이다. 계씨는 공자 당시 노나라의 대부로, 실권을 잡고 있던 인물이다.
일(佾)이란 춤을 추는 줄이라는 의미이므로, 팔일 또는 팔일무는 여덟 줄로 서서 추는 춤이라는 뜻이다. 고대 중국에서 천자가 주관하는 의식에 사용된 춤 이름이다. 한 줄에 8명씩 8줄, 곧 64명이 추는 춤이라고 하는데, 신분에 따라 춤에 동원되는 사람이 줄어서, 제후는 6줄, 대부는 4줄, 사(士)는 2줄이었다고 한다. 춤의 구체적인 내용은 상세하지 않은데, 그래서인지 6줄의 의미를, 가로세로 모두 6명씩 36명이라는 설과 한 줄의 인원은 8명으로 고정되어서 48명이라는 설의 두 가지로 나뉜다. 대부의 경우도 16명과 32명, 사는 4명과 16명이라는 두 가지로 설명되고 있다. 현재는 성균관에서 봄과 가을, 1년에 두 차례 공자를 제사하는 석전(釋奠)에서 팔일무를 볼 수 있다. 공자를 천자로 대우하는 것인데, 중국의 공자 고향인 곡부의 공묘(孔廟)에서도 성균관의 팔일무를 참고해서 춘추 석전 때 같은 의식을 치르고 있다.
노나라의 대부였던 계씨가 자기네 사당에서 천자의 의식을 행하였고, 공자는 이를 맹렬하게 비판한 내용이다.

126 · **공자 말씀하셨다.**
"사람으로서 인(仁)하지 않으면 예(禮)에 어찌 하며, 사람으로서 인하지 않으면 악(樂)에 어찌하겠느냐?" (0303)

子曰, "人而不仁, 如禮何? 人而不仁, 如樂何?"

【字義】 1. **人而(인이)** : 사람으로서, 사람이면서. 而가 '자격'을 표시

한다. 2. **如禮何(여례하)** : 如何라는 관용어 중간에 禮나 樂 같은 단어가 들어가 있는 형태.

【설명】 악(樂)이라는 개념은 넓게는 음악 일반이지만, 대개 예라는 의식을 행할 때 연주되는 음악을 가리키는 경우가 많으므로, 크게 구분하자면 음악도 예에 포함되는 경우가 많다. 물론 이 장에서처럼 예와 음악을 나란히 병칭하는 일도 종종 있다. 어느 쪽이든 인간 문화의 표현이지만, 병칭되는 경우는 예는 인간의 질서, 경의, 엄숙함의 표현이고, 음악은 인간의 친화의 표현이다. 『예기』 「악기(樂記)」편에, "음악이란 천지의 조화, 예란 천지의 질서"라는 말이 있다.
원문에 보이는 여하(如何)라는 말의 독법에 따라, 본문을 "사람으로서 인(仁)하지 않으면 예 같은 것이 무엇이며, 사람으로서 인하지 않으면 악(樂) 같은 것이 다 무엇이랴."라고 읽을 수도 있다. 사람이 지녀야 하고 지향해야할 기본적이면서도 궁극적인 덕목은 인이다. 예악 곧 문화적인 절차와 장치에만 마음을 뺏긴 채 본질은 망각하는 것은 예나 지금이나 마찬가지겠다.

127 **임방(林放)이 예(禮)의 근본을 여쭈자, 공자 말씀하셨다. "훌륭하구나, 그 질문이여! 예는 사치하기보다는 차라리 검소해야 하고, 상(喪)은 형식을 잘 갖추기보다는 차라리 슬퍼해야 한다."** (0304)

林放問禮之本. 子曰, "大哉問! 禮, 與其奢也寧儉, 喪, 與其易也寧戚."

【字義】 1. **林放(임방)** : 공자 제자. 2. **哉(재)** : 감탄을 표시하는 조사. 3.

與其(여기)~寧(녕)~ : ~보다는 차라리 ~가 낫다.

【설명】 '이(易)' 자(字)는 고주(古注)는 화이(和易), 즉 온화함, 평온함이라고 해석하지만, 신주(新注)는 이(易)는 치(治), 즉 정돈(整頓)이라고 한다. 사치건 검소건 지나치면 문제이지만, 지나친 경우를 두고 굳이 선택하자면 상대적으로 검소한 쪽이 낫다. 예는 크게 길례(吉禮)와 흉례(凶禮)로 나뉘지만, 흉례인 상례는 특별히 더 복잡하고 중요한 절차가 요구되므로, 그에 대해서는 말을 덧붙였다. 본질이 더 중요하다는 것이다.

128 · **공자 말씀하셨다.**
"이적(夷狄)에게 군주가 있는 것이, 중국에 군주가 없는 것과는 같지 않다." (0305)

子曰, "夷狄之有君, 不如諸夏之亡也."

【설명】 중국 고대의 첫 왕조 이름이 하(夏)라고 하거니와, '크다(大)'는 의미다. 제하(諸夏)란 중국을 이르는 말이고, 이적이란 중국 주변에 있는 미개 민족을 이른 말이다. 이적은 야만이고 제하는 문명이다. 이적에는 설령 군주가 있더라도 거기에는 문명이 없다. 거기에 반해서 제하 즉 중국에는 군주가 없는 상태가 되더라도 여전히 면면한 문명의 전통이 있다. 고주, 즉 하안(何晏)의 『논어집해(論語集解)』에 서술된 북송 이전 학자들의 설이다.
중국만이 문화가 있는 곳이고 그 밖은 비문화 지역이라는 생각은 이른바 중화사상이고, 중국에 아주 일찍부터 있었던 사상이다. 그러나 거기에 대해서 대단히 자극적이라고 할 반성이 일어나서, 송나라 학자들은, 이적에게조차도 군주가 있으면, 중국에 군주 없는 무정부 상태와는 다르다, 요컨대 이적이 군주가 있는 것은 제하에 그것이 없는 것과는 같지 않다고 읽고 있다.

『논어』에 자주 보이는 말이지만, 원문에 쓰인 '불여(不如)'라는 말이, 두 가지 해석의 가능성을 갖고 있다. 필자의 번역은 신주 곧 송나라 학자들의 설을 따랐다.

129 · **계씨(季氏)가 태산(泰山)에 여제(旅祭)를 지내려고 하자 공자가 염유(冉有)에게 이르셨다.**

"네가 바로잡을 수 없겠느냐?"

"할 수 없습니다."

"오호라! 어찌 태산의 신이 임방(林放)만 못하다고 하겠느냐?" (0306)

季氏旅於泰山. 子謂冉有曰, "女弗能救與?" 對曰, "不能." 子曰, "嗚呼! 曾謂泰山不如林放乎?"

【설명】 계씨는 공자 당시 노나라의 실권자. 태산은 우리 고전에도 자주 등장하거니와, 꼭대기의 바위에 새겨진 '오악독존(五嶽獨尊)'이라는 말처럼, 중국의 오악(五嶽) 중에서도 가장 신성시되는 산이다. 대산(岱山), 대종(岱宗), 동악(東岳)이라고도 불린다. 산동성 중부에 있고, 높이는 1545미터. 유네스코 지정 세계자연유산이자 세계문화유산이고, 중국 정부 지정 최고 등급(5A) 문화재이다.

여제, 여(旅)라는 이름의 제사는 천자나 제후가 산천이나 상제에게 지내는 것이다. 노나라 군주가 아니고 대부 신분인 계씨가 태산에 여제를 지낼 이유가 없는 일인데, 계씨는 직분을 넘어서 군주가 할 일을 제멋대로 하려고 하는 것이다. 그런 제사를 태산의 신령이 받을 리가 없다. 앞에서 예의 근본이 무엇이냐는 임방의 질문을 보았지만, 태산의 신령이 그 임방만도 못할 리가 없다는 것이다.

이 장을, 계씨가 여제를 지낸 뒤의 대화로 읽는 이들이 많다. 공자가 염유에게 한 말도 '네가 바로잡을 수 없었느냐?' 로 읽는 것이다. 하지만 필자는 여제를 지내기 전으로 읽어왔고, 그 쪽이 옳지 않을까 생각한다. 정조(1752~1800)는 경연에서 이 문제를 질문한다. "계씨가 태산에 여제를 지냄에 대해 공자가 염유에게 '바로잡을 수 없느냐?' 고 문책한 것은, 제사를 지내기 전의 일인가, 아니면 이미 제사를 지낸 뒤의 일인가?" 박종정(朴宗正, 1755~)은 "제사를 지내기 전의 일이라야 옳습니다." 고 대답하고 있다. 정조의 문집인 『홍재전서』(제71권(경사강의(經史講義) 8, 『논어』 1))에 보인다.

염유는 계씨의 가신으로 일한 공자의 제자다. 그의 생몰년을 서기전 522~489년으로 표기하고 있는 바이두의 기록이 옳다면, 공자보다 스물아홉 살 아래다. 공자 제자 중에 염씨(冉氏)가 다섯이나 되어서, 이들을 기리는 사당도 있고 비석도 있었다. 다섯 제자는 염경(冉耕), 염옹(冉雍), 염구(冉求) 삼형제와 염구의 아들 염유(冉儒), 염옹의 아들 염계(冉季)라고 한다. 이들은 모두 염리(冉离)의 아들과 손자들인데, 염구 삼형제는 모두 『논어』에 이름이 보인다.

필자는 2015년 여름에 산동성 비성시(肥成市) 시골의 염장(冉庄)이라는 이름의 마을, 이름으로 보아 염씨 집성촌일 듯한 마을에 있다는 '공문염자오현비(孔門冉子五賢碑)' 를 찾아갔지만, 제법 큰 비석이 있던 자리는 텅 비어서 옥수수 무성한 밭으로 되어 있었다.

130 · 공자께서 태묘(大廟)에 들어가 매사를 질문하시자, 혹자가 말했다. "누가 추(鄹) 땅 사람의 아들을 일러 예를 안다고 했나? 태묘에 들어가서 매사를 묻는구먼!"
공자께서 들으시고 말씀하셨다.
"이것이 바로 예라네." (0315)

子入太廟, 每事問. 或曰, "孰謂鄹人之子知禮乎? 入太廟, 每事問." 子聞之, 曰, "是禮也."

【字義】 1. **孰(숙)** : 누구. 2. **鄹(추)** : 지명.

【설명】 공자가 처음 관직에 나갔을 때의 일이었으리라고 추측하는 설이 있다.
태묘는 노나라 시조의 사당이고, '추(鄹) 땅 사람의 아들'이란 공자를 경멸하는 말이다. 추 땅이란 공자 아버지 공흘(孔紇), 보통 자를 앞세워서 숙량흘(叔梁紇)이라고 불리지만, 그가 다스리던 곳으로, '추 땅 사람'은 공자 아버지를 이르는 말이다. 곧, 공자가 태어난 동네가 추라고 불린 곳이었다. '추 땅 사람의 아들'이란 그러니까 촌뜨기, 시골뜨기라는 말이다. 혹자의 비방 내지 경멸의 말로 미루어 역설적으로 공자가 당시에 예를 아는 사람으로 인식된 정황을 알 수 있겠다. 혹자는, 예를 안다는 공자가 태묘에 들어가서 하나하나 묻는 데 아연실색, 실망을 해서 촌놈이라고 빈정거렸다.
그 말을 전해들은 공자의 대응이 그야말로 비범하다. 그런 비방이나 헐뜯는 말에 맞닥뜨리면 사람들은 보통, 대거리해서 자기변명을 한다. 공자는 획 뒤집었다. '하나하나 묻는 것이 바로 예다.' 설령 알더라도,

태묘에서 일을 담당하고 있는 전문가에게 하나하나 묻는 것이 예라는 말이다. 거리낄 것 없는 정정당당함, 겸손이 그 바탕에 있다. 예양(禮讓)이니 겸양이니 하는 말이 있지만, 예는 겸양과 안팎으로 한짝이다. 이럴 경우의 예란 인간을 자유롭게 하는 유쾌한 감옥이 아닐까?

131 **공자는 소(韶)를 평하시되 "지극히 아름답고 지극히 선하다." 하셨고, 무(武)를 평하시되 "지극히 아름답지만 지극히 선하지는 못하다." 하셨다.** (0325)

子謂韶, "盡美矣, 又盡善也." 謂武, "盡美矣, 未盡善也."

【字義】 1. **韶(소)** : 중국 고대의 훌륭한 군주였다는 순(舜) 임금의 음악. 2. **盡(진)** : 다, 모두. 더할 나위 없이 완전무결하다는 의미로 盡善盡美(진선진미)하다는 말은 지금도 흔히 쓰인다. 3. **武(무)** : 주나라 창건자인 무왕의 음악.

【설명】 두 가지 음악을 비교해서 비평하였다. 소(韶)란 태고의 성스러운 군주였다는 순(舜)의 음악이라고 하고 무(武)란 공자 당시의 왕조인 주(周)의 시조 무왕의 음악이라고 한다. 전자가 아름다움을 다하고 또 선을 다하였다, 요컨대 완벽한 음악이라는 평을 받은데 반해 후자는 아름다움을 다하기는 하였으나 선을 다한 것은 아니다. 순 임금이 그의 전임자인 요(堯)에게서 평화적으로 군주의 자리를 물려받은데 반해서, 무왕은 유가에서 역시 성인으로 꼽기는 하지만 무력혁명에 의해 신하로서 군주를 타도하였다. 그 혁명의 경과를 춤을 곁들인

음악으로 만든 것이 무(武)라는 음악이어서, 거기에는 살벌한 점이 있었다고 한다.

132 **공자는 제(齊)나라에 계시면서 소(韶)를 들으시고, 석 달을 고기 맛을 모르셨다. 그리고는 이렇게 말씀하셨다.**
"음악(音樂)을 만든 것이 이토록 훌륭한 경지에 이르셨을 줄은 짐작도 못했다." (0714)

子在齊聞韶, 三月不知肉味, 曰, "不圖爲樂之至於斯也."

【字義】 1. **三月(삼월)** : 석 달. 『사기』에는 三月 앞에 '학지(學之)' 두 글자가 더 있어서 "學之三月, 不知肉味"로 되어 있다. 그러면 "배우신지 석 달 동안을 고기 맛을 모르셨다."가 된다. 2. **不知肉味(부지육미)** : 고기 맛을 모르다. 음악에 빠져서 다른 일에는 마음이 없는 상태라는 말. 3. **不圖(부도)** : 不意(불의), 뜻하지 않게, 뜻밖에. 圖(도)는 '꾀하다.' 4. **爲樂(위악)** : 作樂(작악), 음악을 만들다. 5. **斯(사)** : 여기, 이곳.

【설명】 『사기』「공자세가」에는 공자 35세, 노나라 소공(昭公)이 제나라로 망명했을 때의 일이라고 한다. 당시에 공자도 따라 가서 제나라 경공(景公)을 만나고 순이 만들었다는 음악인 소(韶)를 들었다는 것이다. 공자는 거기에 빠져서, 오랜 기간이라는 말이지만, 석 달 동안을 넋을 놓고 배웠다고 한다. 그러면서 찬탄의 비평을 한 내용이다. 바로 앞장에서 본 내용이지만, 진선진미해서, 도대체 이토록 훌륭한

경지에까지 이른 음악이 있을 줄은 짐작도 못했다는 것이다. 순임금이 오현금(五弦琴)을 만들어서 노래를 했다는 말은 여러 문헌에 전한다.

한편, '사(斯)'를 달리 읽는 설도 있다. 당시 제나라에서는 외국에서 귀화해 온 진씨(陳氏) 일족이 세력을 얻어 나라의 정권을 탈취하려고 했다. 한데 이 진씨는 순(舜)의 후예였다. 이 장을 그러한 정치 정세와 관계 지어서 '사(斯)'를 '이 곳' 즉 제나라로 읽어서, 벌써 끊어졌다고 생각했던 순의 음악이 그의 후손인 진씨에 의해 전해져서 이 제나라에 남아 있으리라고는 예상하지 못했다는 말로 읽기도 한다.

제나라 수도였던 치박(淄博)에는 공자의 이 고사를 기념하여 '공자문소처(孔子聞韶處)' 라고 새긴 허름한 비석이 허름하기 짝이 없는 길가의 벽에 남아 있다.

133 · **공자께서는 사람들과 노래를 하시다가 노래를 잘 부르는 사람을 만나시면 반드시 반복하게 하시고, 그런 뒤에 따라 부르셨다.** (0732)

子與人歌而善, 必使反之, 而後和之.

【설명】 공자는 남과 노래를 부른 일이 드물지 않았던 모양이다. 같이 노래를 하다가 잘하는 사람을 만나면 반드시 "다시 한 번 더 불러보세요." 했고, 듣고 나서는 "이제 내가 불러볼께요." 하고 같은 곡을 혼자 다시 불렀다는 것이다. 공자라는 단어를 머리에 떠올릴 때, 이런 일은 도대체 짐작이 가지 않는다. 『논어』의 다른 곳에서 공자는 문상가서 고인을 위해서 곡을 하면 그날 하루는 노래를 부르지 않았다는

기록이 있다. 노래를 부르지 않은 날이 드물었다고 해석해도 좋겠다. 시서예악이라고, 예악은 『시경』이나 『서경』과 같은 비중으로 취급되었고, 육예(六藝)의 첫머리를 차지하는 두 개 과목이기도 하다. 현악기인 금(琴)은 공자와 그 제자들이 자주 연주하였지만, 예와 함께 음악은 공자의 교육에서 극히 중요한 과목이고 과제였다.

134 · **공자 말씀하셨다.**

"예니, 예니 하지만 옥백(玉帛)을 이르는 것일까? 악이니, 악이니 하지만 종고(鍾鼓)를 이르는 것일까?" (1709)

子曰, "禮云禮云, 玉帛云乎哉? 樂云樂云, 鐘鼓云乎哉?"

【설명】 云(운)은 이르다, 말하다. 본질은 어딜 가고 껍데기만 요란한 현실에 대한 질타다. 예의 본질은 주고받는 옥이니 비단 따위 예물에 있지 않다. 음악의 본질은 종이니 북이니 하는 악기가 아니다. 여러 차례 언급이 있지만, 예의 본질은 질서이자 차례 곧 서(序)이고, 음악의 본질은 조화이고 융합 곧 화(和)이다. 예는 밖을 향하고, 음악은 내면을 향한다. 둘을 통섭하는 것을 경(敬)이라고 일러도 좋겠다.

135 · **공자 말씀하셨다.**

"시에서 흥이 나며, 예에 서며, 음악에서 완성된다." (0808)

子曰, "興於詩, 立於禮, 成於樂."

【설명】 이 장은 교양의 순서를 말한다. 선한 것을 좋아하고 선하지 못한 것을 싫어하는 마음 곧 도덕적 분발의 출발점이 되는 것이 『시경(詩經)』이고 시다. 시는 감정을 일으켜서 자발적인 도덕성을 고양시킨다. 흥(興)이란 그런 말이다. 다음으로 교양의 근간을 세우는 것은 예다. 예는 인간 사회의 기본 질서이므로, 사람은 예라는 토대에 굳건히 서야 한다. 마지막으로 교양의 완성은 음악에서 가능하다. 지금의 시나 음악도 그런지 어떤지 필자는 알지 못하지만, 시가 인간 정신 활동의 분열 곧 독창(獨創)의 법칙에 서 있다면 음악은 인간의 감정을 수렴하여 정리하는 화합의 법칙에 서 있다.

136 · **공자께서 무성(武城)에 가셔서 현악(弦樂)에 맞추어 부르는 노래 소리를 들으셨다. 공자는 빙그레 웃으며 말씀하셨다.**
"닭 잡는 데 어찌 소 잡는 칼을 쓰겠느냐?"
자유(子游)가 대답하였다.
"예전에 제가 선생님께 들으니 '군자가 도를 배우면 사람을 사랑하고 소인이 도를 배우면 부리기가 쉽다.' 하셨습니다."
공자 말씀하셨다.
"얘들아, 언(偃)의 말이 옳다. 방금 내가 한 말은 농담이었다." (1703)

子之武城, 聞弦歌之聲. 夫子莞爾而笑曰, "割雞焉用牛刀?" 子游對曰, "昔者偃也聞諸夫子曰, '君子學道則愛人, 小人學道則易使也.'" 子曰, "二三子! 偃之言是也. 前言戲之耳."

【字義】 1. **之(지)** : 여기서는 '가다'는 동사로 쓰였다. 2. **武城(무성)** :

노나라의 고을 이름. 3. **莞爾(완이)** : 기쁘거나 흡족해서 빙긋 웃는 모양. 4. **割鷄(할계)** : 割은 나누다, 가르다. 割鷄는 닭을 잡다. 5. **焉(언)** : 어찌. 6. **偃(언)** : 자유의 이름. 7. **戲(희)** : 농담, 희롱.

【설명】『논어』 제6편(「雍也」) 제14장에도 자유가 무성(武城) 고을의 읍재가 되고서 공자와 나눈 대화가 보인다. 6편에서는 아직 부임을 하기 전이었는데, 이 장은 부임한 지 일정한 시간이 지난 뒤의 일이다. 공자는 자기 제자인 자유가 다스리는 고을을 방문하고 싶었던가보다. 그래서 여러 제자들과 함께 곡부에서 그리 멀지 않은 무성에 갔는데, 현악기를 반주로 해서 노래 부르는 소리가 거리에 들려왔다. 자유는 그 스승에게 배운 대로, 예악 곧 문화적인 기초를 갖춘 정치에 열심이었던 것이다.

공자의 유머가 기록된 사례는 많지 않다. 제자가 다스리는 고을에 간 공자는 기분이 좋았던가보다. '이런 작은 고을에 예악이 무슨 소용이랴?' '닭 잡는 데 어찌 소 잡는 칼을 쓰랴' 같은 속담은 우리도 공유하고 있지만, 공자는 넌지시 자유를 떠본 것 같기도 하다. 자유 입장에서는 배운 대로, 교과서적인 답을 할 수밖에 없었을 것이다. 공자가 제자들을 부를 때는 '얘들아', '여러분' 정도의 말이지만, 이삼자(二三子)라고 한다. 제자들을 불러서 주의를 환기한 뒤에, '조금 전에 내가 한 말은 농담이었다.'고 덧붙여서 국면을 수습한다.

고주에는 자유의 능력은 소 잡는 칼 같아서 큰 나라를 다스려야할 인물인데, 애석하게도 이런 작은 고을의 읍재 따위가 되었다는 감개의 발언이라고 보는 설도 있다. 그러면 자유의 대답은 한층 더 진지한 말로 들린다. 어쨌든 공자는 벌써 정치란 법령으로만 이루어지는 것이 아니고, 음악 같은 문화적인 장치가 필수적이라는 사고를 갖고 있었다.

137 **사면(師冕)이 공자를 뵈러 왔을 때 섬돌에 이르자 공자는 "섬돌입니다." 하셨고, 자리에 다가오자 공자는 "자리입니다." 하셨고, 모두 앉고 나자 공자는 "아무개는 여기에 있고 아무개는 여기에 있습니다." 일러주셨다.**
사면이 나가자, 자장(子張)이 여쭈었다.
"악사와 말을 하는 도리입니까?"
공자 말씀하셨다.
"그렇지. 본디 악사를 돕는 방법이라네." (1542)

師冕見, 及階, 子曰, "階也." 及席, 子曰, "席也." 皆坐, 子告之曰, "某在斯, 某在斯." 師冕出. 子張問曰, "與師言之道與?" 子曰, "然, 固相師之道也."

【字義】 1. **師冕(사면)** : 師는 악사, 冕은 이름. 당시 노나라에서 음악을 맡아보던 사람. 고대 중국에서는 맡고 있는 일을 성씨로 삼는 예가 많았는데, 『논어』 에서는 사면 이외에 사어(史魚)와 축타(祝鮀)를 더 볼 수 있다. 사관인 어(魚), 축관인 타(鮀)라는 말이다. 2. **階(계)** : 섬돌, 계단. 3. **席(석)** : 자리. 4. **某(모)** : 아무개.

【설명】 일상생활에서 예와 함께 악을 가까이하고 존중한 공자의 면모를 엿볼 수 있는 장이다. 지금 우리나라에는 국립교향악단이 없지만, 요즈음 말로 하자면 국립교향악단의 음악 감독이나 지휘자가 공자를 방문한 것이다. 악사는 맹인이 많았다. 눈이 보이지 않는 사람이다. 수레를 타고 왔겠지만, 공자는 수레가 멈추는 섬돌 앞에까지 마중을 나갔다. 돕는 사람이 따로 있었겠지만 공자는 작은 목소리로 '섬돌입

니다.' 일러주고, 자리에 가까이 다가오자 '자리입니다.' 안내를 하고, 모두 앉은 뒤에는 누가 어느 쪽에 앉아 있는지 일일이 안내를 해주었다. 고대 중국의 가옥 구조가 어떠했는지, 공자의 거처에는 응접실이 따로 있었는지, 있었다면 바닥에 방석을 두고 앉았는지 탁자와 의자가 있었는지, 지금 필자는 알지 못한다. 음악에 대한 존중, 그 담당자인 장애인에 대한 배려의 두 가지가 가르침으로 남는다. 공자의 모든 말과 행동은 후세에 전범으로 되었거니와, 음악과 장애인에 대한 관심과 배려는 동양 사회에서 다른 쪽보다는 적극적으로 확장되지 못한 느낌이 있다.

벗과 제자

제6

6. 벗과 제자

벗에 대한 공자의 말은 한 가지를 들어두고 싶다. 관중(管仲, 서기전 약 723~645)에 뒤이어 제나라의 훌륭한 정치가이자 사상가로 저명한 안영(晏嬰, 서기전 578~500)이라는 사람에 대한 공자의 평가다. 공자는 안영이 사람과 교제를 아주 잘한다고 대단히 높이 평가하고, 교제를 잘하는 이유로 "오래되어도 존경한다."는 점을 들었다. 친구와 좋은 관계를 오래 유지하는 핵심은 존경이다. 『논어』에 기록된 공자의 제자들은 모두 공자와 나이 차이가 많은 젊은이들이었다. 주요 제자들을 보이면 다음과 같다.

【『논어』에 기록된 공자 제자들】

	성명	자(字)	생몰(서기전)	향년	공자와의 나이차이	공자 작고시의 나이	『논어』에 기록된 횟수
1	안회(顏回)	子淵	521 - 481	40	30	작고	21회
2	중유(仲由)	子路, 季路	542 - 480	62	9	작고	39회
3	단목사(端木賜)	子貢	520－446	74	31	41	38회
4	복상(卜商)	子夏	507 - ?		44	28	19회
5	전손사(顓孫師)	子張	503 - ?		48	24	18회
6	염구(冉求)	子有	522 - 489	33(?)	29	43(?)	14회
7	증삼(曾參)	子輿	505 - 435	70	46	26	14회
8	언언(言偃)	子游	506 - 443	63	45	27	8회
9	염옹(冉雍)	仲弓	522 - ?		29	43	7회
10	번수(樊须)	子遲	515 - ?		36	36	6회
11	공서적(公西赤)	子華	509 - ?		42	30	5회
12	민손(閔損)	子騫	536 - 487	50	15	작고	5회
13	재여(宰予)	子我	522 - 458	64	29	43	5회
14	유약(有若)	子有	508 - 458	50	43	29	4회

* 같은 인물이 한 장에 두 차례 이상 언급되더라도 1회로만 헤아림.
* 공자: 서기전 551~479년. 73세.

공자가 73세로 작고하던 해에 안회와 자로는 그 한두 해 전에 연이어 스승보다 먼저 세상을 떠났다. 『논어』에 5회 이상 기록되어 있는 13인의 제자들을 일별하면 대개 공자보다 30~40년 어리다. 제일 어린 자장은 무려 48세 연하다. 해서 공자가 작고한 해에 주요 제자들은 대개 20대 후반이나 30대였고, 연장자로서 지도적 위치에 있었던 자공은 마흔을 갓 넘긴 나이였다. 안회의 아버지 안로나 증자의 아버지 증점도 공자의 제자여서 열 살 차이가 안 되는 비슷한 또래의 제자도 있었지만, 『논어』의 텍스트로서의 성립과 관련해서 생각해보면 위에 든 14인이 일차적으로 중요하다.
공자는 노나라 국정을 담당하고 있던 56세에 나라를 떠나, 이후 68세가 되던 해인 노나라 애공 11년(서기전 484)에 다시 고국에 돌아가기까지 13년간 중국 천하를 떠돌았다. 오라는 데 없이 떠돌면서 때로는 도적을 만나 목숨이 위태롭기도 하고 식량이 떨어져 오래 굶어 쓰러져 있기도 했다. 『논어』 기록의 상당 부분은 그런 고통의 시기에 제자들과 동고동락, 죽음을 넘어서 길바닥에서 이루어졌다. 공자는 고국으로 돌아가서 3년 남짓한 기간에 각종 경서를 정리하고 편찬하는 작업을 했다.

138 · **공자 말씀하셨다.**
"진(陳)과 채(蔡)에서 나를 따랐던 자들이 지금 모두 문하(門下)에 있지 않구나!" (1102)

子曰, "從我於陳蔡者, 皆不及門也."

【설명】 한때 노나라의 재상이었던 공자가 고국의 현실에 실망해서 노나라를 떠난 것은 56세이던 노나라 정공(定公) 13년, 서기전 497년이었고, 68세이던 서기전 484년, 애공(哀公) 11년에 다시 돌아왔다. 무려 13년간이나 가까운 제자들과 함께 여러 나라를 떠돌았다. 진나라에서는 양식이 없어 굶어서 일행이 위험한 상황에까지 갔다는 기록이 『논어』 제15편에 있고, 앞에서 본 적이 있었다. 채나라에서의 일은 『논어』에 보이지는 않지만, 비슷한 고난을 겪었을 것이다. 공자가 노나라로 돌아온 뒤에 갖은 고난을 함께 한 제자들을 돌아보면서 한 발언이라고 짐작이 되는 장이다. 지금 모두 공자 자신의 문하에 있지 않다는 것이다. 환난을 함께 겪은 제자들에 대한 그리움이 배인 회상이다. 급문(及門)이란 '문하에 미치다, 문하에 나아가다' 라는 말이고, 문하 또는 문하생 같은 말은 우리말 단어로 지금도 흔히 들을 수 있는 말이다.

한데 급문(及門)을 달리 풀이해서, 이 장을 다른 의미로 읽을 수 있다. 문을 공자의 문하라고 읽지 않고 관직의 문으로 읽는 것이다. 공자와 이상을 함께 해서 저 진 · 채 두 나라에서 곤란한 상황 속에서도 공자를 버리지 않은 제자들, 그들은 모두 공자에게 붙어 있느라 취직의 기회를 잃어서, 관직에 나아갈 수가 없었다는 의미로 읽을 수 있다. 일반적으로는 앞쪽으로 읽지만, 발언의 배경을 생각하면 뒤쪽으로 읽을 수도 있다고 생각된다.

139 **덕행에는 안연(顔淵) · 민자건(閔子騫) · 염백우(冉伯牛) · 중궁(仲弓)이고, 언어에는 재아(宰我) · 자공(子貢)이고, 정사에는 염유(冉有) · 계로(季路)이고, 문학에는 자유(子游) · 자하(子夏)였다.** (1103)

德行, 顏淵閔子騫冉伯牛仲弓. 言語, 宰我子貢. 政事, 冉有季路. 文學, 子游子夏.

【설명】 앞에다 붙여서 하나의 장으로 읽는 것이 일반적이지만, 서로 다른 장으로 나누는 쪽이 더 좋다고 생각된다. 앞의 말에 이어서 전체를 공자의 말이라고 하기에는, 앞뒤 문장이 확연하게 다르다. 『논어』의 다른 곳에서 비슷한 사례가 있지만, 공자의 발언을 뒷받침하거나 연관되는 사실을 『논어』 기록자가 덧붙여둔 것이라고 생각된다.

덕행 · 언어 · 정사 · 문학의 네 가지는 공문사과(孔門四科) 곧 공자 문하에서 이루어진 네 가지 교육 과목으로 일컬어진다. 이름이 거론된 제자가 모두 10인이어서, 이들을 공문십철(孔門十哲) 또는 십현(十賢)이라고 한다. 공자 문하의 가장 뛰어난 10인이라는 의미다. 공자의 학문을 다음으로 전한 증삼(曾參) 곧 증자(曾子) 같은 이가 들어 있지 않으므로 가장 우수한 10인을 뽑았다고 할 수 없다는 의견도 있지만, 대표적인 제자들이라는 점은 분명하다.

이 네 가지를 인간 재능의 표현 가운데 가장 중요한 것으로 생각하는 사고방식은 후대에도 영향을 미치고 있어서, 이를테면 5세기에 편집된 설화집 『세설신어(世說新語)』는 당시 인물의 흥미 있는 삽화를 36개 부문으로 나누어 수록하고 있지만, 36부문의 첫 네 가지는 덕행 · 언어 · 정사 · 문학이고, 그 뒤에 방정(方正) · 아량(雅量) 등이 이어진다.

140 · **공자가 자공에게 말씀하셨다.**

"자네와 안회, 누가 나은가?"

"제가 어찌 감히 안회를 바라겠습니까? 안회는 하나를 들으면 열을 알

고, 저는 하나를 들으면 둘을 압니다.”

“안회만 못하지. 나와 자네가 그만 못하다네.” (0509)

子謂子貢曰, “女與回也孰愈? 對曰, “賜也何敢望回? 回也聞一以知十, 賜也聞一以知二.” 子曰, “弗如也, 吾與女弗如也.”

【설명】 안회는 『논어』에 모두 32회나 언급이 되거니와, 공자의 가장 위대한 제자였다는데 별 이의가 없다. 자는 자연(子淵)이어서, 안연으로도 불린다.

이 장은 어느 날 공자와 자공과의 문답이다. 자공은 안회보다 딱 1년 연하의, 말하자면 동년배이고, 경쟁 상대이기도 했을 것이다. 공자는 자공에게 말했다. 자네와 안회는 누가 낫다고 생각되느냐?

자공은 대답했다. 따라가기를 바랄 수 없는 사람이라고. 구체적으로, 안회는 문일지십(聞一知十), 처음을 들으면 끝을 알고, 자공 자신은 문일지이(聞一知二), 한쪽을 들으면 그와 상대가 되는 다른 쪽을 짐작하는 정도라고 한다.

공자는, 자공의 이 솔직한 대답이 기꺼웠다. ‘불여야(弗如也), 같지 못하지.’ 자네가 말한 평가대로, 자네는 안회에게 미치지 못한다네.

그 다음 구절, ‘오여여, 불여야(吾與女, 弗如也)’ 에 대해서는 여러 가지 해석이 있다. 여(與)라는 글자가 ‘더불어, 함께, ~와’ 라는 의미와 ‘허여(許與)하다, 인정하다’ 는 의미를 동시에 지니므로, 두 경우로 읽어서 모두 말이 된다. 여(女)는 汝(여)와 같아서 2인칭대명사.

우선 앞쪽으로 읽으면, 나와 자네가 둘 다 안회만 못하다. 선생인 나도 자네와 마찬가지로 안회한테 미치지 못한다. 고주에서는 이 6자 한 구는 ‘아마도 자공을 위로하려고 한 말’ 이라고 한다. 주자의 설이지만, 뒤쪽으로 읽으면 "나는 자네가 같지 못함을 인정한다." 곧 '안회에게 미치지 못한다는 자네 의견에 나도 찬성한다.' 고 읽는다. 필자는 앞쪽의 설명이 나은 듯하다.

141 · **재여(宰予)가 낮잠을 자자, 공자께서 말씀하셨다.**
"썩은 나무는 조각을 할 수 없고, 썩은 담장은 흙손질을 할 수가 없다. 재여를 무엇 꾸짖을 일이 있겠나."
"이전에는 내가 남에 대하여 그의 말을 듣고 그 행실을 믿었더니, 이제 나는 남에 대하여 그의 말을 듣고 그 행실을 살펴보게 되었다. 나는 재여에게서 이렇게 고치게 되었다." (0510)

宰予晝寢. 子曰, "朽木不可雕也, 糞土之牆不可杇也, 於予與何誅?" 子曰, "始吾於人也, 聽其言而信其行, 今吾於人也, 聽其言而觀其行. 於予與改是."

【字義】 1. **宰予(재여**, 서기전 522~458) : 자가 자아(子我)여서 재아(宰我)로도 불인다. 공자보다 29세 젊은 제자. 2. **晝寢(주침)** : 낮잠. 낮잠을 자다. 3. **朽(후)** : 썩다. 4. **雕(조)** : 새기다. 조(彫)와 같다. 5. **糞土之牆(분토지장)** : 糞土는 썩은 흙, 牆은 담. 6. **杇(오)** : 흙손. 7. **於予與何誅(어여여하주)** : 予는 재여, 與는 조사, 誅는 꾸짖다.

【설명】 『논어』에서 재여(宰予), 자로 호칭하는 경우는 재아(宰我)라고 불리는 제자는 어떤 이유에서인지 꾸중 듣는 일 뿐이다. 제3편(「팔일」)에서 노나라 군주 애공(哀公)이 사(社)를 물었을 때도 꾸지람을

듣고, 제17편(「양화(陽貨)」)에서는 '어버이에 대한 삼년상은 너무 긴 것이 아니겠습니까?' 라고 물어서 인정(人情)이 아닌 일이라고 꾸중을 듣고 있다. "언어에는 재아와 자공" 이라는 말이 있지만, 언어 곧 말에 너무 뛰어난 재주가 있었기 때문이었을까? 이 장은 낮잠을 잔 일로 꾸중들은 말이다.

재여가 낮잠을 자고 있는 것을 보고, 혹은 그 일을 듣고, 공자는 말하였다. "너덜너덜 다 낡아빠진 나무에는 조각을 할 도리가 없다." 다음에 이어지는 원문인 분토(糞土) 두 글자의 의미는 확실하게 설명하기 어렵지만, 나쁜 흙 또는 나쁜 상태로 된 흙이라는 것은 명백하다. 썩은 담은 흙손을 대서 수리할 도리가 없다. 요컨대 바탕이 나쁜 인간에게는 교육을 할 방법이 없다. 재여도 비로 그러하다. 꾸지람을 할 일이 없다, 곧 꾸지람 할 필요가 없다는 말은 역으로 심각한 꾸지람이다. 근엄한 우리 조상들은 낮잠을 즐기는 일에 대한 거부감이 있었는데, 아마도 공자의 이런 가르침에서 비롯한 듯하다.

단지 낮잠을 잤다는 것만으로 이토록 꾸짖을 이유는 없다는 데 착안해서, 일본 학자 오규 소라이[荻生徂徠, 1666~1728]는 "재여가 낮잠을 잤다는 것은, 낮에 침실에 있은 것이다. 낮에 침실에 있다는 것은, 차마 말로 할 수 없는 일이다. 그러므로 공자가 깊이 꾸짖었다." 고 설명한다. 조선에서는 절대로 있을 수 없는, 일본 사람다운 재미있는 발상이다. 하지만 이렇게 다소 엉뚱한 짐작을 해서 안 될 이유가 무엇인까.

또 『논어』의 이본 중에는 낮을 뜻하는 주(晝)라는 글자가 비슷한 모양의 그림을 뜻하는 화(畵)로 쓰인 책도 있어서, 화침(畵寢), '침실에 그림을 걸다' , 곧 재여가 신분에 어울리지 않는 사치를 해서, 그 침실에 그림을 건 것이라고 읽는 설도 있다. 공자 당시에 그림이 어떠했는지 따로 설명이 되어야 이해될 수 있는 설이겠지만, 『논어』에는 음악에 대한 언급은 숱하게 많지만 그림은 한 번도 언급이 없다.

142 · **계강자(季康子)가 여쭈었다.**
“중유(仲由)는 나랏일을 하게 할 만합니까?”
공자 말씀하셨다.
“유야는 과감하니 나랏일을 하는 데 무슨 어려움이 있겠는가!”
“사(賜)는 나랏일을 하게 할 만합니까?”
“사야는 사리에 통달했으니 나랏일을 하는 데 무슨 어려움이 있겠는가!”
“구(求)는 나랏일을 하게 할 만합니까?”
“구야는 다재다능하니 나랏일을 하는 데 무슨 어려움이 있겠는가!”
(0608)

季康子問, “仲由可使從政也與?” 子曰, “由也果, 於從政乎何有?” 曰, “賜也可使從政也與?” 曰, “賜也達, 於從政乎何有?” 曰, “求也可使從政也與?” 曰, “求也藝, 於從政乎何有?”

【字義】 1. **仲由(중유)** : 공자 제자 자로(子路)의 성명. 2. **可使從政(가사종정)** : 可는 ~할 수 있다, 使는 ~로 하여금 ~하게 하다. 從政은 정치, 정사, 나랏일에 종사하다. 여기서는 대부가 되는 것. 3. **果(과)** : 과단, 과감. 4. **於從政乎何有(어종정호하유)** : 於는 ~에. ‘從政하는 데.’ 乎는 조사. 何有는 무슨 어려움이 있느냐, 곧 ‘何難之有’ 의 축약이다. 難(난)은 어려움. 5. **賜(사)** : 공자 제자 子貢(자공)의 이름. 6. **達(달)** : 통달하다, 정통하다. 7. **求(구)** : 공자 제자 염구(冉求). 8. **藝(예)** : 재주. 다재다능.

【설명】 계강자(? ~서기전 468)는 앞에서 나왔지만, 노나라 애공 때의 대부다. 그 아버지인 계환자(季桓子)를 이어 대부가 된 것은 공자 60세 때, 서기전 492년이었다. 당시 노나라 국정을 실질적으로 운영한 가장 유력한 젊은 권력자였다. 공자가 노나라를 떠났다가 되돌아온 것은 68세 때였으므로, 이 대화는 공자의 극히 만년에 이루어졌을 것이다.

국정의 담당자는 인재에 대해 늘 관심이 있게 마련이다. 계강자는 자로, 자공, 염구 세 사람에 대해서 미리 듣고, 공자에게 그들의 능력을 질문한 것이다. 공자의 대답은 말하자면 세 제자에 대한 추천서다.

자로는 과감하고 과단성이 있다. 자공은 사리에 통달해 있다. 염구는 다재다능한 수재다. 세 사람 누구든 "국정에 종사하는데 무슨 어려움이 있겠느냐?", 나랏일을 담당하는 일은 아무 어려움이 없을 탁월한 인재들이라고 한다. 적극적인 추천의 말이다.

143 · **맹무백(孟武伯)이 여쭈었다.**

"자로는 인(仁)합니까?"

공자 대답하셨다.

"모르겠네."

다시 묻자, 공자 대답하셨다.

"유(由)는 천승(千乘)의 나라에서 그 군대를 맡게 할 수는 있거니와, 그가 인한지는 모르겠네."

"구(求)는 어떻습니까?"

"구는 일천 가구의 큰 고을이나 백승(百乘)의 대부 집안에서 책임자가 되게 할 수는 있거니와 그가 인한지는 모르겠네."

“적(赤)은 어떻습니까?”

“적은 관복을 입고 조정에 서서 다른 나라에서 온 외교관들과 대화를 하게 할 수는 있겠지만, 그가 인한지는 모르겠네.” (0508)

孟武伯問子路仁乎? 子曰, “不知也.” 又問. 子曰, “由也, 千乘之國, 可使治其賦也, 不知其仁也.” “求也何如?” 子曰, “求也, 千室之邑, 百乘之家, 可使爲之宰也, 不知其仁也.” “赤也何如?” 子曰, “赤也, 束帶立於朝, 可使與賓客言也, 不知其仁也.”

【字義】 1. **由(유)** : 자로의 이름. 2. **賦(부)** : 본디 세금을 의미하는 말이지만, 여기서는 군대. 3. **求(구)** : 공자의 제자. 성명은 염구(冉求, 서기전 522~ ?). 자가 자유(子有)여서 염유(冉有)로, 존칭으로 염자로 불렸다. 자로와 함께 계씨에게 벼슬을 한 제자였다. 4. **宰(재)** : 맡다, 다스리다, 요리하다. 5. **赤(적)** : 공자 제자 公西華(공서화, 서기전 509~ ?). 자는 자화(子華), 이름은 적(赤). 서기전 519년 출생이라는 설도 있다.

【설명】「위정」 편에도 맹의자(孟懿子)와 그 아들인 맹무백(孟武伯)이 효가 무엇이냐는 같은 질문을 하고 공자가 대답한 문답이 있었다. 앞에서 설명이 있었지만, 젊은 나이로 아버지의 직위를 이어받은 맹무백의 나이로 미루어 이 장의 문답은 역시 공자 만년의 일이다. 『사기』 「제자열전」과 『좌전』을 근거로 따져보면, 이 때 공자는 69세, 자로는 60세, 염구는 40세, 공서화 곧 공서적은 27세였다. 서기전 483년이었다. 정사에는 염유(冉有) 곧 염구와 계로(季路) 곧 자로 두 사람이 뛰어나다는 기록을 앞에서 보았거니와(1103), 그 두 사람과 공서화(公西華)

이름으로는 공서적(公西赤)에 대해서 맹무백이 공자께 묻고 있다. 공연히 질문한 것이 아니다. 등용할 만한지 어떤지를 물은 것이다. 속대(束帶)에서 대(帶)란 띠, 허리에 매어 관복을 여미는 띠이므로 '띠를 매다'라는 말은 곧 옷을 입는다는 말이다. 입조(立朝)는 조정에 서다, 관직에 나가다는 말이다. '속대입조' 넉 자가 성어로 쓰인다.

자로는 군사에, 염구는 행정에, 공서적은 외교에 재능이 있는 사람이라고, 공자는 젊은 위정자에게 자상하게 대답을 한다. 제자를 위한 추천이다. 다음 장에서도 이 장과 같은 인물이 보인다.

144 · **자로가 여쭈었다.**

"들으면 곧바로 행해야 할까요?"

"부형이 계시는데 어찌 듣고 바로 행할 수 있겠느냐?"

염유가 여쭈었다.

"들으면 곧바로 행해야 할까요?"

"듣고는 바로 행해야 한다."

공서화가 여쭈었다.

"유(由)가 '들으면 곧바로 행해야 할까요?' 여쭈자, 선생님께서는 '부형이 계시다.' 하셨고, 구(求)가 '들으면 곧바로 행해야 할까요?' 여쭈자, 선생님께서는 '듣고는 바로 행해야 한다.' 하셨습니다. 저는 의혹이 생겨서 감히 여쭙니다."

공자 대답하셨다.

"구야는 소극적이므로 나아가게 한 것이고, 유야는 뛰어난 사람이니까 물러나게 한 것이라네." (1120)

子路問, "聞斯行諸?" 子曰, "有父兄在, 如之何其聞斯行之?" 冉有問, "聞斯行諸?" 子曰, "聞斯行之." 公西華曰, "由也問聞斯行諸, 子曰, '有父兄在', 求也問聞斯行諸, 子曰, '聞斯行之'. 赤也惑, 敢問." 子曰, "求也退, 故進之, 由也兼人, 故退之."

【字義】 1. **斯(사)** : 곧, 즉시, 바로. 則(즉)과 같다. 2. **諸(저)** : '之乎'의 축약으로, 문구의 끝에 오면 의문문을 만든다. 3. **如之何(여지하)** : 어찌, 어떻게. 4. **兼人(겸인)** : 그대로 옮기면 '사람을 겸한', 두 사람 몫을 하는 것. 겸인지용(兼人之勇)이나 겸인지력(兼人之力)이라는 말이 있다.

【설명】 앞에서 맹무백이 공자께 질문한 제자도 자로, 염구, 공서화 세 사람이었는데, 이 장도 자로와 염유와 공서화 세 사람과 공자의 대화다. 자로와 염구 두 사람이 공자께 같은 질문을 했지만 대답은 달랐다. 공서화는 거기에 의문을 가졌다. 사람에 따라서 각기 다른 대답, 공자 가르침의 중요한 특징이 거기에 있다. 13년간의 여행을 마치고 곡부에 돌아온 뒤 공자 극히 만년의 제자 중에서 '3인방'이라고 해도 좋을 듯하다.

145 **자로(子路) · 증석(曾晳) · 염유(冉有) · 공서화(公西華)가 모시고 앉았는데, 공자 말씀하셨다.**

"내가 자네들보다 조금 나이가 많다만, 나를 어렵게 여기지 말게나. 자네들은 평소에 '나를 알아주지 못한다.'고들 하는데, 만일 혹시라도 자네들을 알아준다면 어떻게 해볼 텐가?"

자로가 대뜸 대답하였다.
"천승(千乘)의 나라가 대국의 사이에 끼어서 군대로 침략을 당하고 기근이 거듭되더라도, 제가 다스린다면 3년이면 백성들이 용기가 있고 또 나아갈 방향을 알도록 할 수 있습니다."
공자는 빙긋 웃으셨다.
"구(求)야! 자네는 어떻게 하겠느냐?"
"사방 60~70리, 혹은 50~60리 쯤 되는 작은 나라를 제가 다스린다면, 3년이면 백성들을 풍족하게 할 수 있겠습니다만, 예악에 있어서는 군자를 기다리겠습니다."
"적(赤)아, 자네는 어떻게 하겠느냐?"
"잘 할 수 있다는 말이 아니고, 배우고 싶습니다. 종묘의 일이나 제후들이 회동할 때에 현단복(玄端服)을 입고 장보관(章甫冠)을 쓰고 소상(小相)이 되고 싶습니다."
"점(點)아, 자네는 어떻게 하겠느냐?"
슬(瑟)을 켜는 소리가 드문드문 드물어지더니, 텅! 하고 모든 현을 한꺼번에 울려서 마치고는 슬을 내려놓고 일어나서 대답을 했다.
"세 사람이 갖춘 능력과는 다릅니다."
"무엇 나쁠 것 있겠느냐? 각자 자기 뜻을 말해보는 게지."
"삼월 늦봄에 봄옷이 이루어지면 어른 대여섯, 아이들 예닐곱이랑 기수(沂水)에서 목욕하고 무우(舞雩)에서 바람을 쐬고 노래를 부르며 돌아오겠습니다."
공자는 아하! 감탄하시며, "나는 점과 함께 하리라." 하셨다.
세 사람은 나가고 증석이 뒤에 남았는데, 증석이 여쭈었다.
"저 세 사람의 말이 어떻습니까?"
"뭐, 각자 자기 뜻을 말해본 게지."

"선생님께서는 어째서 유(由)를 비웃으셨습니까?"

"나라 다스리기는 예(禮)로써 해야 하는데, 그 사람 말은 겸손하지 않았네. 그래서 웃었지."

"구(求)가 말한 것은 나라를 다스리는 일이 아닙니까?"

"사방 60~70리, 혹은 50~60리나 되는데 어찌 나라가 아니겠느냐?"

"적(赤)이 말한 것은 나라를 다스리는 일이 아닙니까?"

"종묘(宗廟)의 일과 회동(會同)하는 일이 제후의 일이 아니고 무엇이겠느냐? 적이 소상이 된다면 누가 대상(大相)이 되겠느냐?" (1124)

子路曾晳冉有公西華侍坐. 子曰, "以吾一日長乎爾, 毋吾以也. 居則曰, '不吾知也!' 如或知爾, 則何以哉?"

子路率爾而對曰, "千乘之國, 攝乎大國之間, 加之以師旅, 因之以饑饉, 由也爲之, 比及三年, 可使有勇, 且知方也." 夫子哂之. "求! 爾何如?" 對曰, "方六七十, 如五六十, 求也爲之, 比及三年, 可使足民. 如其禮樂, 以俟君子." "赤! 爾何如?" 對曰, "非曰能之, 願學焉. 宗廟之事, 如會同, 端章甫, 願爲小相焉." "點! 爾何如?" 鼓瑟希, 鏗爾, 舍瑟而作, 對曰, "異乎三子者之撰." 子曰, "何傷乎? 亦各言其志也." 曰, "莫春者, 春服旣成, 冠者五六人, 童子六七人, 浴乎沂, 風乎舞雩, 詠而歸." 夫子喟然歎曰, "吾與點也!"

三子者出, 曾晳後. 曾晳曰, "夫三子者之言何如?" 子曰, "亦各言其志也已矣." 曰, "夫子何哂由也?" 曰, "爲國以禮, 其言不讓, 是故哂之." "唯求則非邦也與?" "安見方六七十如五六十而非邦也者?" "唯赤則非邦也與?" "宗廟會同, 非諸侯而何? 赤也爲之小, 孰能爲之大?"

【字義】 1. **曾晳(증석)** : 자는 자석(子晳), 이름은 점(點). 증자 곧 증삼

(曾參)의 아버지. 안회의 아버지와 함께, 부자가 다 공자의 제자였다. 2. **一日(일일)** : 조금, 약간. 짧은 시간. 3. **乎(호)** : ~보다. 4. **毋(무)** : ~하지 말라. 금지나 명령을 표시한다. 無와 같다. 5. **毋吾以也(무오이야)** : 이 구절의 '以' 자에 대해서 여러 가지 설명이 있다. 조선조의 언해에서는 "나로써 말라."고 하였다. 중간의 '吾以' 두 글자를 앞뒤로 바꿔서 '毋以吾也'의 도치로 읽었는데, 부정문에서는 도치되는 현상이 많다. '나로써', 곧 '나를' 어려워말라는 의미. 다른 설로는 以를 已(이), '그만두다, 그치다'로 읽는다. 그러면 '나 때문에 (말을) 그치지 말라.'가 된다. 『맹자』에 "무이즉왕호(無以, 則王乎)!", '말을 그만두라고 하지 않으신다면 왕도(王道)를 말씀드리겠다.'는 말이 있는데, 같은 용례다. 어느 쪽이든 기탄없이 말을 해보라는 권유로 읽힌다. 6. **不吾知也(불오지야)** : '不知吾也'의 도치. 바로 앞 구절에 같은 예가 있다. 7. **率爾(솔이)** : 경솔한 모양. 率은 경솔하다, 爾는 '그러하다'는 의미이지만, 然(연)이나 如(여)와 같이 상태를 나타내는 조사로 쓰인 것. 8. **攝(섭)** : 끼다. 9. **加(가)** : 더하다, 압력을 가하다, 침략하다. 10. **師旅(사려)** : 군대. 정현(鄭玄, 127~200)의 『시경』 주에, 500인이 旅, 5旅가 師라고 한다. 11. **因(인)** : 거듭되다. 12. **饑饉(기근)** : 기근, 흉년. 곡식 흉작을 饑, 채소 흉작을 饉이라고 한다. 13. **爲之(위지)** : 다스린다면. 여기서 爲는 治(치)의 의미. 14. **比及(비급)** : 미치다, 이르다. 15. **方(방)** : 방향. 16. **哂(신)** : 미소 짓다, 비웃다. 17. **方六七十(방육칠십)** : 方은 사방, 둘레. 六七十은 60~70리. 18. **如(여)** : 혹, 혹은. 19. **俟(사)** : 기다리다. 20. **會同(회동)** : 제후들이 만나는 일. 제후들이 천자에게 조회하는 규정에 "봄에 뵙는 것을 조(朝), 여름에 뵙는 것을 종(宗), 가을에 뵙는 것을 근(覲), 겨울에 뵙는 것을 우(遇), 수시로 뵙

는 것을 회(會), 여럿이 함께 뵙는 것을 동(同)이라고 한다."[1]는 말이 있다. '여럿이 함께 뵙는 것'은 원문으로는 은현(殷見)인데, 정현 주에 은(殷)은 중(衆), '많다'는 의미라고 한다. 21. **端章甫(단장보)** : 端은 옷깃. 여기서는 검은 깃을 댄 예복인 현단복(玄端服), 章甫는 예복에 쓰는 모자인 장보관(章甫冠). 22. **小相(소상)** : 예를 집행하는 군주를 돕는 직무 중에서 중요한 직무인 대상(大相)이 아니라 소소한 직무라는 말. 相은 돕다. 23. **鼓瑟(고슬)** : 鼓는 두드리다, 연주하다, 瑟은 현악기의 이름. 금슬(琴瑟)이라는 말이 흔히 쓰이지만, 금은 7현이고, 슬은 25현이다. 24. **希(희)** : 드물다. 25. **鏗爾(갱이)** : 의성어. 현악기 연주의 마지막에 전체 현을 한꺼번에 크게 울려서 마치는 소리. 26. **作(작)** : 일어나다. 기(起)와 같음. 선생의 질문에 제자는 일어나서 대답하는 것이 관례였음. 27. **撰(선)** : 갖추다, 갖춘 능력. 28. **何傷乎(하상호)** : 무슨 상관이 있겠느냐. 무슨 해될 것 있겠느냐. 傷은 손상, 상처. 29. **莫春(모춘)** : 莫는 모(暮)와 같음. 暮春. 음력 3월을 이르는 말이다. 30. **浴(욕)** : 목욕하다. 31. **沂(기)** : 산동성 중부와 동부 지역을 흐르는 강물 이름. 기수(沂水). 32. **舞雩(무우)** : 노나라에서 기우제를 지내던 곳. 곡부 동쪽이라고 하고, 관계 유적이 남아 있다. 33. **喟然(위연)** : 喟는 한숨 쉬다, 喟然은 탄식하는 모양. 34. **與(여)** : 더불다, 참여하다. 35. **安(안)** : 어찌, 어디.

【설명】『논어』 전체를 통틀어서 가장 길이가 긴 장이다. 315자. 『논어』 전체 15,854자를 495개 장으로 구분할 경우 한 개 장에 평균 32자씩인데 비하면 대략 10배 분량이다. 내용에 있어서도 가장 유명한 장

1_ "春見曰朝, 夏見曰宗, 秋見曰覲, 冬見曰遇, 時見曰會, 殷見曰同."(『周禮 · 春官 · 大宗伯』)

가운데 하나다. 이 긴 장의 중심은 증자의 아버지인 증점(曾點), 자로 말하자면 증석(曾晳)의 발언인 "삼월에 봄옷이 이루어지면 어른 대여섯, 아이들 예닐곱이랑 기수(沂水)에서 목욕하고 무우(舞雩)에서 바람을 쐬고 노래를 부르며 돌아오겠다."는 말이다. 공자의 질문에 따른 대답이기는 했지만, 모두 정치 참여를 희망한 다른 제자들의 뜻과 선명하게 대조적이다.

나이순으로 나열된 자로 · 증석 · 염유 · 공서화 네 제자와 공자의 이 대화가 이루어진 것은 시기적으로 언제쯤이었을까? 기수와 무우로 보아 장소는 곡부였으리라고 짐작이 된다. 공자는 13년간 온갖 역경을 무릅쓰고 여러 나라를 돌아다니다가 68세에 곡부로, 노나라로 되돌아온다. 작고하기 5년 전, 서기전 484년이었다. 그 이후 어느 해 봄의 일이다. 공자가 일흔이 되던 해 봄이었다면 자로는 작고하기 2년 전인 61세, 증석은 정확하게 알 수는 없지만 아마 쉰 정도, 염구는 41세, 공서화는 28세였다. 공자가 지명하지 않았으므로 발언은 없지만, 혹은 어쩌면 아버지를 피해서 그 자리에 없었을 지도 모르지만, 증점의 아들인 증자는 24세가 된다. 대략 10년 가량씩 나이 차이가 나는 네 사람 제자와 공자의 문답이다. 필자는 이 장을 접할 때마다 예순 노인과 이십대 청년이 한 자리에서 스스럼없이 어울리는 것이 인상적이라고 생각하곤 하는데, 중국 고대 사회 풍조의 한 단면을 짐작할 수 있는 사례가 아닐까 싶다.

공자는 "내가 자네들보다 조금 나이가 많다만, 나를 어렵게 여기지 말게나."라고 말문을 열어서, 자기가 묻는 문제에 대해서 기탄없이 말을 해보라고 먼저 권유를 한다. '만일 혹시라도 누군가가 자네들을 알아준다면, 그래서 등용을 한다면, 어떻게 해보고 싶은가?'

넷 중에서 제일 연장이기도 하지만 평소 말이나 행동이나 스스럼없는 자로가 역시 제일 먼저 입을 연다. '천승(千乘)의 나라 곧 규모가 큰 제후의 나라가 그보다 더 큰 두 개 나라에 양쪽으로 끼어서 번갈아 침략을 당하고 그로 인해 기근이 거듭되는 곤란한 상황' 을 먼저 설정한다. 그런 나라에서 자신이 책임 있는 직위를 담당한다면 3년이면 백성들이 용기가 있고 또 백성들이 나아가야할 올바른 방향을 알게 할 수 있다고 자신한다. 공자는 빙긋 웃으셨다. 신(哂)이라는 글자를 뒤쪽에서는 '비웃다'로 번역했지만, 유쾌한 웃음이 아니다.

앞에서 본 내용이었지만 "삼년을 공부하고 나서 취직에 뜻을 두지 않는 사람을 만나기란 쉽지 않다." (0812)거나, 공자 자신을 등용해주는 자가 있다면 "3년이면 성과를 낼 수 있다." [2]고 자신한 말(1310)이 『논어』에 보인다. 성과를 묻기에 3년은 적절한 시간이라는 인식이 있었던 듯하다. 『논어』에 "자로는 제 명에 죽지 못할 것 같다[若由也, 不得其死然]."는 공자의 다소 과도한 염려의 말이 있거니와, 아마도 이 모임 이후 한두 해 뒤에 그 말처럼 되고야 말았던 듯하다. 자로의 다소 과격한 생각이며 행동과 지나치게 현실지향적인 자세를 공자는 자주 지적하곤 했다. 이 장에서도 그러하다.

자로의 말에 대한 공자의 신통찮은 반응을 본 염구는 욕망의 크기를 다소 줄였다. '사방 60~70리, 혹은 50~60리 되는 작은 나라'를 맡는다면, 역시 '3년이면' 백성들을 경제적으로 풍족하게 할 수 있겠다고 한다. 훌륭한 정치의 수단이자 결과물인 예악은 자기 능력이 감당할 수 없다고 한다. 염구는 요즈음 말로 하자면 경제 전문가이고 행정 관료다.

제일 나이가 어린 이십대 후반의 공서화는 '잘 할 수 있다는 말이 아니

2_ 子曰, "苟有用我者, 期月而已可也, 三年有成."

고, 배우고 싶습니다.'고, 더욱 겸손해진다. 그의 희망은 예악과 외교의 전문가가 되는 것이다. 공자의 부탁으로 제(齊)나라에 파견된 일이 『논어』에 보이기도 하는 인물이므로(0604), 공서화는 아마 외교에 수완이 있었던 듯하다.

증점은 이 장 기록에서 주인공이다. 나이 순서로는 두 번째이지만 슬(瑟)을 연주하고 있었으므로 제일 나중에 지명이 되는데, 발언을 한 뒤에 자로, 염유, 공서화 세 사람은 나가고 혼자 남아서 공자와 함께 앞서 다른 사람이 한 말의 의미를 '복기' 하고 있다. 증점이 한 말은 '욕기영귀(浴沂詠歸)' 넉 자로 압축할 수 있겠는데, 일찍이 퇴계 이황이 "도가 일상생활 속에서 자연히 발현하여 유행하는 실상을 볼 수 있는 것" 이라고 극찬을 했다. 영귀(詠歸) 두 자를 제목으로 한 정자와 누각과 지명이 우리나라 곳곳에 남아 있다. 또한 욕기(浴沂)와 영귀를 제목으로 한 이루 헤아릴 수 없이 많은 글이 남아 있다. 주세붕(周世鵬, 1495~1554)의 「욕기가(浴沂歌)」 같은 시조도 당연히 볼 수 있는데, 조선 중기 강호 자연을 주제로 한 국문 시가에서 중요한 제재였다. 기수(沂水)에서 목욕하는 즐거움이라는 의미의 욕기지락(浴沂之樂)이라는 말은 "명리를 잊고 아무 속박 없이 마음껏 즐기는 즐거움"을 이르는 한국어 단어로 되었다. 중국에서 영귀(詠歸)라는 말은 '많은 사람들이 함께 모여서 시부(詩賦)를 짓는 행사' 를 이르는 말로 쓰인다.

여기까지 순서대로 보인 제5편(공야장) 제8장과 제11편(선진) 제20장 및 제24장의 3개의 장에 등장하거나 대화에 참여한 공자 제자는 동일하다. 자로, 염유, 공서화 세 사람이다. 한데 제일 끝에 보인 선진편 24장에만 증자의 아버지인 증석 한 사람이 더 끼어 있다.

필자는 이 장을 읽을 때마다 발칙한 상상을 곧잘 한다. 지금은 자주 쓰이지도 않고 의미도 잘 모르는 말이 되어 가지만, 위선(爲先) 또는 위선사(爲先事)라는 말이 있다. 도무지 아무런 직접적인 근거도 없지만, 선진편 마지막 장은 증자 아버지 미화작업이 아닐까? 증점의 발언에는 유가가 아니라 도가적, 노장적인 분위기가 물씬 풍기는데, 『논어』에서 이런 종류의 사고방식이 보이는 것은 여기가 처음이다. 이후에도 한참을 지나서야 도가적인 발언을 접할 수 있다. 곧, 『논어』의 기록과 편집이라는 점에서, 시대적으로 상당히 나중의 사조가 끼어들어간 것이다.

『맹자』에는 증자와 그 아들 증원(曾元)의 지극한 효행이 기록되어 있는데, 『논어』가 예를 중시한 순자 학파가 아니라 효를 중시한 증자 학파의 기록이라는 점을 상기하면, 이 장 내용은 의도적인 편집의 결과물이라고 의심해볼 소지가 있다. 증자 아들 증원이나 증자 제자들은 『논어』 기록을 두고 오랜 기간 엄청난 고심을 했을 것이 분명하다. 그들은 『논어』 전체의 중요한 주제 가운데서도 특별히 더 중요한 주제로 효를 상정하고, 그런 방향으로 편집을 했을 것이다. 이 장이 바로 그런 결과물이라고, 필자는 상상을 한다.

안회의 아버지 안로(顔路)와 증삼의 아버지 증점이 모두 공자의 제자인데, '두 아버지'가 다 『논어』에 한 차례씩 등장한다. 안로는 아들 안회가 죽은 뒤 공자의 수레를 팔아서 자기 아들 관곽을 만들어주자고 요청했다가 거절당하는 일이 기록되어 있다. 아버지의 마음 씀씀이라는 점에서, 지금은 그 기록이 꼭 가치가 낮다고 볼 것은 아니지만, 『논어』가 기록되던 시기에 또는 기록되는 과정에 안회의 제자들은 존재가 미미했을 것이다.

146 · **원양(原壤)이 거만하게 앉아 기다리고 있자 공자 말씀하셨다.**

"젊어서는 겸손하지 않고, 장성해서는 칭찬할 만한 일이 없고, 늙어서는 죽지도 않는구나. 이 녀석은 도적이야." 하시고, 지팡이로 그의 정강이를 두드리셨다. (1443)

原壤夷俟. 子曰, "幼而不孫弟, 長而無述焉, 老而不死, 是爲賊." 以杖叩其脛.

【설명】 원양은 공자의 어릴 때 친구였다고 한다. '거만하게 앉아 기다리다'라고 옮긴 '이사(夷俟)'는 의미가 선명하지 못하다. 청나라 학자 단옥재(段玉裁)는 '이(夷)'를 '한쪽 무릎을 세우고 앉는 것'이라고 한다. 당시 사람들 사이에 통용되던 통상적인 예를 갖추지 않았다는 의미라고 이해하면 되겠다.
유(幼)란 유아라거나 유치원이라는 말이 있듯이 어리다는 의미이지만, 뒤에 이어지는 장(長)이나 노(老)를 고려하면 사람의 일생을 셋으로 나누어서 하는 말이므로, 젊은 시기를 이른 말로 읽는 것이 좋겠다. 20대까지의 젊은 시기에 원양은 사람들에게 겸손하고 어른을 공경하는 등의 통상적인 예법과는 거리가 먼 사람이었다. 장성해서 인생의 중반, 30~50대에는 특별히 기억할만한 이렇다 할 일을 한 것이 없는 사람이었다. 그런 사람이 아마도 당시로서는 이례적이라고 할 일이지만, 60대 이후까지 장수를 한 모양이다. 공자는 오래된 친구의 일생을 되짚어 세 개의 구절로 정리를 하고는, "이 녀석은 도적이야"라고 했다. 도적이니까 무찔러야 한다는 말이 아니다. 비난의 말이 아니다. 유머이고, 익살이다. 지팡이로 그 정강이를 툭툭 건드린 것은 가까운 친구 사이의 무람없는 행동이다. 옆에서 보는 사람들이 빙긋 웃음을 띨, 유쾌한 장면이다.

『논어』보다는 뒤의 기록이지만, 『예기』에 있는 두 사람의 일화 한 토막을 보자.

공자의 벗에 원양이라는 이가 있는데 그 어머니가 죽자 공자는 좋은 목재로 된 바깥 관을 부조하셨다. 그러자 원양은 그 나무 관에 올라가서, "오래되었구나, 내가 노래를 부르지 않은 지가." 하더니, 노래를 불렀다.
"살쾡이 머리처럼 화려하구나, 여자 손 같이 매끌매끌하네."
공자는 듣지 못한 듯, 넘기셨다.
따르는 자들이 "선생님께서는 저 사람을 친구로 대하기를 그만두어야 하지 않을까요?"
선생님께서 말씀하셨다.
"나는 들으니, 다소 흠이 있더라도 친척에 대해서는 친척의 정을 잃지 말아야 하고, 오랜 벗에 대해서는 벗의 정을 잃지 말아야 한다더군." (『예기』「단궁 · 하」)

관곽(棺槨)이라는 말이 있지만, 곽은 외관(外棺), 바깥 관이다. 안쪽 관보다 더 크고, 따라서 더 비쌀 것이다. 공자는 그 아들이 죽었을 때도 바깥 관 없이 장례를 치렀다. 그런데 친구 어머니 상에 바깥 관을 부의로 보냈다는 것이다. 보통 친한 친구가 아니었을 것이라고 짐작할 수 있겠다.
그런데, 원양은 공자가 부의로 보내준 그 바깥 관에 올라가서 노래를 불렀단다. 상을 당해서 곡을 하지 않고 노래를 한다는 것은 익히 들어본 말이다. 대표적으로 고분지통(鼓盆之痛)이라는 말이 있다. 물동이(물장군)를 두드리는 슬픔. 장자(莊子)의 아내가 죽어서 혜시(惠施)

가 조문을 갔더니, 장자는 다리를 뻗고 앉아 와분(瓦盆, 물동이)을 두드리며 노래를 하고 있었다. 곡을 않고 웬일이냐고 물으니, '태어나기 전을 생각하니, 본래 생명이 없었는데 기(氣)가 모여 목숨이 생겨 살다가 다시 변해 죽음으로 돌아간 바, 이는 사계절처럼 순환하는 것이다. 아내는 지금 편안히 누워 있는데, 내가 공연히 곡을 하면 천명(天命)의 도리를 무시하는 것이 된다.'고 했다. 생사(生死)가 하나요 애락(哀樂)이 둘이 아니라는 말이다. 이후로 아내의 상(喪)을 당한 슬픔을 이르는 말로 되었다.

원양은 유가적인 예법이 아니라 노장(老莊)의 가르침을 따르는 도가(道家) 쪽의 인물이다. 자기와 다른 세계관이나 이념을 가진 친구를 끝내 포용한 공자의 포용적이고 인간적인 면모를 보여주는 일화로 읽으면 되겠다.

인간 공자

제 7

7. 인간 공자

공자만큼 불행한 사람이 또 있을까? 쉽지 않을 것이다. 그의 불행은 태어날 때부터 예정되어 있어서 운명적이었던 데다, 죽을 때까지 전 생애에 걸쳐 있다.

일흔 넘은 아버지와 스물이 안 된 어머니가 만나서 공자를 낳았다고 한다. 『사기』에서 공자를 제후와 같은 반열에 놓은 사마천은 공자 부모가 "야합(野合)으로 만나서 공자를 낳았다."고 기록했다. 야합이라는 말에다 '예를 갖추지 않은 것'이라는 등, 온갖 가지로 해석을 가하고 분칠을 해도 그 바탕이 가려질 수는 없었다. 조선조 지식인들의 경우, 이 문제에 대해서 언급을 한 사람이 드물었다.

공자는 몇 살에 아버지를 여의었을까? 세 살 때였다고 한다. 존재를 제대로 알기 어려웠을 것이다. 이 대목에서는 보통, '아, 그러면 공자는 홀로 된 훌륭한 어머니 손에 어렵게 길러졌으리라' 짐작할 터다. 그런데 맹자 어머니에 관련해서 생겼다는 맹모삼천이라는 말은 두루 알고 있지만 공자 어머니에 대해서는 그와 비슷한 말을 들어본 적이 없다. 공자 어머니는 개가했다. 아들 딸린 스물 남짓한 젊은 여자가 개가하지 않고 살아내기가 가능하지 않은 시대였을지도 모른다. 개가에 대한 윤리적 제약 같은 일은 없었을 터이다.

공자는 개가한 어머니 소식을 알고 지냈던 듯하다. 공자는 일흔이 넘어 작고했으므로 아마도 쉰 무렵에 그 어머니를 여의었을 텐데, 어머니를 아버지와 합장하고 싶었다. 다른 나라 남의 집안에 개가해 가서 평생을 마친 어머니 영구를 노나라로 모셔왔다. 상상하기 어려운 노력과 엄청난 비용이 들었을 것이다. 그런데, 이 대목에서 더 기가 막히는 일은, 어머니 상여를 옮겨온 공자는 막상 자기 아버지 무덤이 어디 있는지 몰랐다.

한데, 공자는 역시 기발하고 대담했다. 그 어머니 상여를 지금으로 말하자면 광화문 네거리 한복판에다 두었다. 지나는 사람들이 모두 쑥덕거리고, 금세 전국적인 이슈가 됐다. 기실, 공자가 태어나고 살았던 나라인 노나라는 손바닥만한 작은 덩어리였다. 공자는 곧 아버지 무덤을 찾았고, 어머니와 합장을 했다. 이상은 『예기』에 있는 내용이다. 『예기』는 공자로부터 아마도 3~400년은 지난 뒤의 기록이라는 것이 보통의 인식이므로, 내용을 그대로 믿을 수 없다고 할 수도 있을 것이다. 하지만 오경의 하나로 존중되는 유가의 기본 경전에 그런 기록이 있다는 것은 역으로 공자의 진면모를 일정 부분 드러내준다고 볼 소지가 없지 않을 것이다.

공자는 아들과 딸을 하나씩 두었다. 더 있었을 지도 모르지만, 『논어』에는 1남 1녀만 보인다. 아들 이(鯉, 자는 伯魚)는 명민하고 학문에 자질이 있었는데, 마흔이 안 된 젊은 나이에 공자보다 먼저 죽었다. 아들 하나를 두었던 공자의 며느리 역시 다른 나라로 개가했다. 그 며느리가 죽은 뒤에, 공자의 손자인 자사(子思)와 그 주변 인물들은 개가한 어머니의 상을 어떻게 치러야 하느냐를 두고 심각한 논쟁을 하였다.

딸은 공야장(公冶長)이라는 제자에게 시집을 보냈다. 『논어』 제5편에 기록이 있다. 믿을만한 훌륭한 성품을 지닌 젊은이였겠지만, 감옥에 갇힌 적이 있는 사람이었다. 지금 말로 하자면 전과자였고, 공자 당시에도 그런 사람을 사위로 맞기가 쉽지 않았다는 점은 『논어』 원문에서 읽힌다. 감옥에 갇힌 적이 있는 사람이지만 죄 있는 사람은 아니라고 하고 사위로 삼았다. 내 아들이나 딸이라면, 그런 사람을 선뜻 짝으로 삼아줄 수가 있을까?

중니(仲尼)라는 공자의 자는, 그가 맏이가 아니라 둘째라는 점을 말해준다. 그의 아버지는 공자 어머니보다 앞서 다른 여자와 사이에서 맏아들을 두고 있었다. 공자의 이복형에 대해서도 신빙성 있는 기록이 거의 없다. 『논어』에 단 한 차례, 공자는 그 형의 딸 곧 조카딸을 남용(南容)이라는 제자의 배필로 삼아주었다는 기록이 있다. 이로 보아 그 형과 교류가 있었을 것이고, 아버지 무덤을 몰랐다는 앞서의 말 같은 것은 공자에 대해서 악의에 찬 누군가의 조작일 지도 모른다.

이상의 서술에는 『논어』 이외의 기록이 많이 포함되어 있지만, 갖은 고난을 이기고 동양 문명의 한 표준을 세운 위대한 인간이 어떤 조건을 이겨냈는가, 그 편린은 『논어』에서도 충분히 볼 수가 있다. 그런 조각들을 찾아서 공자라는 인간의 면모를 구체적으로 복원해보기, 꼭 많은 자료가 필요한 일도 아닐 것이다.

147 · **공자 말씀하셨다.**
"삼군(三軍)의 장수는 빼앗을 수 있으나, 필부의 뜻은 뺏을 수 없다."
(0926)

子曰, "三軍可奪帥也, 匹夫不可奪志也."

【설명】 이 장은 인간의 주체성을 말하고 있다. 삼군(三軍)이란 큰 제후국의 군대 전체를 이르는 말이다. 그 군대는 대단히 강력한 듯 보인다. 그러나 그 전체 지휘관이 적에게 사로잡히는 일은 드물지만 없지

는 않다.

거기에 반해 한 인간이 마음먹고 있는 것, 그것을 '지(志)'라고 하지만, 그것을 억지로 뺏을 수는 없다. 주자 주에, '삼군의 용맹은 남에게 있고 필부의 뜻은 자신에게 있으므로, 장수는 빼앗을 수 있지만 필부의 뜻은 뺏을 수 없는 것'이라고 하고, '만약 뺏을 수 있다면 뜻이라고 말할 수 없다.'고 한다. 남한테 뺏긴다면, 뺏길 수 있는 뜻이라면, 제대로 된 뜻이 아니다.

148 · **공자 말씀하셨다.**
"날씨가 추워진 뒤에라야 송백이 시들지 않음을 안다." (0928)

子曰, "歲寒然後知松柏之後彫也."

【설명】 유명한, 아름다운 비유다. 하지만 공자의 처절한 고통이 스며 있는 말이기도 하다. 나중의 기록이지만 『장자』 한토막을 소개해둔다. 진채(陳蔡), 진나라와 채나라에서 이레 동안이나 밥을 먹지 못해 굶주림의 고통이 극도에 이르렀는데도 공자는 방에서 악기를 연주하고 노래를 불렀다. 그런 자세를 못마땅해 하는 자로와 자공을 불러서 공자는 "큰 추위가 닥치고 서리와 눈이 내리고 나서야 나는 송백이 무성할 줄을 안다네. 진채에서의 곤액은 나에게는 다행이라네."[1]라고 말했다고 한다.

1_ 大寒旣至, 霜雪旣降, 吾是以知松柏之茂也. 陳蔡之隘, 於丘其幸乎!" (『장자』「양왕(讓王)」)

149 · **공자 말씀하셨다.**

"지사(志士)와 인인(仁人)은 살기를 구하여 인을 해치는 일이 없고, 자신을 죽여 인을 이루는 일은 있다." (1509)

子曰, "志士仁人, 無求生以害仁, 有殺身以成仁."

【설명】 살신성인. 다 아는 말이다. 저 살자고 인을 해치는 일이 없고, 자신을 죽여 인을 이루는 사람. 그런 사람은 지사이고 동시에 인을 이룬 이들이다. 지사라는 말에 붙는 다른 말을 떠올려보자. 애국지사니 우국지사니 하는, 국가 단위에 붙는 경우 이외에 얼른 떠오르는 말이 없다. 몸뚱이가 아니라 뜻이 커야 큰사람이다.

150 · **공자 말씀하셨다.**

"사람이 원대한 생각이 없으면 반드시 가까운 근심이 있다." (1512)

子曰, "人無遠慮, 必有近憂."

【설명】 원려와 근우가 짝을 이루고 있는 말로, '원려근우'라는 우리말 성어가 여기서 비롯되었다. 먼 미래를 미리 헤아려 요량해두어야 한다. 그렇지 않으면 재앙이 코앞에 닥쳐서야 허둥댄다. 가까운 근심이 '있다'보다 '생긴다'는 의미로 읽어도 좋다. 소동파의 말처럼 '원대한 생각이 천리 밖에 있지 않으면 재앙이 앉은 자리 아래에 닥친다.'

151 · **계로(季路)가 귀신 섬기기를 여쭈자, 공자 말씀하셨다.**
"사람을 잘 섬기지 못한다면 어찌 귀신을 섬기겠느냐?"
"감히 여쭙니다. 죽음이란 무엇입니까?"
"삶을 알지 못한다면 어찌 죽음을 알겠느냐?" (1112)

季路問事鬼神. 子曰, "未能事人, 焉能事鬼?" 曰, "敢問死." 曰, "未知生, 焉知死?"

【설명】 공자는 무신론자가 아니었지만, 인간을 첫째로 하고 신을 의식하는 일을 그 다음으로 여긴 태도를 지녔음을 보여주는 조목으로 유명하다. 공자는 귀신이니 죽음이니 하는 말로 표상되는 불가지(不可知)의 세계를 꼭 부정한 것은 아니다. 그러나 '불가지'의 세계보다도 먼저 가지(可知)의 세계를 향해서 노력하겠다고 하는 것이 그의 태도였다고 생각되고, 이 조목은 그러한 태도의 표명이다. 계로는 자로를 이른다. 성이 계(季)이다.

152 · **선생님께서 병환이 심하시자 자로(子路)가 기도할 것을 청했다.**
"기도라는 것이 있더냐?"
선생님께서 말씀하시자 자로가 대답했다.
"있지요. 뇌(誄)에, '너를 천지신명께 빈다.' 하였습니다."
선생님께서 말씀하셨다.
"나는 기도한 지 오래다." (0735)

子疾病, 子路請禱. 子曰, "有諸?" 子路對曰, "有之, 誄曰, '禱爾于上下神祇.'" 子曰, "丘之禱久矣."

【설명】 원문에서 "자질병(子疾病)"의 '질(疾)'이라는 글자는 널리 질병을 의미하고, '병(病)'자는 질병이 위독한 상태가 된 것을 의미한다. 요컨대 '위독하다'로 읽어도 좋다. 다만 공자가 73세로 임종할 때는 아니다. 자로는 공자보다 1년 일찍 죽었기 때문이다.

"유저(有諸)의 '저(諸)' 자는 '지호(之乎)' 두 자의 축약으로, '有諸'는 '有之乎'와 같다. 너는 신에게 빌고 싶다고 하지만, 질병의 구제를 신에게 빈다고 하는 선례(先例)는 있느냐고 물은 것으로 보인다. 자로는 신에게 빈 전례가 있다는 증거로 뇌(誄)라는 문헌에, "도이우상하신기(禱爾于上下神祇)"라는 문구가 있다는 예를 들었다. 뇌가 어떤 문헌인지는 분명하지 않다.

나는 신으로부터 책망받지 않도록 자신을 행동해온 셈이다. 지금 물론 과장되게 기도할 필요는 없다. 그렇게 말한 것으로 보인다. 공자는 신의 존재를 의식하지 않은 것은 아니었다. 그러나 공자에게 있어서 신은 영합하여 구원을 빌어야할 성질의 존재가 아니라, 인간이 자주성을 가지고 바르게 행동한다면 신은 자연히 인간을 돕는다고 생각했던 것으로 보인다. 공안국(孔安國)은, "공자의 평소 행동은 신명(神明)에 부합되었다. 그러므로 '나의 기도는 오래되었다' 고 하였다" 고 한다.

153 · **공자께서는 상복을 입은 자와 관(冠)을 쓰고 관복을 차려 입은 자와 눈이 보이지 않는 사람을 보시면 그들이 비록 나이가 적더라도 반드시 일어나셨고, 그 곁을 지나실 때는 반드시 종종걸음을 하셨다.** (0910)

子見齊衰者冕衣裳者與瞽者, 見之, 雖少必作, 過之必趨.

【설명】 아는 사람이건 아니건 부모나 가까운 친족의 상을 당한 사람을 슬픈 마음으로 대하고, 관직에 나아가 나라 일을 수행하는 사람을 높인다는 것은 바로 짐작이 된다. 자기보다 나이 어린 젊은이라도 눈이 보이지 않는 사람이면 상주나 관리를 대하듯이 조심스럽게 대했다는 것은 뜻밖이다. 사람의 도리라는 것이, 예와 지금이 다를 수 없고 최고의 지성을 지닌 이와 평범한 생활인이 다를 수 없음을 보여주는 기록이다. '나이가 적더라도'는 원문으로 소(少) 곧 '적다'는 말의 번역인데, 좌(坐) 곧 '앉다'는 글자의 잘못이라는 설이 있다. 그러면 그 부분은 "(공자가) 비록 앉아계실 때라도"로 읽힌다.

지금은 교통사고가 원인이 되는 경우가 많지만, 생활의 질이나 의료의 문제 등으로, 예전으로 갈수록 불구자가 흔했다. 고대 중국에서 음악을 하는 악사는 대개 눈이 보이지 않는 사람이었다. 감각기관으로는 귀가 더 발달할 터이므로 자연스러운 일이었을 듯하다. 위와 관련되는 다음 기록이 더 있다.

상복 입은 자를 보시면 아주 친한 사이라도 반드시 낯빛을 변하셨으며, 면류관을 쓴 자와 눈이 보이지 않는 사람을 보시면 비록 사석이라도 반드시 예를 갖추어 대하셨다.[2]

154 · **공자 말씀하셨다.**

2_ 見齊衰者, 雖狎必變, 見冕者與瞽者, 雖褻必以貌.(1019)

"여자와 소인은 기르기가 어려우니, 가까이하면 불손하고 멀리하면 원망한다." (1723)

子曰, "唯女子與小人爲難養也, 近之則不孫, 遠之則怨."

【설명】 아무리 성인의 말씀이라도 시대를 초월해서 언제나 진리가 되는 것은 아니다. 시대의 한계를 벗어날 수는 없다. 공자만 그러한 것은 아니지만, 『논어』에서 그 한 가지 사례를 보여주는 말이라고 생각할 수 있다. 여자와 소인 두 부류의 맞은편에 있는 존재는 지배 계급의 남자다. 그러니까 소인이란 노예를 비롯해서 상대적으로 지위가 낮은 계급의 남자를 이른 말이나. 바로 그 점에서 이 장은, 남녀의 문제가 아니라 인간 보편의 문제로 읽어야 한다. 눈길이 여자라는 단어에만 머물면 문제 인식의 폭을 너무 좁히는 결과가 된다.

양(養), '기른다'는 말은 계급과 함께 생산 수단의 문제로 확대해볼 수도 있겠다. 여자와 소인은 지배 계급의 필요에 의해 길러지는, 부양되는 존재다. 한데 그 길러지는 존재가 때로 불손하기도 하고 원망하기도 한다는 것이다. 어느 시대가 차별과 계급이 없었을까? 생산 수단을 소유하지 못한 떠돌이, 뿌리 뽑힌 개인의 문제는 언제나 뜨거운 당면 과제였다. 농토에서 유리된 농민들의 소요와 반란은 중국 역사에서 언제나 시대 변혁의 주요인이었다.

155 **장저(長沮)와 걸닉(桀溺)이 함께 밭을 가는데 공자가 지나다가 자로를 시켜 나루를 묻게 하셨다.**

장저가 물었다.

"저기, 수레를 잡고 있는 이는 누구신가?"

"공구(孔丘)이십니다."

"노나라의 공구인가?"

"그렇습니다."

"이 분은 나루를 아신다네."

걸닉(桀溺)에게 나루를 묻자 걸닉이 물었다.

"당신은 누구신가?"

"중유(仲由)라고 합니다."

"노나라 공구(孔丘)의 제자인가요?"

"그렇습니다."

"도도(滔滔)한 것이 천하가 모두 이러한데, 그대가 누구와 같이 바꿀 수가 있겠소? 게다가, 그대는 사람을 피하는 선비를 따르기보다는 세상을 피하는 선비를 따르는 것이 낫지 않을까요?" 하고는 씨앗 덮는 일을 그치지 않았다.

자로가 돌아와서 아뢰자, 공자는 멋쩍고 안타까워하며 말씀하셨다.

"조수(鳥獸)와 함께 무리를 지어 살 수는 없지. 내가 이 사람의 무리와 더불어 지내지 않고 누구와 더불어 지내겠는가? 천하에 도가 있다면 내가 더불어 바꾸려고 하지 않을 것이다." (1807)

長沮桀溺耦而耕, 孔子過之, 使子路問津焉. 長沮曰, "夫執輿者爲誰?" 子路曰, "爲孔丘." 曰, "是魯孔丘與?" 曰, "是也." 曰, "是知津矣." 問於桀溺. 桀溺曰, "子爲誰?" 曰, "爲仲由." 曰, "是魯孔丘之徒與?" 對曰, "然." 曰, "滔滔者天下皆是也, 而誰以易之? 且而與其從辟人之士也, 豈若從辟世之士哉?" 耰而不輟. 子路行以告. 夫子憮然曰, "鳥獸不可與同羣, 吾非斯人之徒與而誰與? 天下有道, 丘不與易也."

【설명】 유가와 도가적 사고의 차이를 잘 보여주는 장이다. 공자 당시에는 도가가 아직 나타나지 않았다는 점을 생각하면, 이 장은 비교적 늦은 시기에 기록되었다고 말할 수 있을 것이다. 이름도 이상한 장저(長沮)라는 사람과 걸닉(桀溺)이라는 사람, 그 두 사람이 나란히 밭을 갈고 있는 곳을 공자가 지나면서, 제자인 자로를 보내서 나루를 물어보게 했다. 말할 것도 없이, 가는 길 앞쪽에 냇물이 있었다.
자로는 먼저 장저한테 가서 길을 묻는다. 심부름 보낸 이가 공자라는 대답을 듣고는 '그 양반은 길을 알 것이네' 라고 하고는 입을 다문다. 한 자리 얻으려고 앉은 자리 따스해질 틈이 없이 여기저기, 이 나라 저 나라 돌아다니는 사람이니까 길을 모를 리 없다는 말이다. 모멸이다.
자로는 부득이 걸닉에게 또 묻는다. 걸닉은 그래도 입은 열었다. 그의 입에서 나온 말은 피인지사(避人之士), 사람을 피하는 선비와 피세지사(避世之士), 세상을 피하는 선비. 자신의 이상을 펴기 위해 악착 같이 개혁의 의지를 단념하지 못하는 공자는 혼탁한 시대에 가망없는 일을 하는 딱한 사람이다. 지금 세상에 가능하지 않은 일이다. 자기들처럼 세상을 잊고 지내는 것이 좋다.
공자가 보기에 장저와 걸닉 두 사람의 반문명적 태도는 새나 짐승과 다를 바 없다. 인간이야말로 공자가 끝내 포기할 수 없는 존재이고, 문명한 인간 세상을 만드는 것이 공자의 궁극적 이상이다. 사회 혼란기에는 언제나, 혼란을 정면에서 직시해야 한다는 태도와 함께, 이면을 돌아보아야 한다는 주장이 같이 등장하게 마련이다.

156 **의(儀) 땅의 봉인(封人)이 공자 만나 뵙기를 청하면서 말했다. "훌륭하신 분이 이곳에 이르면 내가 일찍이 만나보지 않은 적이 없었답**

니다."

공자를 따르던 이들이 만나게 해주자, 뵙고 나와서 말하였다.

"여러분은 공자가 벼슬 잃은 것을 무엇 걱정할 일이 있겠습니까. 천하가 무도한지 오래입니다. 하늘이 장차 선생님을 목탁으로 삼으실 것입니다." (0324)

儀封人請見, 曰, "君子之至於斯也, 吾未嘗不得見也." 從者見之. 出曰, "二三子何患於喪乎? 天下之無道也久矣, 天將以夫子爲木鐸."

【설명】 의(儀)는 위(衛)나라의 고을이었는데 지금 하남성 난고현(蘭考縣) 의봉향(儀封鄕 또는 儀封鎭)에 '봉인청견부자처(封人請見夫子處)' 라고 쓰인 근년에 새로 세운 큰 표지석과 정자, 청견서원(請見書院)이라는 서원 건물이 만들어져 있다. 난고현은 개봉시 동쪽, 상구시(商丘市) 서북쪽, 하택시(荷澤市) 서남쪽 지점에 있다.

봉인이란 국경에서 사람과 물건의 출입을 맡아보던 하급 관리다. 아주 낮은 직책이지만, 때로 사람과 세상에 대한 통찰력을 지닌 은자들이 한 세상 보내는 생계의 수단으로 삼고 지내는 경우가 있었다. 이 장의 봉인도 그런 경우인 듯하다.

공자를 만나고 나온 봉인은 수행하던 제자들에게 자신에 찬 기쁜 소리로 공자에 대한 큰 기대를 말한다. 공자가 벼슬을 잃고 떠도는 것은 걱정할 일이 아니다. 세상에 도가 없어진지 오래인데, 하늘이 공자를 통해서 도를 구현할 시기가 온다. 지금 떠도는 것은 공자를 널리 인류에 대한 목탁으로 삼으려는 하늘의 뜻이다.

목탁이란 혀[舌]를 나무로 만들어서 맑은 소리를 내는 작은 방울이다. 무사(武事)에는 금탁(金鐸), 즉 혀도 금속으로 된 방울을 흔들고, 문사(文事)에는 나무로 된 목탁을 흔든다는 말이 있는데, 조정의 명령을 관리가 전하러 돌아다닐 때의 방울이다.

공자는 모국인 노나라를 떠나서 13년간 당시 중국 천하를 떠돌았다. 혼자가 아니라 많은 제자들이 수행했다고 한다. 때로는 음식이 없어서 거의 위험한 상황에까지 가기도 하고, 오해로 인한 박해를 받아서 생명의 위협을 겪은 것도 여러 번이었다. 이 장은 그런 시기의 일화 한 가지다.

두 나라의 경계인 국경은 눈과 귀가 트이는 곳이다. 안팎으로 양쪽 동향을 다 듣고 볼 수가 있으니 사정에 밝지 않을 수가 없을 것이다. 의 땅의 봉인은 공자가 당도하기 전에 미리 바람으로 듣고 맞이할 준비를 하고 있었던 인물이었다. 과연 그의 전망대로, 시간의 차는 있었지만, 공자는 인류의 목탁으로 되었다.

157 · **자공이 말하였다.**

"선생님의 문장(文章)은 들을 수 있지만, 선생님께서 성(性)과 천도(天道)를 말씀하시는 것은 들을 수 없었다." (0513)

子貢曰, "夫子之文章, 可得而聞也, 夫子之言性與天道, 不可得而聞也."

【설명】 대단히 유명한 문장이다. 특히 공자의 학문은 원래 즉물적(卽物的)이고, 추상적이거나 사변적이지는 않았다고 주장하는 학자들, 즉 청나라 고증학자들이 가장 자주 인용하는 장이다. 공자는 성이나 천도와 같은 형이상학적 문제는 말을 한 적이 없었고, 자공은 들은 적이 없다는 고백으로 읽는다.

하지만, 이 번역에서 끝마디를 '없었다' 로 맺었지만, 성과 천도 같은 형이상의 문제를 공자는 말한 적이 없었는데, 자공은 이 말을 한 때가 되어서야 비로소 형이상의 문제에 대한 공자의 강의를 들었다로 읽을 수도 있다. 듣고 나서 그 방대하고 미묘한 세계에 감탄해서 한 말이라고 풀이하는 것이다. 『논어』라는 텍스트가 기록된 시기에 관련되는 문제이지만, 공자가 성과 천도에 대한 말을 아예 하지 않았는데 자공은 나중에 저 혼자의 노력을 통해서 형이상의 문제로 인식의 폭을 넓혔다는 말로 읽기는 어려울 듯하다. 왜냐하면 이 장 이외에도 『논어』에 성이라는 글자와 천도라는 말이 더 있기 때문이다.

문장이란 언어만을 의미하는 것이 아니라, 예악(禮樂) 등 문화적인 행위를 널리 포함하고 있는 말이다. 성(性), 즉 인간 본성의 문제는 맹자 이후 유학의 좋은 문제로 되는 것이다. 그러나 『논어』에서 그에 관계된 의론은 "타고난 성은 서로 가깝지만 습관으로 서로 멀어진다." (1702)라는 말 한 차례뿐이다. '천(天)'은 49회나 쓰였지만 천도라는 말은 이 장의 한 차례가 유일하다.

158 · **위(衛)나라 공손조(公孫朝)가 자공에게 물었다.**

"중니(仲尼)는 어디서 배웠습니까?"

자공이 말하였다.

"문왕 · 무왕의 도가 아직 땅에 떨어지지 않아 사람들에게 남아 있습니다. 현자는 그 큰 것을 기억하고 그렇지 못한 자들은 작은 것을 기억하고 있어서, 문왕 · 무왕의 도가 남아 있지 않은 것이 없습니다. 선생님께서 어디선들 배우지 않으셨겠으며, 또 어찌 일정한 스승이 계셨겠습니까?"

(1922)

衛公孫朝問於子貢曰, "仲尼焉學?" 子貢曰, "文武之道, 未墜於地, 在人. 賢者識其大者, 不賢者識其小者. 莫不有文武之道焉. 夫子焉不學? 而亦何常師之有?"

【설명】 공손조는 한나라 학자 마융(馬融)에 의하면 위(衛)나라의 대부였다. 그의 구체적인 행적은 분명하지 않지만 '공손(公孫)'이라는 말로 미루어 위나라 군주와 동족이었을 것으로 보인다. 그가 공자의 제자 자공에게 물었다.

'중니, 즉 당신의 선생은, 어디서 누구에게서 공부하였습니까?'

자공은 답하였다.

'혼란하기 짝이 없는 세상이지만, 그래도 문왕과 무왕이 남긴 주(周)나라의 훌륭한 법도가 완전히 사라진 것은 아닙니다. 많은 사람들 사이에 아직 온전히 그대로 남아 있습니다. 훌륭한 사람은 그 크고 중요한 부분을 알고 그렇지 않은 사람은 그 작고 세세한 일을 알고 있습니다. 어디를 가더라도 문왕 · 무왕의 법도가 남아 있지 않은 곳이 없습니다. 선생님은 어디선들 공부를 하시지 않은 곳이 없습니다. '상사(常師)', 고정된 일정한 선생은 없었습니다. 모든 장소가 선생님이 공부하는 곳이고, 모든 사람이 선생님의 스승이었습니다.'

당나라의 저명한 학자이자 문인인 한유(韓愈)의 유명한 글 「사설(師說)」의 한 구절에 "성인은 일정한 스승[常師]이 없어서, 공자는 담자(郯子) · 장홍(萇弘) · 사양(師襄) · 노담(老聃)을 스승으로 삼았다." 는 말이 있다.

문왕과 무왕은 부자간이면서 주나라의 창시자로, 공자가 가장 존경한 성인들 가운데 두 사람이다. 문왕이 새로운 나라의 기반을 다 마련하고 죽자 무왕이 그 아버지의 신주를 수레에 싣고 은(殷)나라를 무찌른다. 백이 숙제가 무왕의 말고삐를 잡고 간했다는 말이 사마천의 『사기』에 전하는데, 열전의 제일 첫 권이 백이열전이다.

159 · **숙손무숙(叔孫武叔)이 조정에서 대부들에게, "자공(子貢)이 중니(仲尼)보다 낫습니다." 하였다.**

자복경백(子服景伯)이 이 말을 자공에게 일러주자, 자공은 이렇게 말했다. "집의 담장에 비유하면 나의 담장은 어깨 높이여서 집안의 좋은 건물들을 들여다 볼 수가 있습니다. 하지만 선생님의 담장은 몇 길 높이나 되어서 대문으로 들어가지 못하면 종묘(宗廟)의 아름다움과 백관(百官)의 많음을 볼 수가 없지요. 그 대문을 찾아서 들어가는 자가 드무니, 그분의 그런 말씀이 당연하지 않겠습니까?" (1923)

叔孫武叔語大夫於朝曰, "子貢賢於仲尼." 子服景伯以告子貢. 子貢曰, "譬之宮牆, 賜之牆也及肩, 闚見室家之好. 夫子之牆數仞, 不得其門而入, 不見宗廟之美, 百官之富. 得其門者或寡矣, 夫子之云, 不亦宜乎!"

【설명】 숙손무숙은 노나라의 대부 숙손주구(叔孫州仇)이고 『좌전』에는 정공(定公) 10년에 자기의 상속에 이의를 제기한 가신 공약(公若)이 농성(籠城)하고 있는 도시 후(郈)를 포위한 사건에서 그 이름이 처음으로 보인다. 이 해는 또 52세이던 공자가 함께 노나라의 중신의 한 사람으로서 노나라 군주의 수행원이 되어 협곡(夾谷)의 회견에서 제나라 군주를 꼼짝 못하게 만든 해이기도 하다. 그렇다면 무숙은 공자보다 약간 젊은 동료였다. 『좌전』에는 7년 뒤 애공(哀公) 2년, 이어서 3년에도 이 사람의 이름이 보이고, 그 때 공자는 이미 노나라를 떠나

고 있다. 다음 장과 합쳐서 생각하면, 공자에게 호의를 가진 사람이 아니었다.
'집의 담장'이라고 번역한 데서 '궁(宮)'이라는 말은 널리 집이라는 의미이고, 꼭 궁궐을 가리키는 것은 아니다. '집안의 좋은 건물들'이라고 옮긴 데 있는 '실가(室家)'라는 말은 내부 건물이란 뜻이다. 자공은 담장의 높이에 비유해서 자기와 공자의 학문적 차이를 설명하고, 숙손무숙이 공자를 제대로 알지 못함을 분명하게 지적하였다.

160 · **자장이 여쭈었다.**
"선비가 어찌하여야 달(達)이라고 이를 수 있습니까?"
공자 대답하셨다.
"무엇을 이르는 말인가? 자네가 말하는 달이란 것은?"
자장이 대답하였다.
"나라에 있어도 반드시 소문이 나며, 집안에 있어도 반드시 소문이 나는 것입니다."
공자 말씀하셨다.
"이것은 문(聞)이지 달이 아니라네. 달이란 질박하며 정직하고 의(義)를 좋아하며, 남의 말을 살피고 얼굴빛을 관찰하며 생각해서 몸을 낮추는 것이니, 나라에 있어서도 반드시 달이 되고 집안에 있어서도 반드시 달이 되는 것이라네.
문이란 얼굴로는 인(仁)을 취하나 행실은 실제 위배되며 그대로 머물면서 의심하지 않는 것이니, 나라에 있어도 반드시 소문이 나고 집안에 있어도 반드시 소문이 난다네." (1220)

子張問, "士何如斯可謂之達矣?" 子曰, "何哉, 爾所謂達者?" 子張對曰, "在邦必聞, 在家必聞." 子曰, "是聞也, 非達也. 夫達也者, 質直而好義, 察言而觀色, 慮以下人. 在邦必達, 在家必達. 夫聞也者, 色取仁而行違, 居之不疑. 在邦必聞, 在家必聞."

【설명】 달(達)과 문(聞)이라는 두 가지 개념이 화제이지만, 두 가지 개념은 어떻게 옮겨야할까? 일단 '달(達)'은 사회인으로서 갖는 자유로움, '문(聞)'은 유명인이라는 말에 가까운 의미이다.
자장은 여쭈었다. 사(士), 즉 우리 지식인은 어떻게 하면 달, 곧 자유로운 훌륭한 사회인이라는 평을 받을 수 있을까요? 공자는 먼저 반문하였다. 자네가 말하는 달이라는 것은 무엇을 이르는 말인가?
자장은 대답하였다. 한 나라에 있어서도 반드시 유명하고 한 집안에서도 반드시 유명한 것입니다. 원문에 있지만, '방(邦)'이란 제후의 나라고, '가(家)'란 대부를 중심으로 한 집단이다. 공자는 바로잡아준다. 그것은 유명함이지, 자네가 바라는 '달', 자유로운 훌륭한 사회인은 아니다. 자네가 바라는 '달', 그것은 다음과 같은 조건에 의해 생겨난다. 소박하고 곧아서 정의를 좋아한다. 사람과 만나는 경우에는 상대의 말을 잘 음미하고 상대의 감정을 잘 관찰한다. 또한 언제나 심사숙고하는 축이어서 남에게 자신을 낮춘다. 그렇게 하면 한 나라에 있어서도 필시 자유롭고 집안에서도 반드시 자유로울 것이다.
공자는 다시 말을 덧붙였다. '문(聞)', 이름이 널리 들리는 유명인이란 그것과 다르다. 겉으로는 인도주의를 선택하면서 실천은 어긋난다. 그럼에도 불구하고 태연하게도 더구나 그런 현실에 눌러 앉아서 어떤 의문도 갖지 않는다. 그러면 한 나라에 있어서도 꼭 유명할 것이고 한 집안에서도 반드시 유명할 것이다. 원문으로 '거지불의(居之不疑)'의

'거(居)'자를 '더구나 그런 현실에 눌러 앉아서'라고 번역한 것이 꼭 의역은 아니다. '거(居)'자의 본디 의미는 평소 가정 생활에서 즐겁게 지내는 것이다. 거기에서, 관습적인 상태로 그런 상태에 머무르는 것이라는 의미로 전환되었다. 거주한다, 거처한다는 의미로 쓰인다.

이 장에서는 문(聞)과 달(達)이 서로 다른, 대립적인 의미로 설명되어 있지만, 지금 국어사전에는 문달은 하나의 단어로 올라 있고, '이름이 세상에 널리 알려지다'로 풀이되어 있다. 제갈량의 『출사표』에 "불구문달어제후(不求聞達於諸侯)" 곧 제후들에게 이름이 알려지기를 바라지 않았다고 해서, 이미 하나의 단어로 쓰이고 있다.

해 제

해제

I.

책의 앞쪽, 서문에서 약간의 설명이 있었지만, 『논어』에 대해서 장황하게 많은 설명을 할 필요는 없을 듯하다. 서문에 언급이 있었던 『논어』의 두 가지 주석 곧 고주와 신주에 대해서 조금 더 상세한 설명을 둔다.

1. 고주(古注)

남송 때 학자인 주자의 논어 주석을 신주라고 하므로, 주자 이전의 모든 주석은 다 고주라고 불린다. 엄청나게 많은 주석이 있지만, 세 가지가 대표적이다.

1-1. 위(魏) 하안(何晏, 190?~249)의 『논어집해(論語集解)』

중국의 삼국시대, 다시 말하면 3세기 중엽인 241년에 이루어졌다. 『논어』에 대한 주석 사업은 그보다 앞서 한대(漢代)부터 이미 성행하였지만, 하안은 그것들을 취사선택하여 이 주석을 편집하였다. 한나라 학자로는 공안국(孔安國)·포함(包咸)·주씨(周氏)·마융(馬融)·정현(鄭玄), 위(魏)의 학자로는 진군(陳群)·왕숙(王肅)·주생렬(周生烈)의 설이, 이름을 밝히고 인용되어 있다. 편자(編者)인 하안은 정치인이고, 사상가로서는 노장(老莊) 사상에 친숙하였으므로, 자기 설을 진술한 것은 노장 사상에 의한 왜곡이 있다고 일러진다. 그러나 현재 완전하게 남아 있는 주석으로서 가장 오래된 것이고, 중국에서는 당나라까지, 우리나라에서는 고려 후기까지, 일본에서는 카마쿠라기(鎌倉期) 말까지,『논어』를 읽는 자는 이 주석을 제일의 근거로 하였다.

1-2. 황간(皇侃, 488~545)의『논어의소(論語義疏)』

전자, 하안『집해』의 재주석(再注釋)이다. 저자 황간은 6세기 전반 양(梁) 무제(武帝) 시대 사람으로, 유자(儒者)인 동시에 불교 신자이기도 하였다. 하안 이후 그의 시대에 이르기까지의 학자의 설도 여러 가지 인용되어 있고 매우 재미있는 설이 많지만, 아무래도 노장(老莊)에 의한 왜곡이나 타당하지 못한 내용들이 있다. 그 때문인지 중국에서는 일찍이 없어졌지만 일본에서는 계속 보존되어서 에도(江戶) 시대 중엽인 1750년에 출판되었다. 그것이 중국에 전해져서 중국 학계를 놀라게 하여, 건륭제(乾隆帝)에 의해 국가사업으로 복각(覆刻)되고, 유명한 장서가인 포정박(鮑廷博)도 지부족재총서(知不足齋叢書)에 편입해서 다시 중국학자들의 눈에 띄게 되었다. 오래된 책을 잘 보존한 일본이 중국 문화에 공헌한 가장 두드러지는 업적의 하나이다.

1-3. 형병(邢昺, 932~1010)의『논어정의(論語正義)』

10세기 말 북송(北宋) 초기에 이루어졌다. 역시 고주 즉 하안『집석』의 재주석이고, 고전의 권위적인 총서『십삼경주소(十三經注疏)』의 하나로 꼽힌다. 국가 시험 응시자의 교과서를 목적으로 하였으므로, 온당(穩當)한 재주석이지만 새로운 맛은 부족하다.『논어소(論語疏)』·『형소(邢疏)』등으로 불린다.

2. 신주(新注)

남송(南宋)의 주자(朱子) 즉 주희(朱熹, 1130~1200)의 주.

중국 유학사(儒學史)에서 『논어』의 주석은 북송 초기, 다시 말하면 앞에 서술한 형병(邢昺)의 『논어정의』가 쓰인 무렵까지는 하안의 『집해』가 최고의 권위를 갖고 있었다. 한데 북송 중엽부터 여러 고전을 자료로 하여 하나의 형이상학을 구성하고, 그렇게 하여 구성된 형이상학의 뒷받침에 의해 고전을 읽고 주석하고 바로잡는 운동이, 도학(道學) · 이학(理學) 등이라는 이름으로 일어났다. 운동 개시 후 백 수십 년을 지나서 나온 학자가 주자이고, 최근 천년 동안에 중국의 가장 위대한 학자로 생각된다.

『논어』는 그가 가장 존중한 책이었다. 즉, 주자 이전에 최상의 고전은 『시경』 · 『서경』 · 『주역』 · 『예기』 · 『춘추』의 오경(五經), 다시 말하면 공자가 공자 이전의 기록을 편집하였다고 전해지는 책이었다. 하지만 주자는 가장 중요한 것은 공자 자신의 언행의 기록인 『논어』라고 하고, 따로 뽑은 『대학』 · 『중용』 · 『맹자』와 아울러 '사서(四書)'라고 불러, 그것을 오경보다 더 중시하였다. 곧, 주자학은 오경 중심에서 사서 중심으로 텍스트의 전환을 이루었다. 가장 훌륭한 학자인 주자가 제일 중시한 책을 주석하였으므로, 그의 『논어』 주석은 대단히 훌륭하다. 정식 서명(書名)은 『논어집주(論語集註)』.

이 책의 본문에 언급이 있었지만, 주자는 『논어』에 없는 이(理)라는 글자 하나로 『논어』를 새롭게 읽었다. 성(性)과 이(理) 두 개 글자는 언제나 주자의 뇌리에서 중요한 자리를 차지하고 있었겠지만, 『논어』에 '理'라는 글자는 없다. 주자는 『예기』등의 고전과 유가 이외의 사상적 흐름을 참고해서 '理'라는 글자에 새로운 개념을 부여해서, 그 한 개 글자로 『논어』를 새롭게 읽은 것이다.

주자의 『집주』는 원 · 명 · 청나라, 나아가서 조선과 일본의 에도 시대에는 국정 교과서로 되었으므로, 가장 널리 보급되었다. 다만『논어』를 인간의 규범으로 하는 의식(意識)이 때로 구차한 해석을 낳는 것, 그가 지닌 형이상학 체계에 갖다 붙여 읽기 때문에 무리한 해석을 낳는 것, 고대언어학 지식의 부족이 오해를 낳는 것 등은 그 결점이고, 그런 결점들이 곧 17세기 이후 일본과 중국에서 여러 학자들의 반발을 초래하게 된다.

3. 유보남(劉寶楠, 1791~1855)의『논어정의(論語正義)』

저자는 청나라 말의 학자. 주자 신주의 결점으로 앞에 서술한 것에 대한 반성은 중국에서는 17세기 중엽, 명말청초 시대부터 일어나기 시작해서 18세기 후반 19세기 초반에 최고조에 달한다. 오래도록 거들떠보지 않던 고주(古注), 즉 하안의『집해』가 재검토되기 시작한다. 또, 그 무렵 급속히 진보한 고대언어학 지식에 의해, 어떤 기존 학설에도 구애되지 않는 새로운 해석이 제출된다. 그것들을 그 시기 말에 솜씨 좋게 정리한 것이 이 책이다. 말하자면 청조 고증학의『논어』해석 성과를 담은 책이다.

4. 한국과 일본의『논어』주석

근대 이전 일본에서 이루어진『논어』주석서로는 두 가지를 들 수 있다. 먼저 1712년에 간행된 이토 진사이(伊藤仁齋, 1627~1705)의『논어고의(論語古義)』. '고의'란 단순히 옛날의 의미라는 말이 아니다. 주자의 신주를 비판하고 공자 당시의 본디 의미를 추구한다는 표방이다. 그는 '최상지극 우주제일의 책'이라고 평가한『논어』를 상하로 나누어서, 전반 10편은 정편(正編)으로서 먼저 이루어지고, 후반 10편은 그 속편으로 뒤에 이루어졌다고 하였다.『논어』라는 텍스트를 보는 혁신적인 시각을 연 것으로, 이후 청나라와 조선의 학자들에게 큰 영향을 끼쳤다.

다음 1737년에 간행된 오규 소라이(荻生徂徠, 1666~1728)의 『논어징(論語徵)』이 있다. 제목은 진한(秦漢) 이전의 고서에서 징(徵) 곧 증거를 찾아서 『논어』의 참된 의미를 구한다는 의미다. 독창적인 해석이 많다.

우리나라의 경우 정약용(丁若鏞, 1762~1836)의 『논어고금주(論語古今註)』를 들 수 있다. 제목 그대로 고주와 금주를 종합해서 비판적으로 이해한 주석서이다. 진사이와 소라이의 책도 인용되고 있다.

II.

『논어』라는 텍스트의 성립과 구성에 대해서 필자의 견해를 간략하게 설명하고자 한다.

첫째, 『논어』라는 텍스트의 구성.

상하로 나뉜다는 것, 문체나 내용이나 상론이 먼저 이루어지고 하론은 그 보유나 습유의 성격으로 시기적으로 나중에 이루어졌다는 것은 앞에 언급한 대로 일본 학자 이토 진사이(伊藤仁齋)의 탁월한 학설이다. 중국이나 한국에서 그런 설명을 한 사람은 그 이전에 없었다.

필자는 『논어』에서 발언자에 주목했다.

발언자를 기준으로 볼 때, 『논어』는 세 부분으로 이루어져 있다. 『논어』의 대부분을 차지하지만, 공자의 말을 기록한 부분 하나, 공자의 말은 없이 그 제자들의 말만 수록한 편이 하나, 공자와 제자들의 발언이 딱 절반씩으로 편집되어 있는 편이 하나다. 두 번째는 자장편이고,

세 번째는 학이편이다. 자장편은 전체 20편으로 된 『논어』 중에서 제19편으로, 사실상 『논어』의 마지막 편이다. 학이편은 두루 아는 대로, 『논어』의 제일 첫 편이다. 그러니까, 『논어』를 최종적으로 지금 모습으로 편집한 사람들은 공자 발언을 주로 담은 '본문'이라고 할 부분에 이어서 마지막으로 공자 제자들의 말만 따로 뽑아서 끝에 두고, 공자 발언에서 특별히 중요한 내용과 제자들 중에 유수한 사람들의 발언을 같은 분량으로 뽑아서 제일 처음에 두었다. 그러니까 『논어』는 서문의 성격이라고 할 학이편, 본문이라고 할 제2~18편, 결론 내지 정리 성격이라고 할 제19편 자장편의 3개 부분으로 구성되어 있다.

둘째, 앞의 문제와 연결되어 있지만, 『논어』라는 텍스트의 성립 과정. 이 주제에 대해서 필자는 두 가지 견해를 갖게 되었다. 1)학이편은 시기적으로 제일 먼저 이루어지지 않았다. 처음에 놓였지만 아마도 상당한 정도로 다른 편들이 이루어진 뒤에, 늦게 이루어졌다. 학이편의 16개 장은 그 발언자가 공자-제자, 공자-제자의 순으로 되풀이되고 있다. 곧, 공자의 말을 앞에 두고, 그 내용을 뒷받침하고 설명하는 제자들의 발언을 이어두고 있는 것이다.

2) 『논어』라는 텍스트의 성립은 시기적으로 앞뒤로 양분되기는 하지만, 전체가 종합되고 통일적인 텍스트로 성립한 것은 당연히 어느 한 시기에 누군가의 손에 이루어졌다. 학이편-본문-자장편으로 이루어져서 지금 우리가 보는 『논어』로 완성된 것은 증자 사후, 맹자 생전의 일이었을 것이다. 『논어』에 증자의 죽음이 기록되어 있다는 점, 『논어』와 『맹자』의 제일 끝부분이 같은 취지의 도통론을 내용으로 하고 있다는 점이 그 근거다. 물론 맹자는 『논어』를 읽었다. 한나라 때 장우가 지금 모습으로 정리했다는 설이 널리 퍼져 있지만, 하북성 정주에서 발견된 한나라 사람 유수 묘에서 발굴된 죽간본 『논어』로 미루

어, 그보다는 더 올라가는 것으로 판단된다. 전국시대 초로 올려 잡아야 할 듯하다.

Ⅲ.

지금 남아 있는 『논어』 가운데서 시기적으로 오래된 것은 어떤 모습일까? 1973년, 중국 하북성 정주(定州)에서 한(漢)나라 왕족인 유수(劉脩)라는 사람의 무덤이 발굴되었는데, 그 속에서 『논어』 죽간(竹簡)이 나왔다. 대나무 쪽에다 기록한 것인데, 중국 당국은 24년이 지난 1997년에야 그 내용을 책으로 간행했다. 지금 우리가 읽는 『논어』와 별 차이가 없었다. 몇몇 글자가 다른 정도였다. 유수는 전한(前漢) 선제(宣帝) 오봉(五鳳) 3년(서기전 55년)에 사망한 것이 분명하다. 죽간은 유수가 평소 곁에 두고 오랜 기간 자주 열람한 흔적이 역력하였다. 아끼던 책을 무덤에 넣도록 하였다면, 정주 죽간본 『논어』가 이루어진 시기는 당연히 사망 시점보다 훨씬 일렀을 것이다. 위에서 말한 장우라는 사람의 몰년이 서기전 5년이고, 유수의 몰년이 서기전 55년이라는 것을 고려하면, 아마도 장우가 아주 어렸거나 심지어 태어나기도 전에 『논어』는 이미 지금 모습으로 정리가 되었을 것이라고 추정할 수도 있겠다. 장우가 태어난 시기를 정확하게 알 수 없지만, 그가 70세에 작고했다면, 적어도 그가 20세 이전에는 『논어』를 정리했어야 하는 것이다. 따라서 정주 죽간본 『논어』의 발견은 '장우론'의 신빙성에 대해 의문을 갖게 하는 사건이 되는 셈이다.

1990년대 초반에 평양에서도 『논어』 죽간이 발견된 적이 있다. 역시 한나라 때의 무덤에서 나왔는데, 유수보다 꼭 10년 뒤에 죽은 인물이었다. 죽간은 전체가 공개되지 않고 일부만 우리나라와 일본에 알려졌는데, 공개된 부분은 역시 현재의 『논어』와 내용상 별 차이가 없다. 한 번이 아니라 두 차례나 비슷한 시기 한나라 묘에서 『논어』 죽간이 발견된 것은 여러 가지 사실을 시사해준다. 『논어』라는 문헌이 서기전 55~45년이라는 시기에 이미 널리 보급되고, 지식인 계급의 지적 필수품이 되었다는 점을 알려준다. 이와는 별개로, 북한에서 『논어』 죽간을 대하는 입장은 우리에게 또 다른 점을 생각하도록 해준다. 남한이나 중국 또는 일본의 어느 지역에서 같은 유물이 출토되었다면 역사적인 발견이자 발굴이라고 떠들썩했을 것이다. 아마도 중국과의 역사적인 관계와, 북한 내부의 여러 사정이 복합적으로 작용해서 발굴 자체가 조용하게 처리된 듯하다.

종이에 쓰인 『논어』 중에서는 당나라 때의 것이 남아 있다. 1969년에 돈황 부근 투르판(吐魯番)의 당나라 무덤에서 발견된 것이다. 복천수(卜天壽)라는 12세 소년이 당나라 중종(中宗) 경룡(景龍) 4년(710년) 3월 1일에 필사를 마쳤다고, 끝에다 기록하고 있다. 새로운 발굴의 성과로 비단이나 죽간 또는 종이에 쓰인 『논어』가 더 있겠지만, 비교적 널리 알려진 예는 이러하다.

일본의 경우 목판 등의 인쇄가 아니라 개인이 붓으로 종이에 쓴 『논어』가 많이 전한다. 시기적으로도 일러서, 우리의 고려 시대 때인 1268년, 1303년, 1315년에 필사된 『논어』가 알려져 있는데, 국보와 보물로 지정되어 있다. 우리의 경우, 고려시대에 이루어진 『논어』는 현재 알려진 것이 없고, 제일 오래된 것은 조선 초기에 간행된 책들이다. 백제 때 왕인(王仁)이 『논어』를 일본에 전해주었다고들 하지만, 막상 고려시대에 내려와서도 이 땅에서 우리 손으로 이루어진 『논어』의 실물을 볼 수는 없는 형편이다.

IV.

『논어』는 공자에 관한 가장 기본적인 자료이고 권위 있는 저작으로, 유가 학파와 유교 사상의 토대이다. 공자는 중국을 비롯한 동아시아 지역에서 예악과 정치, 윤리도덕, 사고방식, 가치관, 풍속과 습관, 옷과 음식을 비롯한 온갖 제도에 영향을 미쳤다. 그 폭과 깊이에 있어서 비교할 만한 대상이 드문, 동아시아 사상사의 정수이고 결정체라고 할 수 있겠다.

중국과 동아시아 여러 나라에 남아 있는 공자를 모신 수많은 사당에서 중심이 되는 건물은 언제나 대성전(大成殿)이지만, 공자야말로 그 이전 인류의 위대한 성취를 모아서 집대성한 존재였다. 그래서 『논어』는 대략 19세기 말 20세기 초까지는 중국은 물론이고 한국과 일본, 베트남 등의 나라에서, 공부를 시작하는 이들이 학업의 처음에 읽어야 할 필수적인 책이었다.

『논어』에서 인간의 가치관, 도덕 윤리관은 가장 중요한 주제이다. 공자와 유학은 사람을 사람답게 만들기를 특별히 중시하고, 숭고한 이상은 학습을 통해서 배우는 것이라고 여겼다. 이 때문에 교육을 중시하는 관념을 갖게 되었고, 바람직한 사회를 만들기 위해서는 인간의 정서적 자질과 이성적인 능력을 중시해야 한다고 여겼다.

그러므로 공자는 위대한 교사였다. 교육에 있어서 공자의 기여를 들어두기로 한다. 첫째, 교육 제도를 혁신하였다. 공자는 아마도 최초의 사립학교 설립자일 것이다. 공자 이전에 교육은 국가의 전유물이었다. 공자는 최소한의 의례적인 학비만 받고 출신 지역이나 경제적 처지에 차별 없는 교육을 베풀었다. 둘째, 교육 방법을 혁신하였다. 자발적이고 능동적인 학습을 중요시하였다. 요즈음 말로 하자면 학생

중심의 개별 교육을 실시하였다. 당연히 주입식 교육이 아니라 학생 하나하나의 성취 정도에 따른 교육이었다. 여러 제자들의 같은 질문에 대해서 답은 각기 다른 문답이 자주 보인다. 그래서 공부의 기쁨을 중시하는 교육이었다. 『논어』의 제일 첫 구절, "배우고 때맞추어 익히면 기쁘지 않은가?" 라는 말에서부터 그런 사고방식을 짐작할 수 있다. 셋째, 평생학습을 중시하였다. 공자는 제자들이 몇 년 공부 끝에 취직하는 데 머물기를 바라지 않았다. 발분망식(發憤忘食)이라는 말은 지금도 우리에게 낯설지 않지만, 공자에게 있어서 공부란 온갖 시름을 잊어서 늙음이 오는 줄도 모르는 즐거운 일이었다. 현실의 갖가지 고난을 이기고 높은 목표로 나아가도록 고무하고 격려하는, 원대한 시선을 지닌 교사였다.

『논어』 이해에서 다른 무엇보다 더 중요한 것은 공자라는 인물을 아는 일이겠다. 공자에 관한 많은 전기 중에서 필자가 가장 중요하게 여기는 책은 시카고대학 교수였던 크릴(Herrlee Glessner Creel, 1905~1994)의 『공자, 인간과 신화』(1949)이다. 미국에서 이른 시기의 중국 연구자로 저명한 학자이지만, 그렇게 이른 시기에 그토록 탁월한 저술이 어떻게 가능했는지, 경외감이 절로 솟는다. 한국어 번역서가 있다. 크릴 교수는 지극히 치밀한 자료 읽기의 결과, 공자를 유럽이 이룩한 "민주주의의 선구자" 라고 하고, "공자는 인류를 신뢰하였다." 는 한 줄의 문장으로 자기 저서를 끝맺고 있다.

『논어』 20편의 편명은 다음과 같다.

제1편 학이(學而)
제2편 위정(爲政)
제3편 팔일(八佾)
제4편 이인(里仁)
제5편 공야장(公冶長)
제6편 옹야(雍也)
제7편 술이(述而)
제8편 태백(泰伯)
제9편 자한(子罕)
제10편 향당(鄕黨)
제11편 선진(先進)
제12편 안연(顔淵)
제13편 자로(子路)
제14편 헌문(憲問)
제15편 위령공(衛靈公)
제16편 계씨(季氏)
제17편 양화(陽貨)
제18편 미자(微子)
제19편 자장(子張)
제20편 요왈(堯曰)

찾아보기

ㅅ

ㅇ

ㅈ

ㅊ

ㅌ

ㅍ

ㅎ